KB265204

기다리는 기쁨

기다리는 기쁨

지은이 | 김승환
펴낸이 | 김원중

책 임 편 집 | 이민수
편 　 　 집 | 김현정 · 윤예미
표지디자인 | 옥미향
디 　 자 　 인 | 정진우
마 　 케 　 팅 | 김재국
제 　 　 작 | 서 영

초판인쇄 | 2007년 9월 10일
초판발행 | 2007년 9월 15일

출판등록 | 제313-2007-000172호(2007.8.29)

펴 낸 곳 | (주)상상나무
주 　 　 소 | 서울시 마포구 상수동 324-11
전 　 　 화 | (02)325-5191 팩 　 　 스 | (02)325-5008
홈페이지 | http://smbooks.com

ISBN 978-89-960092-0-7　03230

값 9,800원

기다리는 기쁨

작지만 결코 작지 않은
어느 시골교회 목사의 간절한 기다림

김승환 지음

상상나무

땅바닥에 붙어 나직하게 피는 봄날의 민들레꽃도 거저 피지 않는다. 참새와 까치 겨우내 수선피우고, 생명의 바람 눈쌓인 산과 골짜기 굽이굽이 휘넘어돌아 불어 오고, 일초에 삼십만 킬로미터를 달리는 햇살들이 8분이 넘게 그 먼 거리를 달려 와 환한 웃음으로 부서질 때, 그 모든 가슴저미는 정성이 찰만큼 찬 후에야 마침 내 저 추웠던 절망을 이기고 피어난다.

아시다시피 국화꽃도 그렇다. 소쩍새우는 봄, 먹구름 속에서 천둥치는 여름, 무서 리 그렇게도 하얗게 내리는 간밤의 시련을 지나서야 노랗게 그윽한 향기로 핀다.

어디 그뿐일까? 흔들리지 않고 피는 꽃이 어디 있으며 사연없이 흘러가는 강물은 어디 있으랴? 모두가 눈물, 사랑, 긴 긴 기다림, 모두가 간절한 마음으로 이제나 저제나 기다릴 때, '나도 같은 마음이야!' 바람으로 물소리로 한줌 햇살로 어느새 시나브로 피어나는 희망이다. 푸른 새싹 같은 생명의 말씀이다.

인생은 기다림, 그렇게 기다리는 사람들 속에서, "당신은 누구요" 하고 물으니 "나는 그저 광야에서 외치는 자의 소리요" 하고 대답한 이가 있었다. 전하지 않 으면 화가 임할 것 같은 간절함으로 외친 뜨거운 심장을 지닌 이도 있었다.

그들 모두 참으로 장한 인생을 산 사람들이지만 어디 그들뿐이랴! 그들이 있으매 이들이 살았듯, 이들이 있으매 저들도 산 것이니, 모두가 사랑, 모두가 은혜, 헛된 기다림은 없었고, 아름다운 보람 아닌 기다림도 없었다.

하여 나 같은 사람도 어눌한 입술을 열어 말하게 되고, 노래를 부르게 되고, 때로 글을 쓰게 되었는데, 나오는 대로 말하고 부르고 썼으니 특별히 내세울 것도 없 고 자랑할 것도 없지만, 또 부끄러울 것도 없다.

내가 한 것 같으나 실상 내가 한 것은 하나도 없으니 모두가 소이요 쏘, 오직 그분 의 것, 사랑하는 님께 이렇게라도 쓰임받는 것에 그저 감사할 따름이다.

감사는 감사를 낳고, 역사를 낳고, 책을 낳는가보다. 내것 아닌 님의 것을 대수룹지 않게 여겨 그냥 묻어두는 것은 은총 베풀어주신 님에 대한 예가 아닐 것 같은 생각이 드는 중, 이 사람 저 사람의 사랑과 격려까지 모아져서 여러 해 동안 쓴 것들의 일부를 모아 이렇게 세상에 내놓는다.

내 것이 아니라 생각하니 편한 점도 있지만, 두려운 마음도 없지 않았다. 그래서 꽤 오랫동안 망설였다. 그러나 수줍음 많이 타는 어린 자식 기죽지 말라고 더욱 칭찬해주시는 사랑하는 아버지 음성에, 두려움도 망설임도 수줍음도 다 잊어버렸다. 어차피 받은 것이니 주신 분에게 바치는 심정으로 이런 것도 내놓고 저런 것도 내놓는다.

어떤 것은 흙이 묻었을지 모르고, 어떤 것은 지푸라기가 묻었을지도 모르겠다. 그러나 상관하지 않으리라. 사랑하는 아버지께서 자식의 중심을 보시지 티를 보실까?

이 책이 나오기까지 고마운 분들이 많았다. 어려운 개척교회에서 고락을 같이하며 서툴기만 한 목자를 목자보다 큰 사랑으로 품어준 생명교회 성도들, 기쁠 때나 슬플 때나 변함없는 친구로 힘이 되어준 사랑하는 아내와 세 아이들, 계속해서 글을 쓸 수 있도록 열심히 읽어주고 댓글로 마음을 나누어준 기독청년회회원들과 선후배들, 언제나 구김살없는 웃음과 열정으로 가슴에 영감과 사랑의 불을 지펴준 한울어린이집의 귀여운 요정들, 고단할 때마다 다가와 마음을 어루만져주며 친구가 되어준 새들과 풀들과 나무들과 바람과 햇살…. 특별히 이 부족한 사람의 글들을 귀하게 봐주시고 정성껏 다듬어 멋진 책으로 만들어주신 상상나무 김원중 사장님과 편집진 여러분께 심심한 감사를 드린다.

모든 것이 그저 은혜다.

2007년 9월, 생명뜨락 골방에서
김승환

차 례

소망 중에 기다리며

3 정금같은 믿음으로 나아가는

4 하나님의 사람이 되라

사랑 안에 거하고

1

사랑 있는 곳에 부활도 있다

"안식 후 첫날 일찍이 아직 어두울 때에 막달라 마리아가
무덤에 와서 돌이 무덤에서 옮겨진 것을 보고 시몬 베드로
와 예수께서 사랑하시던 그 다른 제자에게 달려가서 말하
되 …" (요. 20:1-10)

성경을 읽을수록, 하나님을 알아갈수록 공감하게 되는 진리가 있는데 "사랑의 나눔이 있는 곳에 하나님께서
계시다"라는 것입니다.

사도 요한을 통하여 우리에게 가르쳐주신 것처럼, "하나님은 사랑"이십
니다. 사실 하나님에 대해서 이렇게 한 마디로 정의하듯 말하는 것은 위
험한 일입니다. 자칫 무리한 단순화를 통해 진리를 왜곡시키고 그래서
하나님께 누가 될 수도 있기 때문입니다. 요한도 그것을 모를 리 없건마
는 그는 감히, 아니 너무도 확신있게, 하나님은 사랑이시라고 말합니다.
요한만이 아닙니다. 신약성경의 절반을 쓴 사도 바울 역시 같은 얘기를

합니다.

"내가 사람의 방언과 천사의 말을 할지라도 사랑이 없으면 소리 나는 구리와 울리는 꽹과리가 되고 … 그런즉 믿음, 소망, 사랑, 이 세 가지는 항상 있을 것인데 그중의 제일은 사랑이라." (고전 13:1-13)

우리가 사랑한다고 하는 것은 비유하자면, 라디오의 주파수를 맞추는 것과 같습니다. 주파수를 맞추기만 하면 참으로 신기한 일이 일어나지요. 아름다운 소리가 들리고, 내가 알지 못하던 신비한 세계가 전파를 타고 와서 모습을 드러냅니다. 그 세계는 어찌 보면 내가 주파수를 맞추는 것과는 상관없이 실재하는 세계요, 나라고 하는 개인과는 비교도 할 수 없이 광활한 세계이지만, 분명한 것은 내가 주파수를 맞추지 않으면 그것이 나에게로 와서 그 실체를 드러내는 일은 일어나지 않는다고 하는 것입니다.

그것은 요즘 자주 사용하는 말로 하면 "코드"라고 할 수도 있겠습니다. 암호지요. 우리가 하나님과 통할 수 있는 코드가 바로 사랑입니다. 아무리 작은 것일지라도 하나님은 우리가 서로 사랑할 때 그것을 귀하게 여기시고, 그 사랑을 통해서 당신을 나타내시고, 당신의 일을 진행하십니다.

두 세 사람이라도 내 이름으로 모인 곳에 함께 하리라고 약속하셨고, 소자 하나에게 냉수 한 그릇 떠주는 것도 모른 체 하지 않으시리라고 하셨습니다.

우리가 잘 아는 오병이어의 기적, 그 핵심이 무엇입니까? 사랑의 나눔입니다. 아무리 굶주림을 해결하는 것이 시급한 일이라 해도, 그리고 그렇게 시급할수록, 더욱 최우선적으로 실천해야 할 것이 작은 것이라도 나누는 사랑의 실천이라는 것입니다.

세상 사람들은 먼저 파이를 키워야 하네 어쩌네 하면서 여러 가지 묘책을 제시하지만, 그 어떤 묘책을 쓴다 할지라도 자신의 소중한 것을 내어놓는 사랑의 나눔이 없다면 그것은 공허한 것이라는 것이 바로 예수님의 가르침인 것입니다.

요즘 교육문제로 다들 고민들이 많은데, 이것도 그렇습니다. 하늘나라의 교육은 소위 영재교육과 같은 것이 아닙니다. 요즘 3불정책 폐지에 관한 논란이 뜨겁지요. 유능한 인재를 키우기 위해서는 대입본고사를 부활해야 한다, 고교입시제를 부활해야 한다, 기여입학제를 허용해야 한다, 그런 주장들이 나오고 있습니다. 물론 이러한 주장들에도 일리가 아주 없는 것은 아닙니다. 요즘 같은 글로벌 시대에 너무 효율성이 떨어져도 문제는 문제지요.

그러나 효율성보다 더 중요한 문제는 교육의 내용과 방법입니다. 무엇을 어떻게 교육해야 하나요? 부분적으로 어떤 문제를 빨리 처리할 수 있는 특별한 능력을 가진 인재를 키워내는 것도 필요하지만, 더불어 함께 소통하고 함께 문제를 풀어가는 품성과 자질을 키워주는 것이야말로 교육에서 빠뜨려서는 안 되는 본령이라는 것입니다.

말하자면 하늘나라의 교육은 아가페교육입니다. 인간이 자기 이웃을 어떻게 대해야 하느냐? 상극적 관계의 경쟁자로만 보느냐, 상생적 관계의 동료로 보느냐? 이 아가페적 마인드를 키워주고, 이 아가페적 실천을 위해 마음을 다하고 뜻을 다하고 힘을 다할 때, 하나님은 기뻐하시고 거기에 힘을 주시고 당신의 마음을 주신다는 것이 예수님이 보여주신 하늘나라의 교육입니다.

가령 예수님의 제자들 가운데는 이런 사람, 저런 사람이 있었습니다. 각자의 장단점이 있었을 것이고, 능력의 차이도 있었겠지요. 그러나 예수님은 결코 세상적인 기준에 따라 점수를 매겨 제자들의 서열을 정하지는 않으셨습니다. 물론 그들 가운데서도 역할의 비중이나 영향력 면에서 서열이 아주 없었다고는 볼 수 없겠습니다. 그들 가운데서도 처음 된 자가 나중 되기도 하고, 나중 된 자가 처음 되는 일도 있었습니다.
그런데 그 기준이 무엇이었느냐? 여러분, 결국 어떤 사람들이 처음 되었고 끝까지 예수님의 제자로 남았습니까? 그것은 꾸준한 아가페의 사람, 곧 주님의 사랑을 마음속에 소중하게 간직하고 어떻게든지 그 사랑을 실천하기 위하여 꾸준히 노력한 사람이었습니다.

이것은 부활에도 똑같이 적용되는 말씀입니다. 성경에 기록된 부활의 증인들의 면면을 살펴보십시오. 대체로 어려워도 모이기에 힘쓰고 옆사람을 챙겨주고 도와주려고 노력한 사람들입니다.
요한복음에 보면 부활의 첫 번째 증인이 막달라 마리아이고, 그 다음이 요한과 베드로, 다른 제자들, 그리고 맨 마지막이 도마입니다. 예수님을 사랑하되 얼마나 간절하게 가슴으로 온 마음으로 사랑했느냐? 그 사랑의 농도에 따라 주님의 부활도 순서대로 체험하게 된 것이 아닌가 하는 느낌을 지울 수 없습니다.

막달라 마리아는 다른 모든 제자들이 도망쳤을 때도 마지막까지 예수님의 곁을 지켰던 여인입니다. 그리고 안식일 다음날, 모두가 두려워 떨고 있을 때, 가장 먼저 무덤으로 달려왔던 사람입니다. 사무치는 사랑이 없으면 가능했겠습니까?

또 요한과 베드로는 어떻습니까? 막달라 마리아를 통해서 빈 무덤의 소식을 듣자마자 달려온 사람이 바로 요한과 베드로였습니다. 그런 만큼 그들은 남들보다 먼저 빈 무덤을 통해 간접적이나마 주님의 부활을 확인하였습니다.

그러나 그렇다고 해서 주님이 이들만을 총애해서 이들에게만 당신의 부활을 알려주시고 다른 제자들에게는 알려주지 않으셨느냐? 그것도 아닙니다. 이들에게는 간접적인 증거로써 부활을 암시하시고, 직접 부활하신 당신의 모습을 나타내신 때는 그들이 함께 모여있을 때였습니다. 말하자면 서로 함께 마음을 합하고 사랑을 나누는 그 현장에서 제자들은 사랑으로 친히 오셔서 치유하시고 용서하시고 회복시키시는 부활의 주님을 온전히 만나뵙는 기쁨을 누리게 되었습니다.

부활한 주님을 먼저 만난다는 것은 먼저 희망의 사람이 된다는 것을 의미합니다. 좀 늦으면 어떠냐고 할지 모르지만, 그만큼 낙심하고 어둠속에서 방황하는 시간이 길어지는 것을 좋다고 말할 수는 없습니다. 春來不似春(춘래불사춘)이라는 말도 있습니다. 봄이 왔어도 봄을 봄으로 느낄 수 없는 사람이 있다면 그는 정말 불쌍한 사람입니다. 마음에 근심 걱정 어둠이 지배하고 있으면 봄이 와도 봄 같지 않게 되어 있습니다. 봄을 만끽하는 것도 먼저 내 마음이 활짝 열려야 가능한 것입니다. 자기 자신에게만 꽁꽁 묶여 있는 사람은 봄이 왔어도 봄을 봄으로 느끼지 못합니다.

주님의 부활이야말로 그렇습니다. 아무리 주님이 부활하셔서 온 누리에 그 광채가 찬란하게 비취고 있다 하더라도 그것을 볼 수 없고 가슴으로 느낄 수 없다면 얼마나 안타까운 일입니까? 그런데 실제로 그런 사람들이 많습니다. 아니, 대부분의 사람들이 그렇습니다. 왜 그렇습니까? 마음의 문을 닫아걸고 하나님의 사랑을 받아들이지 않고 또 이웃과 더불어 따뜻한 사랑의 교제를 나눌 수 있는 기회를 스스로 거부하고 있기 때문입니다. 부활은 사랑의 사건인고로, 사랑을 거부할 때 그것은 자연히 부활의 기쁨을 차버리는 것이 되고 마는 것입니다.

여러분, 부활이 무엇입니까? 사랑이 증오와 무관심을 삼킨 것이 부활입니다. 정의가 불의를 이긴 것이라고도 할 수 있겠지만, 이때도 그 내용은 사랑입니다. 사랑이 없으면 다 헛된 것입니다. 사랑만이 길이요, 하나님은 곧 사랑이시라는 확증이 바로 부활입니다.

그렇기 때문에 부활의 주님은 부활 이전에 그랬던 것과 마찬가지로 여전히 사랑이라는 코드를 통해서 우리와 소통하시는 것입니다.

예수님은 뭐라고 가르쳐주셨습니까?

"새 계명을 너희에게 주노니 서로 사랑하라 내가 너희를 사랑한 것 같이 너희도 서로 사랑하라 너희가 서로 사랑하면 이로써 모든 사람이 너희

가 내 제자인 줄 알리라."(요 13:34-35)

"나의 계명을 지키는 자라야 나를 사랑하는 자니 나를 사랑하는 자는 내 아버지께 사랑을 받을 것이요 나도 그를 사랑하여 그에게 나를 나타내리라."(요 14:21)

"사람이 나를 사랑하면 내 말을 지키리니 내 아버지께서 그를 사랑하실 것이요 우리가 그에게 가서 거처를 그와 함께 하리라."(요 14:23)

이 말씀들을 통해서 예수님은 분명하게 말씀하셨습니다. 나를 사랑하는 자, 곧 내 계명을 지키는 자에게 성령을 주실 것이요, 아버지와 내가 그를 사랑하여 그에게 가서 거처를 함께 할 것이라고 말입니다. 그래서 그는 주님의 친구가 되는 것입니다.

"너희는 내가 명하는 대로 행하면 곧 나의 친구라 이제부터는 너희를 종이라 하지 아니하리니 종은 주인이 하는 것을 알지 못함이라 너희를 친구라 하였노니 내가 내 아버지께 들은 것을 다 너희에게 알게 하였음이라."(요 15:14-15)

사랑하는 교우 여러분! 주님의 크신 사랑을 기억하며 그의 말씀을 따라 성심껏 서로 사랑하면서 사시기 바랍니다. 우리의 사랑이 너무 힘겨운 것이 되지 않도록, 사랑이신 하나님께서 당신을 나타내 보이시고 친히 거하시고 당신의 마음과 능력을 부어주시는 것입니다.

말하자면 하나님께서 성령으로 친히 오셔서 당신을 주시는 것입니다. 그것이 바로 진정한 의미의 부활체험이요, 흔히 우리가 말하는 성령을 받는다는 말입니다.

예수님의 부활이 예수님만의 부활에서 끝나지 않고 바로 지금 여기서 나의 부활이 되는 것입니다. 그리고 성령께서 친히 오셔서 내 안에서 거하시게 되는 것입니다.

성령 하나님은 인격이시므로 우리의 의사에 무관하게 아무에게나 오시지 않습니다. 우리가 당신의 사랑에 합당하게 서로 사랑할 때, 우리를 친구로 여기시고 친히 오셔서 우리 안에 거하시면서 말씀하시고 당신이 하는 일을 일러주십니다. 이것이 바로 성령께서 오셔서 내주하신다는 말의 의미입니다.

다시 말하지만 사랑입니다. 처음도 사랑이요, 둘째도 사랑입니다. 우리가 하나님을 알고 체험하는 가장 확실한 길이 바로 서로 사랑하는 것입니다. 성령을 받는 길도 사랑하는 것입니다. 인류가 죽음의 길에서 벗어나서 살 수 있는 유일한 대안도 아가페, 곧 사랑하는 것입니다.

사랑은 구체적이고 실천적이며 역사적인 것입니다. 이 사랑 속에서만 부활의 주님을 온전히 만날 수 있습니다.

"지극히 작은 자 하나에게 한 것이 곧 내게 한 것이니라 … 지극히 작은 자 하나에게 하지 아니한 것이 곧 내게 하지 아니한 것이니라." (마 25:40-45)

"예수께서 너희보다 먼저 갈릴리로 가시나니 전에 너희에게 말씀하신 대로 너희가 거기서 뵈오리라." (막 16:7)

혹시 부활의 메시지가 나하고는 상관없는 관념적이고 건조한 교리처럼 느껴지십니까? 그럴 때 다시금 부활의 주님을 만날 수 있는 확실한 길이 있습니다. 주의 계명을 따라 마음을 다하여 사랑하는 것입니다. 힘들어도 노력하는 것입니다. 말씀을 읽으면서 노력하고, 기도하면서 노력하고, 주님의 사랑과 도우심을 간구하면서 노력하는 것입니다. 주님께로 통하는 코드에 간절한 마음으로 나를 맞추는 것입니다.

그럴 때 어디서 오시는지 어떻게 오시는지 모르게 주님이 우리에게 오십니다. 말씀이시니 말씀으로 오시고, 사랑이시니 사랑으로 오시며, 영이시니 영으로 오십니다. 오셔서 위로를 주시고 감동을 주시고 능력을 주시며 깨달아 알게 하시고 치료하여 강건케 하십니다. 그리고 평화를 주십니다. 침통했던 얼굴이 기쁨으로 충만한 얼굴이 되게 하시며, 냉랭하게 식었던 마음이 뜨거운 감동으로 벅차오르게 하십니다.

"사랑의 나눔 있는 곳에 하나님께서 계십니다."

"사랑의 나눔 있는 곳에 부활의 주님도 계십니다."

여러분의 삶 속에 부활의 기쁨이 항상 충만하시기를 사랑이신 주님의 이름으로 축원합니다.

실수하며 사는 인생

"… 예수께서 이르시되 나를 붙들지 말라 내가 아직 아버지
께로 올라가지 아니하였노라 너는 내 형제들에게 가서 이
르되 내가 내 아버지 곧 너희 아버지, 내 하나님 곧 너희 하
나님께로 올라간다 하라 하시니 …" (요 20:11-18)

실패는 성공의 어머니라는 말이 있습니다. 실패 없는 성공
은 없습니다. 그러므로 우리는 실패를 부끄러워할
필요가 없습니다. 사실 우리가 기억하지 못해서 그렇지 모든 사람은 수
없이 많은 실패를 거치면서 오늘에 이르렀습니다. 쉬운 예로 어린아이
가 걷기 위해서는 수없이 넘어지고 또 넘어지면서 걸음마 연습을 해야
걸을 수 있습니다.

그러므로 우리는 누가 실패할 때, 그가 타인이든, 나 자신이든, 좀 너그
러울 필요가 있습니다. 그러한 과정을 통해서 그래도 그가 성장하고 있
으며, 아직도 변화의 여지가 많이 남아 있다는 것을 믿고 좀 따뜻한 눈으

로 사람을 바라볼 필요가 있습니다.

그것이 바로 우리 인생을 지으시고 사랑하시고 구원하시고 성화의 길로 이끌어가시는 하나님의 사랑을 받는 자들이 해야 할 일입니다.

하나님은 사랑의 하나님이십니다. 하나님께서 아브라함을 부르실 때 그가 특별히 무슨 공로를 많이 세웠기 때문은 아니었습니다. 그것은 전적으로 하나님의 은혜였습니다(롬 4:1-5). 또한 그렇게 부름받은 이후에는 어떠하였습니까? 아브라함은 여전히 연약하고 실수를 반복하였습니다. 그러나 하나님은 그러한 아브라함을 여전히 사랑하시고 그의 허물을 덮어주셨으며, 계속해서 기회를 주셨습니다. 당신이 하신 약속을 철회하지 않으셨습니다.

아브라함은 그러한 하나님의 사랑을 믿고 다시 일어섰을 뿐입니다. 넘어졌다고 해서 스스로를 정죄하고 실의에 빠진 것이 아니라, 그를 변함없이 생각해주시고 다시 찾아주시고 말씀으로 격려해주시는 사랑에 감사하고, 세상과 자기 자신의 미래를 생각하면서, 하루하루 긍정적인 마음으로 꾸준히 열심히 살았을 뿐입니다. 변함없이 그를 믿어주시고 사랑하시는 하나님의 사랑에 감사하는 마음으로 아브라함 역시 부단히 실패를 딛고 일어서서 노력했습니다.

모세, 삼손, 다윗은 어떠했습니까? 모두가 다 치명적인 실수를 한 사람들이고 흠이 많은 사람들입니다. 그러나 그렇게 흠이 많은 인생을 하나님께서는 그래도 사랑하시고, 때로 징계하셨지만 죽는 데까지 이르지는 않도록 하셨습니다(시 118:18).

그리고 진심으로 회개할 때에 그 모든 죄를 불문에 붙이시는 파격적인 용서의 은총으로 그들이 다시 일어설 수 있도록 도와주셨습니다. 그랬을 때에 나중에 모두가 귀한 사명을 감당하게 되었습니다.

모세는 80세가 되어 출애굽의 지도자가 되었고, 삼손은 죽으면서 죽인 사람이 살아서 죽인 사람보다 더 많았으며, 다윗은 안팎의 도전과 시련이 몰아치는 그 험한 세월 속에서도 나라를 잘 지키며 통일왕국의 기초를 착실히 놓아갔습니다.

시편 30편에 이와 같은 하나님의 은혜가 잘 나타나 있습니다.

"그의 노염은 잠깐이요 그의 은총은 평생이로다 저녁에는 울음이 깃들일지라도 아침에는 기쁨이 오리로다."(5절)

"주께서 나의 슬픔이 변하여 내게 춤이 되게 하시며 나의 베옷을 벗기고 기쁨으로 띠 띠우셨나이다."(11절)

베드로를 생각해봅니다. 베드로가 저지른 실수는 구태여 말하지 않아도 모두 아실 것입니다. 그는 "내가 주와 함께 죽을지언정 주를 부인하지 않겠나이다"(막 14:31)하고 큰소리를 쳤던 장본인입니다. 그러나 새벽닭이 울기 전에 세 번이나 주님을 모른다고 부인하였습니다.

막달라 마리아를 비롯해 여인들이 끝까지 예수님 곁을 떠나지 않았고, 안식일 다음날 무덤에도 먼저 달려간 것에 비해 수제자 베드로는 어떠했습니까? 그는 놀림감이 되기에 충분했습니다. 거짓말장이, 배신자, 허풍쟁이, 겁쟁이, 꼬끼요… 하면서 놀려도 할 말이 없게 되었습니다.

그러나 이러한 베드로를 예수님은 한결같은 사랑으로 대해주셨습니다. 막달라 마리아에게 먼저 나타나셔서 부활하신 당신의 모습을 보여주셨지만, 예수님은 곧바로 그녀를 제자들에게 보내어 그들을 변함없이 사랑하고 신임한다는 뜻을 전하게 하십니다.

"예수께서 이르시되 나를 붙들지 말라 내가 아직 아버지께로 올라가지 아니하였노라 너는 내 형제들에게 가서 이르되 내가 내 아버지 곧 너희 아버지, 내 하나님 곧 너희 하나님께로 올라간다 하라 하시니." (요 20:17)

예수님은 그를 버려두고 도망친 제자들을 원망하기는 커녕, 그들의 안위를 걱정하는 마음으로 "내 형제들에게 가라"고 말씀하십니다. 그리고 이제 곧 하나님께 올라가게 될 거라는 말씀을 하시면서 뭐라고 하십니까? "내 아버지 곧 너희 아버지, 내 하나님 곧 너희 하나님"이라고 하십니다. 예수님의 그 짧은 말씀 안에도 제자들에 대한 지극하신 사랑의 마음이 가득 담겨있음을 느끼게 됩니다.

실의에 빠져있던 제자들이 막달라 마리아를 통해서 이런 말씀을 전해들었을 때에 어떤 느낌이었을까요? 흔히 자격지심이라는 말을 합니다. 잘못한 사람은 누가 뭐라고 하지 않아도 스스로 자신의 잘못에 대하여 가책하는 마음이 있고, 그래서 누가 그 비슷한 말을 조금이라도 하게 되면 필요 이상으로 위축되거나 상처를 받고 마음의 문을 닫기 쉽습니다. 토라지고, 화를 내기도 하고…. 마음이 편안치 않으니 그렇게 되는 것입니다. 제자들의 마음이 그러하였을 터인데, 막달라 마리아를 통해서 전해지는 예수님의 말씀은 어쩌면 그렇게도 그 한 마디 한 마디가 고마운지요! 예수님께서는 전과 다름없이 그들을 귀하게 대접해주고 계시지 않습니까?

그리고 특별히 베드로를 어떻게 위로하시는가 살펴보십시오. 마음을 잡지 못하고 고기잡으러 가겠다고 나섰으나 밤새도록 단 한 마리도 잡지 못한 그 허무하고 절망스런 디베랴 호숫가로 친히 오셔서, 그의 친구가 되어 주십니다.

"그물을 배 오른편에 던져보아라"고 하심으로 많은 고기를 잡게 하시고, 아직도 마음의 평정을 회복하지 못하고 우왕좌왕하는 제자들을 위해 친히 숯불을 피우고 밥을 지어 먹이신 다음, 베드로를 따로 불러 말씀하십니다.

"요한의 아들 시몬아, 네가 이 사람들보다 나를 더 사랑하느냐?"

"요한의 아들 시몬아, 네가 나를 사랑하느냐?"

"요한의 아들 시몬아, 네가 나를 사랑하느냐?"

이렇게 물으신 것은(요 21:15-17) 사실 확인을 위해서가 아닐 것입니다. 베드로의 말을 믿지 못해서도 아닐 것입니다. 이 질문은 베드로로 하여금 더 이상 부정적인 자책감에 사로잡혀 있지 말고, 내가 너를 여전히 믿고 사랑하니, 속히 밝고 긍정적인 마음으로 갈아입고 기운을 차리라는 뜻으로 하신 질문입니다.

자책감에 눌려 마음속 깊이 가라앉아버릴 수도 있는 주님을 향한 간절한 사랑을 의식의 표면으로 다시 떠오르게 하기 위한 질문이었습니다.

주님은 베드로의 마음 속에 자리잡고 있던 부정적인 의식들을 몰아내고, 베드로에게 믿음을 더하사 당신의 강력한 사랑의 에너지와 다시 접속시키신 것입니다.

이를 통해 베드로는 실패를 딛고, 은혜에 빚진 자의 심정으로 주 위해 충성하되, 십자가에 거꾸로 달려 순교하기까지 충성하였습니다. 이것이 바로 주님의 사랑입니다.

마르틴 루터가 심한 병에 걸렸을 때 악마 하나가 그의 병상으로 들어왔습니다. 그 악마는 루터를 자신에 찬 눈으로 바라보았습니다. 그리고 그 악마는 긴 두루마리를 펼쳐 보였습니다. 그 두루마리에는 루터 자신이 그 동안 지었던 모든 죄가 낱낱이 적혀 있었습니다. 루터의 가슴은 점점 움츠러들었습니다.

그때 갑자기 루터의 마음에 한 가지 생각이 떠올랐습니다. 그래서 그는 큰 소리로 "네가 잊은 것이 하나 있다. 그것은 예수 그리스도의 보혈이 우리의 죄를 씻어 주셨다는 사실이다"라고 말했습니다.

루터는 이렇게 말하고 평온을 되찾게 되었다고 합니다.

사랑하는 교우 여러분! 우리라고 예외가 되겠습니까? 우리들이야말로 죄악에 점철된 인생이요 죄를 칠하고 다니는 인생을 살아왔다고 해도 과언이 아닙니다. 우리는 얼마나 자주 실제보다 우리 자신을 부풀려 우쭐대다가 중요한 순간에 비겁하였으며, 우리는 얼마나 주님의 마음으로 참고 견뎌야 할 때에 인간적인 혈기를 못 이겨 일을 그르치고 사람들에게 상처를 주었으며, 결과적으로 그로 인해서 주님을 부인하였습니까? 어쩌면 우리 역시 까닭없는 증오심으로 산헤드린에서 위임을 받아 기독교인들을 잡아들이는 일에 골몰하였던 사울처럼, 십자가의 원수로 살아온 사람들일지도 모릅니다. 마귀가 그 모든 죄들의 리스트를 기록한 두루마리를 펼친다면 우리라고 별 할 말이 있겠습니까?

그러나 우리가 절대로 잊어서는 안 되는 것이 있습니다. 그리스도께서 우리를 위해 십자가에서 피흘리셨습니다. 우리가 죄인인 것은 사실이지만, 바로 그 때문에 우리 주님이 오셨습니다.

주님은 우리의 모든 죄를 친히 끌어안고 친히 피흘려 죽으심으로 우리를 죄에 대하여 죽게 하시고, 다시 사심으로 우리를 하나님을 향하여 살게끔 우리의 운명을 바꿔주시고 우리의 신분을 바꿔주셨으며, 우리를 사망의 나라에서 생명의 나라로 옮겨주셨다는 사실입니다.

우리는 하나님의 자녀입니다. 하나님의 궁극적 관심은 자녀된 우리를 벌주는 데 있지 않고 복주고 잘 되게 하시는 데 있으며, 사랑으로 성숙케 하사 당신을 닮아가게 하시는 데 있습니다. 그 무엇도 이 극진하신 하나님의 사랑을 끊을 수 없습니다(롬 8:39).

그러므로 우리는 우리 자신을 생각할 때에 바로 이러한 눈으로 바라보아야 합니다. 하나님의 사랑의 눈으로 우리 자신을 바라보아야 합니다. 과거에 연연하지 마시기 바랍니다. 실수는 누구나 다 하는 것입니다. 실수를 괴로워하지 말고, 하나님의 변함없는 사랑 안에서 언제나 마음의 평정을 유지하십시오.

주님께서 우리에게 찾기를 원하시는 것은 완전무결한 도덕적 의로움이 아닙니다. 주님은 당신을 향한 사랑, 우리의 진정성을 보기를 원하십니다. 그것이면 족합니다. 마음이 흔들릴 때마다 주님을 향한 우리의 마음을 다시 한 번 고백할 수 있기를 바랍니다.

"내가 주님을 사랑합니다."

사랑은 허다한 죄를 덮고, 모든 두려움을 내어쫓습니다. 사랑받는 자가 사랑하는 자에 대하여 가져야 할 마땅한 태도는 지난 실수에 연연하여 자신을 비하는 것이 아니라, 그 사랑이 헛되지 않도록, "내가 받은 모든 은혜를 무엇으로 보답할꼬?" 하는 심정으로 더욱 더 사랑하고 몸 바쳐 충성을 다하는 것입니다.

언제나 처음처럼

"… 그의 어머니가 매년 드리는 제사를 드리러 그의 남편과 함께 올라갈 때마다 작은 겉옷을 지어다가 그에게 주었더니 엘리가 엘가나와 그의 아내에게 축복하여 이르되 여호와께서 이 여인으로 말미암아 네게 다른 후사를 주사 이가 여호와께 간구하여 얻어 바친 아들을 대신하게 하시기를 원하노라 하였더니 …" (삼상 2:18-21)

첫 단추를 잘 꿰는 것도 중요하지만, 끝맺음을 잘 하는 것도 중요합니다. 사람은 처음과 나중이 똑같아야 합니다.

괴테의 "Mit Gott fang an, mit Gott hör auf, das ist der schönste Lebenslaufe"(하나님과 시작하고, 하나님과 함께 마무리하는 것, 그것이 가장 아름다운 삶이다)라는 말은 삶의 일관성이 얼마나 중요한가를 말해주고 있습니다.

언젠가 천주교회 미사에 참석해서 강론을 한 적이 있습니다. 미사가 끝난 다음 식사를 하는데 아주 인상적인 게 있었습니다. 식사 전 기도만 있는 게 아니라 식사 후 기도도 있었습니다. 그래서 식사 전 기도는 제가 하고, 식사 후 기도는 신부님이 했는데, 참 아름답게 느껴졌습니다. 모름지기 우리의 삶이 이처럼 처음과 끝이 아름다워야 한다고 믿습니다. 음식을 앞에 놓고는 감사하고, 다 먹은 다음에는 무질서하게 뿔뿔이 흩어지는 것은 좀 모양이 좋지 않은 것 같습니다. 우리가 천주교를 따라 할 필요는 없지만, 그 정신은 본받을 필요가 있는 것 같습니다.

예수님께서도 어린아이에게 물고기 두 마리와 보리떡 다섯 개를 받으시고 떼어주기 전에 감사기도를 올렸습니다. 그리고 식사가 끝난 다음에도 남은 음식을 광주리에 다 모아서 갈무리를 하였습니다.

그래서 사도 바울도 이렇게 말하였습니다.
"항상 기뻐하라 쉬지 말고 기도하라 범사에 감사하라." (살전 5:16-18)
항상성, 일관성, 지속성이 중요하다는 말씀입니다. 기쁠 때나 슬플 때나, 즐거울 때나 괴로울 때나, 맑은 날이나 궂은 날이나 한결같아야 합니다. 물론 우리가 다 사람이니까 기복이 없을 수야 없겠지만 노력해야지요. 상황에 따라, 날씨에 따라 마음가짐이 들쑥날쑥해서야 그 사람을 믿고 무슨 일을 하겠습니까? 상황에 좌지우지되지 않고 초지일관하는 마음을 가져야 할 줄 압니다.

한나와 마리아는 모두 그러한 여종들입니다. 먼저 한나를 보십시오. 그녀는 사무엘을 얻기 전에 하나님께 간절히 기도했습니다.

"만군의 여호와여 만일 주의 여종의 고통을 돌보시고 나를 기억하사 주의 여종을 잊지 아니하시고 주의 여종에게 아들을 주시면 내가 그의 평생에 그를 여호와께 드리고 삭도를 그의 머리에 대지 아니하겠나이다."
(삼상 1:11)
하나님께서는 그녀의 눈물의 기도를 들으시고 그녀가 구한대로 아들을 허락해주셨습니다.

아들을 낳은 한나는 하나님의 은혜를 잊지 않았습니다. 그리고 자신의 서원을 지켰습니다. 젖을 뗄 때까지 집에서 키우다가, 젖을 떼자 수소 세 마리와 밀가루 한 에바, 가죽부대에 포도주를 담아 엘리 제사장에게 사무엘을 데리고 갔습니다(삼상 1:24-28).

이 말은 감사예물과 함께 아들을 하나님께 바쳤다는 것입니다. 한나는 아들을 낳기 전과 낳고 난 다음의 마음이 바뀌지 않았습니다. 아들 주신 분도 하나님이시요, 이날까지 키워주신 분도 하나님이시요, 앞으로 키워 주실 분도 하나님이심을 믿고 감사함으로 하나님께 바쳤습니다.

그리고 그 뒤로도 한나는 마음이 변하지 않았습니다. 사무엘상 2장 19절에 "그의 어머니가 매년 드리는 제사를 드리러 그의 남편과 함께 올라갈 때마다 작은 겉옷을 지어다가 그에게 주었더니" 하고 말씀하셨습니다.

여기서 "매년" 이라는 단어를 주목하시기 바랍니다. 소원이 이루어진 후에도 마음이 식어지지 않고 한결같은 마음으로 하나님을 섬겼다는 말입니다.

엘리 제사장은 한나와 엘가나 부부의 그런 모습을 보고 축복하였습니다. 그리고 하나님께서 그들에게 은혜를 베푸시사 한나는 사무엘 말고도 여러 명의 자손을 더 낳는 축복을 누리게 되었습니다.

"여호와께서 한나를 돌보시사 그로 하여금 임신하여 세 아들과 두 딸을 낳게 하셨고."(삼상 2:21)

그런 가운데서 어린 사무엘은 여호와와 사람들 앞에서 귀여움을 받으며 무럭무럭 자라났습니다.

마리아 역시 마찬가지였습니다. 아기 예수님을 잉태케 되었을 때 그녀는 이렇게 기뻐하며 찬양하였습니다.

"내 영혼이 주를 찬양하며 내 마음이 하나님 내 구주를 기뻐하였음은 그의 여종의 비천함을 돌보셨음이라 보라 이제 후로는 만세에 나를 복이 있다 일컬으리로다."(눅 1:46-48)

'나같이 낮고 천한 여종을 귀하게 보시고 당신의 도구로 택하여 주신 은혜에 감사합니다' 하는 감사와 기쁨의 찬양입니다.

대개 시간이 지나면 달라지는 게 사람의 마음입니다. 더구나 얼마나 잘난 아들입니까? "아기가 자라며 강하여지고 지혜가 충만하며 하나님의 은혜가 그의 위에 있더라."(눅 2:40)

이런 자식을 키워서 떠내 보내고 싶은 부모가 어디 있겠습니까? 곁에 두고 싶고 내 자식임을 자랑하고 싶은 것이 사람의 마음일 것입니다. 그러나 마리아와 요셉 부부는 그렇지 않았습니다.

"그의 부모가 해마다 유월절이 되면 예루살렘으로 가더니 예수께서 열두 살 되었을 때에 그들이 이 절기의 관례를 따라 올라갔다가."(눅 2:41-42)

여기서 "해마다", "열두 살 되었을 때에 그들이 이 절기의 관례를 따라"
라는 구절을 주목하십시오. 그들의 항상심(恒常心)을 엿볼 수 있는 대목
입니다. 언제나 처음처럼, 한결같은 마음입니다. 초심을 잃지 않고 "해
마다", "예년과 마찬가지로" 하나님을 섬기고 그분을 향한 사랑의 마음
을 잃지 않았습니다.

그러나 이들에게도 서운한 때가 있었을 것 같습니다. 소년 예수가 성전
에서 "어찌하여 나를 찾으셨나이까 내가 내 아버지 집에 있어야 될 줄을
알지 못하셨나이까"(눅 2:49) 하고 마리아에게 되물었을 때 말입니다. 그
때 이분들의 심정이 어떠했을까요? 어제까지 품안의 자식인줄 알았는
데, 정색을 하고 이해하기 어려운 말을 하였을 때, 꽤나 당혹스러웠을 것
이고, 상실감, 허탈감에 큰 충격을 받았을 만도 합니다.
그러나 두 분은 그 모든 것을 잘 견뎌냈습니다. 어머니 마리아는 "이 모
든 말을 마음에 두니라"(눅 2:51)고 하였습니다. 아기 예수를 처음 잉태
하게 되었을 때의 그 믿음과 사랑을 잃지 않고 그 모든 마음의 허전함을
이겨냈다는 말입니다.

여기서 마리아의 인간적 크기를 엿볼 수 있습니다. 사소한 말 한 마디에
발끈하고 언성이 높아지고 얼굴색이 달라지는 것이 아니라 속이 좀 상
하고 당혹스러워도 한번 더 생각하고, 뭔가 뜻이 있겠지 하는 사랑과 인
내가 그녀에게는 있었습니다. 그리고 ~ 때문에 사랑하고, ~ 때문에 미워
하고, ~ 때문에 상처받아 돌아서는 것이 아니라 ~에도 불구하고 사랑하

고, ~에도 불구하고 덮어주고, ~에도 불구하고 소망 중에 기다릴 줄 알았습니다.

그 결과가 어떠했습니까?

"예수께서 함께 내려가사 나사렛에 이르러 순종하여 받드시더라 그 어머니는 이 모든 말을 마음에 두니라 예수는 지혜와 키가 자라가며 하나님과 사람에게 더욱 사랑스러워 가시더라." (눅 2:51-52)

부모는 부모대로 더욱 성숙한 믿음으로 아들 예수를 품고 사랑하며 하나님의 뜻하신 바가 이루어질 날을 기다리며 살았고, 아들 예수는 예수대로 하늘 아버지의 계획 속에서 당신의 때를 향하여 날로 성장하되, 하나님과 사람 앞에 더욱 더 사랑받으며 덕스럽게 성장하였던 것입니다.

무릇 인간의 삶이 이러해야 하는 줄 믿습니다. 이렇게 자기 자신의 마음을 지키려는 정성이 필요합니다. 아무리 세상인심이 화장실 들어갈 때 마음과 나올 때 마음 다르듯이 변한다고 하지만, 우리 믿는 사람들의 마음은 달라야 합니다.

일이 잘 풀리면 "아멘, 할렐루야" 하다가, 조금만 형편이 어려워지고 고난이 오면 하나님을 등지고 돌아서서 원망과 불평을 늘어놓는 자가 되어서는 안됩니다.

우리의 믿음이 금방 뜨거워졌다 금방 식는 양은냄비 같은 신앙이 되어서는 안됩니다. 한 번 데워지면 좀처럼 식지 않는 가마솥 신앙이 되어야 합니다. 가마솥에서 익는 밥이 가장 맛있는 법입니다.

신앙은 어떠한 상황 가운데서도 나를 향한 사랑을 의심치 않고 꾸준히 앞을 향해 나아가는 것입니다. 다니엘이 그랬듯이 꾸준하게, 전에 하던 것 같이 성실하게 살아갈 때에 거기서 힘이 나오는 것입니다. 나중까지 견디는 자는 구원을 얻으리라고 하였습니다. 기회는 언제나 처음같이 부지런하게 움직이는 사람에게 찾아오는 법입니다.

신앙이란 보이는 것을 믿는 게 아니라 보이지 않는 것, 보이는 것 너머의 근원과 본질을 추구하고 그것을 바라보면서 참고 기다리는 것입니다. ~ 때문에 사랑하는 것이 아니라 ~에도 불구하고 사랑하는 것이 신앙입니다.

이제 우리도 어린아이의 신앙에서 한 걸음 더 나아가야 합니다. 믿음의 어머니 한나와 마리아처럼 성숙한 믿음의 경지로 나아가야 합니다. 일 취월장 성공 속에서만 하나님이 나와 함께 계시는 줄 알고 일희일비하지 말고, 모든 것을 잃어버리는 실패의 한복판에서도 주님은 나와 함께 계신다는 것을 굳게 믿고, 오래 참고 사랑으로 모든 어려움을 이겨내는 여러분이 되시기 바랍니다.

잘 사는 사람

"믿는 무리가 한마음과 한 뜻이 되어 모든 물건을 서로 통용하고 자기 재물을 조금이라도 자기 것이라 하는 이가 하나도 없더라 사도들이 큰 권능으로 주 예수의 부활을 증언하니 무리가 큰 은혜를 받아 그 중에 가난한 사람이 없으니 이는 밭과 집있는 자는 팔아 그 판 것의 값을 가져다가 사도들의 발 앞에 두매 그들이 각 사람의 필요를 따라 나누어 줌이라" (행 4:32–35)

흔히 돈 많은 사람을 '잘 사는 사람' 이라고 하고, 돈 없는 사람을 '못 사는 사람' 이라고 합니다. 그러나 이것은 사실이 아닙니다. 돈 많은 사람을 부자라고 부를 수는 있어도 그를 '잘 사는 사람' 이라고 불러서는 안 됩니다. 마찬가지로 돈 없는 사람을 가난한 사람이라고 부를 수는 있어도 '못 사는 사람' 이라고 불러서는 안 됩니다(김동호, 〈〈깨끗한 부자〉〉, 17면).

그렇다면 잘 사는 사람은 어떤 사람을 말하는 것일까요? 사는 것을 잘 하는 사람입니다. 우리 말에서 '살다' , '삶' , '사랑' , '사람' 은 모두 말의 뿌리가 같습니다. 영어에서도 live와 love는 뿌리가 같습니다.

결국 잘 사는 사람은 사랑하며 사는 사람입니다. 하나님, 가족, 친구, 뭇 생명과의 관계에서 얼마만큼 사랑의 교감 속에서 살아가느냐가 결국 잘 사느냐 못 사느냐를 결정하는 것입니다.

이런 시각에서 우리 주변을 보면 저 분 참 잘 산다 싶은 사람이 꽤 있습니다. 넉넉지 않은 살림살이지만 하나님을 경외하고 따뜻하게 이웃에게 덕을 베풀며 살아가는 사람들 말입니다. 가진 것이 많은 사람만 잘 사는 게 아닙니다. 없는 중에도 늘 감사한 마음으로 살고, 어떻게 준비하였는지 예배 때 정성껏 예물을 봉헌하고, 어떻게 모으는지 신비하게 모았다가 꼭 써야 할 때는 옥합을 깨뜨려 주님을 섬긴 여인처럼 사랑하는 사람을 위하여 향기 나는 선물을 마련하여 감동을 주는 사람이 있습니다. 사랑으로 교감하고 사랑을 표현하며 사랑을 가꾸어가는 능력이 돋보이는 사람이 바로 잘 사는 사람입니다. 세상이 삭막한 것 같지만 그래도 이런 사람들이 있어서 세상은 그런대로 살맛나는 세상이 되는 것 같습니다.

본문은 그런 사람들이 엮어가는 아름다운 세상을 보여주고 있습니다. "보라 형제가 연합하여 동거함이 어찌 그리 선하고 아름다운고 머리에 있는 보배로운 기름이 수염 곧 아론의 수염에 흘러서 그의 옷깃까지 내림 같고 헐몬의 이슬이 시온의 산들에 내림 같도다 거기서 여호와께서 복을 명령하셨나니 곧 영생이로다."(시 133:1-3)
"믿는 무리가 한마음과 한 뜻이 되어 모든 물건을 서로 통용하고 자기 재물을 조금이라도 자기 것이라 하는 이가 하나도 없더라 사도들이 큰 권능으로 주 예수의 부활을 증언하니 무리가 큰 은혜를 받아 그 중에 가난한 사람이 없으니 이는 밭과 집있는 자는 팔아 그 판 것의 값을 가져다가 사도들의 발 앞에 두매 그들이 각 사람의 필요를 따라 나누어 줌이라."(행 4:32-35)

사랑이 넘치는 가정이요, 가정 같은 교회의 모습입니다. 격조 높은 가르침이 있고, 더불어 함께 나누는 말씀이 있으며, 그로 인하여 감사와 기쁨이 넘칩니다. 진정 사람답게 사는 삶입니다.

정글과 같이 무정하고 경쟁적이고 메마르고 삭막하고 황량하고 거친 이 세상에서 어떻게 이런 삶이 가능했을까요? 그리스도를 통해서 부어주신 하나님의 사랑이 맺은 열매인 것입니다. 본래는 그렇지 못했던 사람들이 그리스도의 그 크신 사랑으로 인하여 어느 시점에서 변화되어 그렇게 아름다운 열매를 맺게 된 것입니다.

요한복음 13장에는 예수님이 제자들을 사랑하시되 "끝까지" 사랑하셨다고 하면서, 제자들의 발을 닦아주신 일을 전하고 있습니다. 발을 닦아주는 일은 어지간한 사랑이 없으면 하기 어려운 일입니다.

더럽고 냄새나는 발, 발을 닦아주었다는 말은 더럽고 냄새나는 제자들을 품어주셨다는 말입니다. 다들 얼마나 개성이 강합니까? 얼마나 거칩니까?

저는 솔직히 제 자식을 품어주는 일조차 쉽지 않음을 고백합니다. 잘 해

주려 하다가도 어느 순간에 화가 벌컥 나기도 합니다. 심하게 상처를 받기도 하는데 그러면 또 좋은 소리가 나가지 못합니다.

누군가를 섬긴다고 하는 것, 누군가를 품는다는 것은 그렇게 힘든 것입니다. 그런데 예수님은 그 모든 걸 묵묵히 하셨습니다.

예수님은 부활하신 후 막달라 마리아를 친히 찾으사 "마리아야!" 하고 부르신 다음, 마리아에게 "나를 붙들지 말라 내가 아직 아버지께로 올라가지 아니하였노라 너는 내 형제들에게 가서 이르되 내가 내 아버지 곧 너희 아버지, 내 하나님 곧 너희 하나님께로 올라간다 하라"(요 20:17)고 말씀하셨습니다.

제자들을 뭐라고 부르셨습니까? "내 형제들"이라고 하셨습니다. 내 한 목숨 건지겠다고 스승을 버리고 도망친 당신의 제자들을 향하여 "내 형제들"이라고 불러주시고, "내 형제들에게 가라"고 말씀하십니다.

그리고 "내 아버지 곧 너희 아버지", "내 하나님 곧 너희 하나님께로 올라간다"고 하셨습니다.

예수님으로부터 이 말을 듣는 마리아의 심정이 어땠을 것 같습니까? 또 제자들이 마리아를 통하여 예수님께서 "어서 내 형제들에게 가라"고 했다는 말과 "내 아버지 곧 너희 아버지, 내 하나님 곧 너희 하나님"이라고 하시더라는 말을 들었을 때 심정이 어떠했을 것 같습니까?

말씀 한 마디 한 마디마다 제자들에 대한 깊은 사랑의 배려가 담긴 말씀입니다. 제자들은 모든 연약함을 덮고 품어주시는 그 크신 사랑에 눈물 흘리며 감동했을 것입니다.

다른 기록들도 다 마찬가지입니다. 모두 다 예수님이 먼저 찾아가셨습니다. 묵상할 때마다 눈물나도록 고마운 주님의 은총임을 깨닫습니다. 연약한 우리를 품어주시고 다시 일으켜 세워주시는 주님의 사랑에 가슴이 저미어 옵니다.

이 사랑을 먹고 제자들은 좌절을 딛고 일어섰을 것입니다. 마치 절망에 지친 엘리야가 로뎀나무 아래서 쓰러져 잠을 자다가 하나님의 천사가 차려주는 떡과 물을 먹고 힘을 내서 호렙산을 걸어가, 거기서 다시 하나님을 만나고 새 출발을 했던 것처럼(왕상 19:1-8), 제자들 역시 넘치도록 부어주시는 스승 예수의 지극하신 사랑을 먹고 힘을 내 지난 날의 모든 상처를 잊고, 힘차게 제자의 길을 걸어갔고, 결국에는 그들 역시 오늘 본문에 기록된 것과 같이 지극한 사랑으로 서로를 섬기는 모습으로 변화될 수 있었던 것입니다.

결론은 사랑입니다. 예수님에게서 넘쳐흐르는 사랑이 제자들을 살렸고, 그 제자들에게서 흘러넘친 사랑이 교회를 살리고 세상을 살린 것입니다.

이렇게 보면 예수님이야말로 진정 잘 사신 분입니다. 끝까지 사랑하셨고, 죽기까지 사랑하셨습니다. 부활하심도 사랑이요, 다시 찾아와 말을 건네시고 "내 형제"라 불러주심도, "내 어린 양을 먹이라"고 사명을 맡겨주심도, 내가 이 세상 끝날까지 너희와 함께하리라 약속하심도, 약속하신 성령을 기다리라 말씀하심도, 그리고 때가 되매 성령을 보내주심도 결국은 모두 사랑이셨습니다.

당신의 모든 것을 다 줄 만큼 사랑하셨으니, 예수님이야말로 원 없이 사랑하신 분입니다. 그런 의미에서 정말 잘 사신 분이요, 행복하신 분이셨습니다.

무릇 사랑하면 살고, 사랑하지 않으면 죽습니다. 이것을 잘 말해주고 있는 것이 갈릴리 바다(호수)와 사해입니다. 갈릴리 호수는 물을 자기 혼자 가두어두지 않고 적절하게 밖으로 흘러보냅니다. 갈릴리 호수에서 흘러나오는 물은 강으로 흘러서 주변의 뭇 생명을 살리며 자기 자신도 삽니다. 그래서 그 호수는 온갖 생명이 숨쉬는 생명의 바다가 됩니다.

그러나 사해는 정반대입니다. 말 그대로 죽음의 바다입니다. 나누어줄 줄을 모르기 때문입니다. 밖으로 흘러넘치게 하는 통로가 막혀 있으니 물이 증발한 다음 염도가 너무 높아 생명이 살 수 없는 죽음의 바다(사해)가 된 것입니다.

다시 말하지만 사랑하는 자마다 잘 살고, 사랑하지 않는 자마다 못 삽니다. 내 마음의 호수문을 열어 그 안에 있는 사랑이 콸콸 흐르게 하는 사람, 곧 '갈릴리 바다의 영성'으로 사는 사람은 그 사람으로 말미암아 주변 사람들이 삶의 용기를 얻고 자기 자신도 그로 말미암아 활력이 가득 찬 삶을 살게 되지만, 마음의 문을 걸어 잠그고 그 안에 있는 사랑이 밖으로 흘러넘치지 못하게 움켜쥐기를 고집하는 '사해의 영성'으로 사는 사람은 자기도 죽고 남도 죽게 만드는 죽음의 사람이 되고 맙니다.

그런데 참으로 다행스러운 것은, 사랑하는 일은 누구나 다 할 수 있는 일이라는 것입니다. 풍랑을 잠잠케 하고 죽은 자를 살리며 불치병자를 고치는 기적을 행하는 일은 아무나 할 수 있는 일이 아니지만, 사랑하고 섬기는 일은 누구나 할 수 있는 일입니다. 안 해서 못 하는 일이지 하려고 마음만 먹으면 얼마든지 할 수 있는 일입니다.

내가 할 수 있는 일은 의외로 많습니다. 어려운 일 가지고 고민하지 말고, 내 주변부터 살펴보고, 작은 일부터 실천해 보십시오. 작은 것에도 감사하고 이웃과 함께 사랑을 나누어 보십시오.

통절한 심정으로 우리가 깊이 회개해야 할 것은, 이 누구나 할 수 있는 일을 하지 않는다는 것입니다. 이 세상이 생명이 깃들기 어려운 사해와 같은 세상으로 변해가는 것 같은 느낌이 자꾸만 드는 것은, 어느 누구 누구 때문이 아닙니다. 바로 나 때문입니다.

생명수가 흘러넘치고 주변생명과 사랑의 교감을 나누는 갈릴리바다이기를 그만두고, 받기만 하고 줄 줄 모르는 사해가 되어버린 인색한 내 마음이 문제의 근원입니다.

결국 모든 것은 마음에 달려 있습니다. 어떻게 우리 마음을 가꾸느냐에 따라 우리는 잘 살 수도 있고 못 살 수도 있습니다.

우리 마음이 저 갈릴리 바다와 같이, 아낌없이 주고 나누는 가운데 세상도 살리고 나도 사는 활기차고 넉넉한 사랑의 마음이 되었으면 좋겠습니다. 흘러넘치는 만큼 이 세상도 내 마음도 싱싱한 물고기 튀어오르는 생명의 바다로 살아날 것입니다.

움켜 쥐는 손이 아니라 사랑하고 나누고 베푸는 손을 가짐으로 진정으로 잘 사는 여러분이 되시기를 주님의 이름으로 축원합니다.

줄탁동시(啐啄同時)

"… 아브람이 여호와를 믿으니 여호와께서 이를 그의 의로 여기시고 또 그에게 이르시되 나는 이 땅을 네게 주어 소유를 삼게 하려고 너를 갈대아인의 우르에서 이끌어 낸 여호와니라 …" (창 15:1-21)

줄탁동시 라는 말이 있습니다. 병아리가 알에서 나올 때 그 삐약거리는 소리를 듣고 어미가 껍질을 부리로 쪼아서 깨주는데, 이게 서로 때가 맞아야 한다는 것입니다. 조금 미리 쪼아도 안 되고 조금 늦게 쪼아도 안 됩니다. 어미닭이 어떻게 타이밍을 잘 맞추어 부리로 쪼아주는지 신비하기만 합니다.

이 말은 흔히 스승과 제자 사이에서 일어나는 깨달음의 원리를 나타내주는 말로 사용됩니다. 진리의 깨달음이라고 하는 것은 다 때가 있다는 것입니다. 스승이 아무리 가르쳐 주어도 제자가 알아듣지 못하는 때가 있는가 하면, 아무리 제자가 깨닫기를 원해도 스승이 가르쳐 주지 않고 기다리라고 하기도 합니다. 모든 것이 다 때가 있습니다.

성경을 읽어보면 예수님과 제자들의 관계가 바로 그랬습니다. 예수님이 제자들을 무척 사랑하셨습니다만, 처음부터 모든 것을 다 가르쳐주신 것도 아니고, 예수님이 무슨 말씀을 하실 때 제자들이 그것을 금방 모두 깨달은 것도 아닙니다.

예수님이 무슨 말씀을 하시고서는 "지금은 모르지만 나중에는 알게 될 것이다" 하면서 그냥 넘어가시는 때가 있었습니다. 그러면 어떻게 합니까? 기다리는 것입니다. 제자들만 기다린 것이 아닙니다. 예수님도 기다리셨습니다. 그러면서 제자들은 제자들대로 정진하고, 예수님은 예수님대로 사랑으로 제자들을 품고 진득하게 키우십니다.

그러다 보면 나중에 제자들이 '아하, 그랬구나! 이게 그런 뜻이었구나!' 하고 예수님이 하신 말씀의 뜻을 깨닫게 됩니다. 제자들이 스승 예수의 가르침을 따라 일생을 헌신하는 진정한 예수의 제자가 된 것은 많은 일을 겪은 뒤, 그들 나름대로 치열한 정진을 하는 과정에서 이루어진 일입니다.

알 속에서 제자들은 열심히 꾸준히 때로는 힘겹게 정진하다가 어느새 껍질을 깨고 나갈 때가 되어 삐약삐약거리자 그들을 품고 계시던 스승 예수께서는 타이밍을 딱 맞추어 밖에서 껍질을 같이 쪼아주신 것입니다. 그러면서 껍질은 깨어지고 병아리처럼 제자들은 깨닫고 예수를 꼭 닮은 제자들로 세상에 모습을 드러내게 된 것입니다.

이것은 오늘 우리들에게도 적용되는 말씀입니다. 우리에게는 어머니처럼 우리를 품고 키우시는 사랑의 하나님이 계십니다. 하나님은 우리의 창조주요 우리의 어머니요 우리의 아버지이십니다. 그분은 우리의 어버이이신 까닭에 우리를 우리 자신보다 더 잘 아시고 어떻게든지 사람다운 사람으로 만드시려고 품고 보살피시고 가르치시고 좋은 것으로 채워주십니다. 그래서 결국은 당신을 닮은 사람으로 만들어가십니다.

그러나 그것이 거저 되는 것은 아닙니다. 우리 나름대로 병아리가 알 속에서 무럭무럭 자라서 때가 되면 삐약삐약 껍질을 깨고 나가려 하듯이, 하루하루 최선을 다해 열심히 살아가려는 노력이 필요한 것입니다. 그렇게 할 때에 때가 되면 하나님께서도 알 밖에서 쪼아주심으로 우리가 알을 깨치고 나가는 것을 도와주시고, 우리가 전에 알지 못하던 신비한 축복과 기적의 세계로 우리를 인도해주십니다.

하나님께서 아브람에게 환상으로 나타나셔서 말씀하십니다.

"나는 네 방패요 너의 지극히 큰 상급이니라."(창 15:1)

자식이 없다고 의기소침하여 다메섹 사람 엘리에셀로 만족하겠다는 아브람에게 "무슨 말을 그렇게 하느냐, 네 대를 이을 사람은 그가 아니다, 장차 네 몸에서 날 친아들이 네 대를 이을 것이다"라고 말씀하시고 친히 아브람을 밖으로 데리고 나가셔서 말씀하십니다.

"하늘을 우러러 뭇별을 셀 수 있나 보라 … 네 자손이 이와 같으리라."(창 15:5)

하늘을 보게 하시고, 증거를 보여주시며, 내가 반드시 이 땅을 너에게 주겠노라고 거듭 말씀하시고 계약을 맺으셨습니다.

그런데 오늘 우리가 눈여겨 보아야 할 것은 이 모든 일이 거저 된 일이 아니라는 것입니다. 때가 되었을 때 이루어진 일입니다.

1절 말씀에 "이 후에"라는 구절이 있습니다. 이 말씀을 이해하기 위해서는 14장을 읽어보아야 합니다. 14장을 보면 아브람이 조카 롯을 소돔전쟁에서 구출한 이야기가 나옵니다.

왜 이 일이 중요할까요? 이 일이 하나님 보시기에 '음, 아브람이 많이 성장했구나' 하고 판단하실 만큼 하나님을 기쁘게 해드린 일이었기 때문입니다.

사실 여러 해 전에 조카 롯은 아브람을 무척 섭섭하게 했습니다. 부모 없는 조카를 기껏 키워놓았더니 삼촌의 사랑을 헤아리지 못하고 자신의 잇속을 먼저 챙겨 소돔성 근처에 있는 기름진 땅을 택하여 분가하였습니다. "네가 왼쪽을 택하면 내가 오른쪽을 택하고, 네가 오른쪽을 택하면 내가 왼쪽을 택하리라" 하면서 롯에게 우선권을 주었더니, 롯은 요르단 분지의 기름진 땅을 택했습니다.

롯의 선택에 관하여 성경은 이렇게 기록하고 있습니다.

"롯이 눈을 들어 요단 지역을 바라본즉 소알까지 온 땅에 물이 넉넉하니 여호와께서 소돔과 고모라를 멸하시기 전이었으므로 여호와의 동산 같고 애굽 땅과 같았더라." (창 13:10)

이때 아브람의 심정이 어떠했을까요?

또한 롯은 그 뒤로, 요르단 분지에 있는 여러 도시에서 살다가 마침내 소돔으로 장막을 옮겼다고 합니다(창 13:12). 지금 당장 편한 길만 찾다가 장차 유황불 심판을 받을 소돔성으로 흘러들어가 살게 된 것입니다.

순간의 선택이 평생을 좌우한다는 말이 있듯이, 롯은 스스로는 영리한 선택을 했다고 생각했겠지만, 그 안일한 선택으로 말미암아 훗날 크게 후회할 수밖에 없는 인생을 살게 되었습니다.

왜 그렇습니까? 유황불 심판도 심판이지만, 그 이전에 우선 소돔성은 그 근처의 여러 부족들이 뒤엉켜 싸우는 전쟁의 소용돌이에 휘말렸고 그 와중에 롯은 그만 포로로 끌려가고 말았습니다(창 14:1-12).

이 모든 일들을 지켜보면서 아브람은 어떤 심정이었을까요? 다른 사람 같으면 섭섭하고 괘씸한 생각이 들었을 것입니다. 그리고 나중에 롯이 포로로 끌려갔을 때는 "거봐라, 내 그럴 줄 알았다" 그러면서 속으로 고소해 했을 것입니다. 자업자득이니 낸들 어떻게 하겠느냐? 나는 모른다, 이렇게 했을 것입니다.

그러나 아브람은 그렇지 않았습니다. 롯이 무엇을 선택하였든 넓은 아량으로 이해했고 또 조카 롯이 어려움을 겪게 되었을 때에는 마치 자기 일처럼 여기고 함께 아파하면서 그를 구출하기 위해 위험을 무릅쓰고 롯을 구출하였습니다(창 14:14-16).

지난 날 자신이 그를 키워준 수고에 대해 인정받으려 하지 않고, 자신의 것을 아낌없이 나눠주고, 어려움에 처한 조카를 어떻게든지 살려보려고 하는 사랑이 있었습니다. 말로만 하는 사랑이 아니라 몸바쳐 수고하는 사랑이요, 희생을 무릅쓰고 하는 피흘리는 사랑입니다. 아브람은 그런 사랑으로 조카 롯을 사랑하고 구출해냈습니다.

물론 위기의 상황에서 이렇게 용감하고 이렇게 사랑의 수고를 감당한 것이 아브람이 본래 그렇게 훌륭한 사람이었기 때문만은 아니었을 것입니다. 그의 허물을 덮어주시고 지켜주시고 복을 주신 하나님의 사랑을 반복적으로 경험하면서 된 일이었습니다.

그러나 중요한 것은 하나님께서 어떻게든지 조카 롯을 살리려고 백방으로 노력하는 그 믿음, 그의 중심을 눈여겨보셨음에 틀림없다는 것입니다.

"이 후에 여호와의 말씀이 환상 중에 아브람에게 임하여 이르시되"라는 문장이 그것을 말해줍니다. 은밀한 중에서도 우리의 중심을 보시고 택할 자를 택하시고 복 주실 자를 복 주시는 하나님이신 것을 가르쳐주는 말씀입니다.

하나님께서 우리에게서 가장 보고 싶어하시는 것이 이처럼 우리가 서로 용서하고 아끼고 사랑하며 사는 것입니다. 그 모습을 보시고 하나님은 기뻐하시고, 그렇게 살기 위해 진심으로 노력하는 자에게 크신 축복을 베풀어 주십니다. 왜냐하면 하나님은 사랑이시기 때문입니다. 하나님은 사랑하시되 아낌없이 끝까지 당신의 모든 것을 내어주기까지 사랑하시는 분이시기 때문입니다.

예수님이 가버나움에서 하나님의 말씀을 전하고 계실 때 어떤 사람들이 중풍병자를 데리고 왔습니다. 그런데 사람들이 너무 많아서 예수님께 가까이 갈 수 없자 예수님께서 계신 바로 위의 지붕을 뜯어 구멍을 내고 중풍병자를 요에 눕힌 채 예수님 앞에 내려보냈습니다.

그로 인해 벌어진 소란스런 장면을 지켜보시면서 예수님은 그들을 책망하시기는 커녕 오히려 "그들의 믿음을 보시고" 감동하셔서 이렇게 말씀하시지요.

"네 죄사함을 받았느니라." (막 2:5)

과연 주님이 우리에게서 무엇을 보기를 간절히 원하시는가를 가르쳐주는 말씀입니다.

하나님은 이 시간도 우리를 지극하신 사랑으로 품으시고 기다리고 계십니다. 이제나 저제나 껍질을 쫄 때가 올까, 비상한 관심을 가지고 우리를 품으신 채 우리의 믿음이 당신의 마음에 합당한 방향으로 성장하고, 우리의 마음씀씀이, 우리의 행동이 성숙해가기를 바라고 계십니다.

무엇보다도 하나님은 우리가 서로 용서하고, 당신의 사랑으로 서로 사랑하며 섬기는 것을 기뻐하십니다. 어떻게든 살려보려고 노력하고, 내 시간 내 돈 내 수고를 투자하는 열심있는 믿음으로 일어나 움직이고 뛰어들어 헌신하는 사랑을 보기를 원하십니다. 그 사랑을 배우기 위하여 힘쓰고, 그 사랑 부어주시기를 간절히 기도하는 우리의 영적 가난과 애통함과 온유함과 청결함과 정성을 기울이는 사랑을 보기를 원하십니다.

받은 사랑 헛되지 않도록 어떻게든지 내 골육친척, 이웃 한 사람이라도 살려보려고 하는 그 간절한 마음이 우리 안에 있느냐? 얼마만큼 있느냐?

그 진정성이 어느 정도 합격점에 이를 때에, 주님은 그때를 정확하게 감지하시고 우리의 간절함과 호응하여 밖에서 알을 쪼심으로 우리의 영적 거듭남을 도우시고 신비한 은혜의 세계로 들어갈 수 있도록 문을 열어주십니다.

이 하나님의 사랑을 믿고, 나도 어서 열심히 배우고 익혀 주님이 믿고 찾아와 같이 일하자고 말씀하실만한 사람으로 자라야지, 하는 열망으로 이 한 주간도 정진하시기를 바랍니다. 혹시라도 내 이웃에게 인색한 마음을 품고 필요 이상으로 나 자신에게 묶여 있었다면 겸허하게 회개하고, 통회하는 심정으로 주님의 사랑을 간구하시기를 바랍니다.

우리의 영적 성장을 가로막는 가장 심각한 문제는 바로 나 자신의 인색한 마음입니다. 내가 바뀌어야 합니다. 내가 먼저 용서하고, 내가 먼저 사랑으로 손내밀어야 합니다. 이해받고 대접받기 위해 골몰하고, 자기 원하는 대로 되지 않는다고 속 끓일 것이 아니라 내가 원하는 대로 남을 먼저 대접해주고, 내가 먼저 마음의 문을 열고 다가가야 합니다.

우리 인생의 많은 문제들이 내가 먼저 마음을 찢고 주님의 심정이 되어 사랑으로 다가갈 때, 상상 외로 너무도 쉽게 풀릴 수 있다는 것을 기억하십시오.

길은 분명합니다. 길을 두고 엉뚱한 곳으로 가려고 하지 마십시오. 사랑이요 진실이요 정성이요 희생입니다. 그저 이러한 마음으로 주의 뜻 받들어 꾸준히 정진해나갈 때, 사랑의 하나님께서는 그 모든 것 귀하게 받으시고, 정확하게, 우리에게 최선의 시간이라고 믿어지는 그때에, 친히 개입하사 은혜의 문을 열어주시고, 우리가 알지 못하던 하늘의 신비한 축복의 세계로 우리를 이끌어주실 줄 믿습니다.

궁극적으로 당신의 일에 귀한 파트너로 우리를 부르사 당신의 소중한 것을 투자하시면서 우리를 당신의 도구로 귀하게 써주실 줄 믿습니다.

여러분 모두 이러한 축복의 주인공이 되시기를 주님의 이름으로 축원합니다.

인간에 대한 예의

"그러므로 너희는 하나님이 택하사 거룩하고 사랑받는 자
처럼 긍휼과 자비와 겸손과 온유와 오래 참음을 옷입고 누
가 누구에게 불만이 있거든 서로 용납하여 피차 용서하되
주께서 너희를 용서하신 것 같이 너희도 그리하고 이 모든
것 위에 사랑을 더하라 이는 온전하게 매는 띠니라"
(골 3:12-14)

일찍이 우리나라를 동방예의지국이라 하였습니다. 예(禮)를 숭상한다 함은 함부로 대하지 않는다는 의미요
격조있게 대한다는 의미일텐데, 사실 성경의 가르침도 예라고 하는 관점에서 생각해볼 수 있습니다.

흔히 종교는 신을 섬기는 것이니까 인간을 어떻게 대해야 하는 윤리의 문제는 부차적인 것이 아니냐고 할지 모르지만, 그것은 잘못된 생각입니다. 두 가지는 결코 분리되는 문제가 아닙니다.

히렐이라고 하는 유대교의 유명한 랍비는 율법 전체를 한 마디로 요약

하면 어떻게 되겠느냐는 질문에 대하여 "네가 싫어하는 것은 남에게도 시키지 말라"고 대답하였습니다. 공자가 말한 "己所不欲 勿施於人"(기소불욕 물시어인)과 비슷한 말입니다.

이것을 예수님께서는 이렇게 말씀하셨습니다.

"그러므로 무엇이든지 남에게 대접을 받고자하는 대로 너희도 남을 대접하라."(마 7:12)

그리고 율법의 핵심이 무엇이냐는 질문에 대하여서도 "주 너의 하나님을 사랑하라"는 계명과 "네 이웃을 네 몸처럼 사랑하라"는 계명으로 요약해주셨습니다(마 22:37-40).

이처럼 성경의 핵심적인 가르침 가운데 하나가 인간을 어떻게 대하여야 하는가 하는 윤리적 가르침이요, 예에 관한 가르침입니다.

왜 예가 필요할까요? 존엄하기 때문입니다. 내가 귀중한 만큼 남도 귀중하기 때문입니다. 또 약하기 때문입니다. 함부로 대하면 깨지기 쉬운 것이 인간입니다. 상처받기 쉽고, 상처받으면 아프니 고통을 호소합니다. 소리를 지르고, 화를 내고, 말을 안 하고, 우울증에 빠지고, 아주 심하게 폭력화되는 경우도 있습니다.

인간은 근본적으로 하나님의 형상을 따라 창조된 영적 존재인 동시에, 죄로 말미암아 존재 안에 상처가 나고 분열이 생긴 존재입니다. 말하자면 치유받아야 하는 존재입니다. 그 속에 하나님의 숨결이 스며들어 있고 거룩한 그 무엇이 존재하는 까닭에 그것이 잘 발현되도록 도와주면 하늘의 뜻을 이루어가는 귀한 역할을 할 수도 있지만, 함부로 대하면 그 안에 있는 생명에너지가 영적으로 순화되지 않고 공격적이고 파괴적으로 나타나 야수와 같은 존재로 돌변할 수도 있는 것이 바로 인간입니다. 그러므로 예로써 사람을 대접해야 합니다.

성경에 규정되어 있는 예의 가장 기본적인 것이 무엇일까요? 십계명입니다. 네 부모를 공경하라, 살인하지 말라, 도적질하지 말라, 간음하지 말라, 거짓증거하지 말라, 탐내지 말라…. 이런 계명들을 어기면 당연히 사람과의 관계가 파괴됩니다. 다른 사람에게 심각한 상처를 주게 되고, 그 상처가 심해지면 그것이 어떤 사태를 몰고 올지 예측하기 어렵습니다.

1-4계명, 즉 하나님을 섬기는 것과 관련된 계명도 마찬가지입니다. 왜 나 이외에 다른 신을 섬기지 말며, 우상을 만들지 말며, 여호와의 이름을 망령되이 일컫지 말며, 안식일을 거룩하게 지키라고 한 것일까요? 이것을 지키지 않으면 인간의 존엄성이 파괴되기 때문입니다.

신 아닌 것을 신으로 섬길 때 바로 우리 자신이 불행해지는 것입니다. 결국 성경의 모든 말씀은 하나님의 영광을 위한 것이면서 그와 동시에 우리 인간의 인간다운 삶을 위한 것입니다.

계명(율법)의 근본 뜻이 이러하고, 예가 필요한 것이 이런 이유 때문임에도 불구하고, 때로는 부작용이 나타나는 경우도 있습니다. 인간의 존엄성을 지켜 나가기 위한 방편이 목적으로 굳어질 수 있기 때문입니다.

예의 핵심은 사람을 대할 때 그를 수단으로 대하지 않고 목적으로 대하는 태도, 그의 존재 자체를 그 근본에서부터 가장 귀하게 이해하고 대접해주는 태도를 말하는 것이니, 다른 말로 하면 그것은 사랑입니다. 사랑으로 대접하고, 사랑으로 일으켜 세워주며, 사랑으로 섬기고, 사랑으로 살리자는 것이 예의 본뜻입니다.

그러나 어찌어찌하다 보니 그 본뜻은 잊어버리고 복잡한 격식과 조문만 남습니다. 그러다 보니 살리는 예가 아니라 죽이는 예가 됩니다. 예 때문에 싸우고, 예 때문에 갈라지고, 예 때문에 죽이기까지 합니다. 얼마나 어리석은 짓입니까?

고착화된 관습과 교리가 그러한 것입니다. 오죽하면 "율법 조문의 묵은 것"(롬 7:6)이라고까지 하였겠습니까?

어떤 사람들이 예수님께 와서 저기 갈릴리 지방에서 이러저러한 일이 일어났다고 말하는데, 그 말씀을 예수님이 그대로 받지 않고 다른 각도에서 말씀하심으로써 말하는 사람들은 물론 함께 자리에 있던 모든 사람들이 자기 자신을 돌아보도록 하셨습니다. 자칫 어떤 일에 대하여 함부로 얘기하다가 인간의 마음을 다치게 할 소지가 많은 상황에서 사려 깊은 말씀을 통해서 예를 바로 세우고 계시는 것을 보게 됩니다.

왜 이것이 필요하냐? 그래야 사람이 사람답게 되고 인간의 존엄성이 훼손되는 것을 막을 수 있기 때문입니다. 정제되지 않은 언행은 자칫 생명을 살리는 것이 아니라 죽이는 결과를 초래할 수 있기 때문입니다.

좀더 구체적으로 볼까요? 어떤 사람들이 예수님께 와서 말하기를, 빌라도가 성전에서 제물을 드리던 갈릴리 사람들을 학살하여 그 흘린 피가 제물에 물들었다고 합니다. 언중유골이라고, 말 속에 뼈가 있고, 뭔가 의도가 있는 말이었습니다.

그렇다면 무슨 의도였을까요? 많은 사람들이 재앙은 죄에 대한 하나님의 심판이라고 생각하고 있었습니다. 그러므로 빌라도에 의해 죽임을 당한 사람들마저도 죄 때문에 하나님의 심판을 당한 것이 아니겠느냐, 이런 기계적인 인과응보적 교리를 확인받고 싶어서 한 말이었습니다. 죽임당한 사람들에 대해 안타까워서 질문한 것이 아닙니다. 바로 이것이 문제입니다. 어떻게 아까운 목숨들이 그렇게도 비참하게 죽임을 당한 사건을 놓고, 아파하거나 책임감을 느끼기는커녕 그렇게 냉정한 인과응보적 교리를 통해서 쉽게 판단하고 자신은 의로운 양 살아갈 수 있습니까?

우리가 다 아옹다옹하면서 이 세상을 살아가지만, 동시대를 살아가는 사람으로서 어떤 상황에서라도 넘어서는 안 되는 선이 있고, 지켜가야 하는 금도가 있는 법입니다. 우리는 따지고 보면 남이 아니기 때문입니다. 모두가 같은 하늘 아래 같은 땅에서 같은 하나님의 은혜로 사는 한 형제들이기 때문입니다. 그러므로 다른 사람들이 불행한 일을 당했을 때 아픔을 함께 나누지는 못한다 할지라도, 그것을 보고 이러쿵 저러쿵 함부로 말하는 무례함을 범하지 않도록 조심해야 합니다. 그것을 타산지석으로 삼되 무엇보다도 자기 자신이 누구인가를 알면서 해야 합니다.

갈라디아서 6장 1절에 "형제들아 사람이 만일 무슨 범죄한 일이 드러나거든 신령한 너희는 온유한 심령으로 그러한 자를 바로잡고 너 자신을 살펴보아 너도 시험을 받을까 두려워하라"고 말씀하셨습니다.

진실로 나 자신이 누구인가를 알아야 합니다. 이 시간 심각하게 자신에게 물어보십시다. 우리는 누구입니까? 구원받은 백성이요 하나님의 자녀들이지요. 그러나 그게 거저 된 것이 아니라는 것을 알아야 합니다. 우리는 하나님의 자녀이되, 구속받은 자녀, 곧 용서받은 죄인입니다. 그것을 생각할 때 어느 누구도 다른 사람들에 대해서 함부로 대할 수 없는 것입니다. 또한 주 예수 그리스도는 나만이 아니라 우리 모두를 위해서 피흘리셨고, 하나님은 우리 모두의 아버지이십니다.

주기도문을 통해서 예수님은 뭐라고 가르치셨습니까?

"너희는 이렇게 기도하라. 하늘에 계신 우리 아버지여…."

우리 아버지입니다. 우리 아버지! 우리 아버지가 그렇게 비참하게 죽임 당하는 자식들을 보시면서 어떤 심정일까를 기억해야 합니다. 아버지의 심정을 조금이라도 헤아린다면 어떻게 그렇게 냉정하게, "저들은 자기 죄값으로 죽는 거겠지요?" 이렇게 말할 수 있습니까?

우리가 다 형제인데, 어떻게 부모 앞에서 형제의 불행을 놓고 그렇게 몰인정하게 말할 수 있겠습니까? 세상의 실정법은 어떻게 규정할지 모르지만 부모는 어떠한 경우에도 자식을 판단하고 내칠 수 없다는 것을 안다면, 그 아픔을 함께 나누어가지면서 어떻게든지 다른 형제를 살리는 일에 나서는 것이 같은 부모의 자식으로서 가져야 할 마땅한 도리인 것입니다.

누가복음 13장 6절 - 9절에 예수님께서는 다음과 같은 비유의 말씀을 하셨습니다.

"어떤 사람이 포도원에 무화과나무 한 그루를 심어놓았다. 그 나무에 열매가 열렸나 하고 가보았지만 열매가 하나도 없었다. 그래서 포도원지기에게 '내가 이 무화과나무에서 열매를 따볼까 하고 벌써 삼 년째나 여기 왔으나 열매가 달린 것을 한 번도 본 적이 없으니 아예 잘라버려라. 쓸 데 없이 땅만 썩힐 필요가 어디 있겠느냐? 하였다. 그러자 포도원지기는 '주인님, 이 나무를 금년 한 해만 더 그냥 두십시오. 그 동안에 제가 그 둘레를 파고 거름을 주겠습니다. 그렇게 하면 다음 철에 열매를 맺을지도 모릅니다. 만일 그 때 가서도 열매를 맺지 못하면 베어버리십시오' 하고 대답하였다." (공동번역)

여기서 포도원지기와 주인이 무화과나무를 대하는 마음을 생각해보십시오. 주인이 언뜻 듣기에 냉정하게 잘라버리라고 했지만, 포도원지기의 간청을 들어주는 걸 보면 주인의 본 뜻도 잘라버리는 것이 아니라는 것을 알 수 있습니다.

누구보다도 그 나무에 대해 애착이 있는 것이 주인일 것입니다. 왜 그럴까요? 그 무화과나무를 심었기 때문입니다. 포도원지기는 또 어떻습니까? 그 사랑 또한 주인에 못지않습니다. 정성껏 사랑으로 키웠기 때문이지요. 정성을 쏟아 부은 나무를 그렇게 냉정하게 잘라버릴 수 있는 사람은 없습니다.

무화과나무 한 그루도 그럴진대, 사람이야 오죽하겠습니까? 아무런 상관이 없는 남이야 함부로 말하고 쉽게 판단하고 정죄하고 포기할 수 있을지 모르지만, 그를 낳고 기른 부모는 그럴 수 없습니다. 절대로 그럴 수 없어요. 잘 났어도 내 자식, 못 났어도 내 자식이요, 못 났을수록 더욱 안타까워 어떻게든 품으려고 하고, 혹 잘못해서 어디서 벌을 받기라도 할 것 같으면 가서 대신 용서를 빌면서 살려달라고 애원하는 것이 부모의 마음입니다.

탈무드에 이런 얘기가 있습니다.

"머리가 둘이고 몸통은 하나인 아이가 있다. 이 아이는 둘인가 하나인가?"

"머리에 뜨거운 물을 부어봐라. 똑같이 뜨겁다고 비명을 지르면 하나이고, 하나는 소리를 지르는데 하나는 아무 반응을 보이지 않으면 둘이다."

깊은 의미가 담겨 있는 얘기입니다. 생각해보면 한 몸 한 형제이면서도 마치 남처럼 아픔을 느끼지 못하는 데에 인간의 불행이 있습니다. 마땅히 함께 아파해야 할 사람들이 아픔을 느끼지 못하고 쉽게 판단하고 함부로 말할 때, 그 말을 듣는 사람들은 생각보다 훨씬 더 큰 아픔을 느낍니다.

함부로 말하려거든 차라리 입을 다물어야 합니다. 그 사람의 입장이 되어보지 않고서 함부로 판단하는 것은 인간에 대한 예의가 아닙니다. 우리가 그 사람 자신의 입장에 서보지 않고서, 그 사람을 낳고 기른 부모의 심정이 되어보지 않고서, 그를 창조하시고 그를 위해 독생자를 보내사 피흘려 죽게 하기까지 사랑하신 하나님의 심정과 그 고통스런 십자가를 달게 받으신 그리스도의 마음을 생각하지 않고서는, 그 누구도 다른 사람을 판단할 수 없다는 것을 우리는 겸허하게 인정하는 가운데 살아가야 합니다.

사랑의 깊이가 전제되지 않을 때 우리의 언행은 본의 아니게 무례하고 품격이 떨어지며 상처를 주고 인간공동체의 소통을 심각하게 훼손할 수 있다는 것을 유념해야 합니다.

천사의 말을 할지라도 사랑이 없으면 아무것도 아닙니다(고전 13:1). 사랑을 담지 않고서는 아무리 좋은 말이라도 울리는 꽹과리와 같이 공허한 것이며, 사람을 살리고 변화시키는 데 아무런 유익이 없다는 것을 알아야 합니다.

혹 다른 사람들의 불행을 볼 때, 우리는 함부로 비판하고 판단하기보다, 그들을 언제까지고 품으시고 사랑하시는 하나님의 눈으로 보려고 애써야 하며, 그들을 위해 기도하고, 그들의 실수를 타산지석으로 삼아 우리 자신을 살펴야 합니다.

내가 다른 사람들을 함부로 대하지 않을 때 다른 사람들도 또한 나를 함부로 대하지 않는 법입니다. 어떻게든지 살리고자 하는 하나님의 심정, 그리스도의 심정으로 예를 갖춰서 사람들을 대해야겠습니다. 하나님도 예를 갖춰 대하신 귀한 사람인데 우리가 무슨 자격으로 그를 감히 함부로 판단하고 정죄한다는 말입니까?

하나님의 사랑이 끝나지 않는 한 아직 그 어떤 사람도 끝나지 않았습니다. 아직도 기회가 남아 있습니다. 그 어떤 사람이라도, 당신은 이제 틀렸어, 구제불능이야, 이렇게 말할 수 있는 사람은 없습니다.

따지고 보면 모든 신앙의 위인들도 그렇게 구제불능 상태에서 다시 시작하여 열매를 거둔 사람들입니다. 베드로가 그랬고, 마가가 그랬고, 바울이 그랬습니다. 그리스도께서 매달리시며, 절대 그냥 이대로 잘라버리시면 안 된다고, 조금만 더 기회를 달라고 탄원하셔서 된 일이고, 저와 여러분도 그렇게 은혜 받아서 오늘 이 자리에 있게 된 것입니다.

그러니 그 어느 누구도 함부로 판단하고 정죄할 수 있는 위치에 있지 않습니다. 우리는 다만 겸허하게 기도하고 본분에 충실할 뿐입니다. 충실하되 사랑으로 할 일입니다. 사랑이야말로 예의 근본이요 목적이기 때문입니다.

우리 안에 이런 사랑이 있기를 바랍니다. 어떤 자식도 차마 버릴 수 없는 부모의 그 간절하고도 사무치는 심정을 나누어 가지는 사랑, 함께 아파하고 찾아나서고 살려달라고 눈물로 호소하고 필요하다면 나의 가장 소중한 것을 바쳐서라도 구하려고 달려드는 희생적 사랑이 있기를 바랍니다. 그 사랑을 위하여 우리 주님 예수님께서 우리를 위해 십자가에서 먼저 피흘리셨음을 잊지 말아야 합니다.

그 고귀한 은혜를 마음속에 깊이 새긴 가운데, 오늘도 우리의 구원을 위해 탄식하고 계시는 주님과 함께 주님의 심정으로 내 형제를 위하여 간절히 기도하고 함께 찾아나서는 한주간이 되시기를 바랍니다.

눈을 열어 보게 하소서

"… 그들이 서로 이야기하며 문의할 때에 예수께서 가까이 이르러 그들과 동행하시나 그들의 눈이 가리어져서 그인 줄 알아보지 못하거늘 … 그들과 함께 음식 잡수실 때에 떡을 가지사 축사하시고 떼어 그들에게 주시니 그들의 눈이 밝아져 그인 줄 알아 보더니 …" (눅 24:13-35)

인간이 무엇을 판단하는 데 있어서 눈의 중요성은 거의 절대적입니다. 백문이 불여일견(百聞不如一見)이라는 말이 그것을 나타내줍니다.

예수님도 "눈은 몸의 등불이니 그러므로 네 눈이 성하면 온 몸이 밝을 것이요 눈이 나쁘면 온 몸이 어두울 것이니…" (마 6:22-23)라고 말씀하셨습니다.

눈이 좋으면 일단 유리한 게 많습니다. 우리가 좋은 음식을 고르는 것도, 마음에 드는 사람을 고르는 것도, 인생살이에 필요한 수많은 지식정보를 습득하는 일도 일차적으로는 눈이 그 역할을 하는 게 사실입니다.

삶은 눈으로 보는 것의 연속입니다. 오죽하면 사람이 죽을 때 눈을 감는 다고 표현하겠습니까?

그러나 눈이 꼭 긍정적인 역할만 하는 것은 아닙니다. 눈 때문에 일을 그르치는 경우도 많습니다. 뭘 처다보는 것은 좋지만, 한눈팔면 엉뚱한 곳으로 가기 쉽고, 눈에 의존하는 만큼 눈속임을 당할 가능성도 큽니다. 그리고 눈에 보이는 것보다 눈에 보이지 않는 것이 더 중요하기도 합니다. 그러므로 눈을 너무 과신하는 것은 좋지 않습니다. 눈이 있어도 보지 못하고, 보지 말아야 할 것을 보고, 차라리 눈을 빼버리는 게 좋을 상황도 얼마든지 있을 수 있기 때문입니다.

마음의 눈, 영적인 눈…. 이런 말들이 있습니다. 우리의 육안이 겉으로 보이는 모습과 색깔, 그 공간적 위치를 식별하는 것이라면, 마음의 눈, 영적인 눈은 그것의 의미, 목적, 그 이면의 가능성을 파악하는 능력입니다.

그 어떤 것도 제 홀로 떨어져 존재할 수 없는 전체속의 부분이므로 이 영적인 눈이 트이고 이 눈을 통해서 사물을 볼 때라야 우리는 제대로 사물을 본다고 말할 수 있을 것입니다.

이 영안이 얼마만큼 작동하느냐에 따라 인식능력의 수준이 결정되는 것입니다. 예수님이 말씀하시기를 "마음이 깨끗한 자는 하나님을 뵐 것이라"고 하였는데, 이것은 당연히 영적인 눈을 말하는 것입니다. 그러면 어떻게 하여야 이 눈을 뜰 수 있을까요?

구약성서에서 예언자를 가리키는 말로 '선견자' (先見者)라는 말을 쓰기도 하는데, 이는 '앞서서 보는 사람', 즉 '영적인 눈으로 보는 사람'을 가리킨다고 하겠습니다. 하나님의 거룩한 영에 감동되어, 남다른 안목으로 인생과 역사를 내다보고 그것을 말로 선포하는 사람들이 바로 예언자였던 것입니다.

그러나 이런 사람들도 언제나 영적인 눈이 환하게 틔었던 것은 아닙니다. 이들도 때로는 눈이 어두웠으며, 그들 자신이 모든 것을 다 볼 수 있는 전능자가 아니라는 것을 깨달아야 했습니다.

가령 엘리야를 보면, 갈멜산에서 바알선지자들과의 대결에서 승리한 후에 뜻밖에 아합과 이세벨의 역공을 받아 도망하는 중에 로뎀나무 아래에서 피곤에 지쳐 쓰러져 죽기를 청합니다. 호렙산까지 겨우 다다른 엘리야는 강한 바람과 지진과 불이 지나가는 것을 보지만, 그 어느 곳에서도 하나님을 찾지 못합니다.

그 모든 것이 지나가고 난 뒤에, 부드럽고 조용한 소리를 듣습니다. 바로 하나님의 음성이었는데, 이때 하나님은 "내가 이스라엘 가운데에 칠천 명을 남기리니 다 바알에게 무릎을 꿇지 아니하고 다 바알에게 입맞추지 아니한 자니라" (왕상 19:18)고 말씀하셨습니다.

이 말씀을 듣고 엘리야는 다시 기운을 차리게 되는데, 이 이야기에서 우리는 무엇을 봅니까? 어쩔 수 없는 한계와 연약함입니다. 눈앞의 적대자들을 보면서 낙심하고 좌절하는 인간, 전체와 이면을 보지 못하고 눈앞에 보이는 것밖에 보지 못하던 연약한 인간의 모습입니다.

선견자 엘리야 역시 마땅히 보아야 할 것을 제대로 보지 못하였던 것입니다.

엘리사는 그 점에 있어서 탁월한 선견자의 면모를 보여줍니다. 엘리사가 예언자로 활동하던 당시, 주변강대국들은 엘리사 때문에 도무지 뭘 어떻게 해볼 도리가 없었습니다. 은밀한 곳에서 하는 말들을 마치 옆에서 다 들은 것처럼, 옆에서 다 본 것처럼 알고 있었기 때문입니다. 안 되겠다 싶어 시리아왕은 군대를 동원하여 엘리사를 죽이려고 그가 머물고 있는 성을 포위하였습니다.

어느 날 아침 엘리사의 시종이 아침에 일어나 성 밖을 내다보니 수많은 군인들이 군마와 병거로 포위하고 있었습니다. 시종은 이것을 보고 놀라서 외칩니다.

"내 주여 우리가 어찌하리이까?"

그러나 엘리사는 태연하게 "두려워 말라. 우리와 함께 한 자가 그들과 함께 한 자보다 많으니라"고 하면서 "여호와여 그의 눈을 열어서 보게 하옵소서" 하고 기도합니다.

그러자 이 시종은 눈이 열려 불말을 탄 기마 부대와 불병거 부대가 엘리사를 둘러싸고 온 산에 덮여 있는 것을 보았습니다(왕하 6:14-17).

육안만으로 세상을 보지 아니하고 영적인 눈으로 세상을 보는 것이 얼마나 중요한가, 그 영적인 안목이 있느냐 없느냐에 따라 인간이 얼마나 판이하게 행동할 수 있는가를 보여주는 이야기입니다.

환경과 상황이 문제가 아닙니다. 문제는 그것을 제대로 보고 해석할 수 있는 영적인 안목입니다. 영적인 안목이 있는 사람은 어떤 상황 속에서도 용기를 잃지 않습니다. 용기를 잃고 실의에 빠지는 대신에 가능성을 보고 뜻을 깨닫습니다. 당황하지 않고 궁극적 신뢰 속에서 방향감각을 가지고 고요하게 받아들일 것을 받아들이고 할 일을 해나갑니다.

누가복음 24장 13절 - 35절은 '엠마오로 가는 두 제자' 이야기입니다. 이 두 제자는 성경 속의 다른 어떤 제자보다도 우리에게 더 친숙하게 느껴지는 인물들이기도 합니다. 희망과 좌절을 반복하고, 의심하고, 얼굴이 쉽게 침통해지고, 가슴이 다시 뜨거워지기를 바라지만 좀처럼 그렇게 되지 않는 모습이 연약하고 평범한 우리들과 너무도 흡사합니다. 특별히 공감이 가는 것은 그들이 보지 못했다는 사실입니다. 부활에 관한 말씀을 이미 여러 차례 예수님으로부터 들었고, 다른 목격자들을 통해서 들었으며, 심지어 예수님께서 친히 그들 곁에서 그들과 함께 동행하고 있는데도 불구하고 여전히 예수님을 몰라보고 실망 속에서 헤어나지 못하고 있었습니다. 바로 얼마 전까지 예수님을 직접 보고 함께 생활하였으면서도 옆에 계신 예수님을 알아보지 못한 그들이야말로 보아도 보지 못하는 사람이요, 육적인 눈만 작동할 뿐 영적인 눈은 감겨져 있는 사람들이었던 것입니다.

마음이 흐려지면 눈에 뵈는 게 없게 되듯이, 그들의 마음이 흐려졌기 때문에 예수님을 알아보지 못했던 것입니다. 그들은 "우리는 그분이야말로 이스라엘을 구원해주실 분이라고 희망을 걸고 있었습니다"라고 말했습니다.

예수님을 이스라엘을 구원해주실 분으로 기대하였던 그들의 희망이 문제였습니다. 그렇게 희망했는데, 자신들이 희망하던 대로 되지 않자 낙심하고 예수님도 알아보지 못한 것입니다.

그들의 희망, 무엇이 잘못되었습니까? 그들이 희망한 것이 어떤 면에서는 맞는 말이지만 어떤 면에서는 빗나간 희망일 수밖에 없는 것은 그들은 예수님께서 정치적 메시야로 화려하게 등극하기를 기대했기 때문입니다. 그들은 자기들 멋대로 예수님에게 자기들의 욕망을 투사해서 기대하다가 예수님께서 자신들의 기대와는 정반대의 길을 가시니까 좌절한 것입니다. 기대가 크니까 실망도 컸던 것입니다.

그러나 생각해 보십시오. 제자들이 실망했다고 하지만 예수님께서 실망스러운 행동을 하신 것이 있습니까? 평소 말씀하시던 대로 행동하셨고, 죽으시겠다고 예고하고 죽으신 것입니다. 마땅히 겪어야 할 고난을 겪으신 것 뿐입니다.

눈물로 씨뿌리지 않고 어떻게 기쁨으로 추수할 수 있으며 해산의 고통 없이 어떻게 생명을 낳을 수 있으며 죽음의 고통 없이 어떻게 부활이 있을 수 있습니까? 고난은 인생과 역사, 온 우주 만물의 존재법칙입니다. 그것은 창조원리이며 동시에 구속의 원리이고 오늘 우리들의 삶을 관통하고 있는 근본적인 생명원리입니다.

이 원리를 생략하고 쉽게 빨리 영광을 얻으려는 것이야말로 가장 근원

적인 죄입니다. 그 허망한 생각을 버리고 하나님께로 돌아오라는 것이
성경 특히 예언자들이 반복해서 가르쳐 준 것이라고 예수님은 말씀하십
니다.

"미련하고 선지자들이 말한 모든 것을 마음에 더디 믿는 자들이여 그리
스도가 이런 고난을 받고 자기의 영광에 들어가야 할 것이 아니냐." (눅
24:25-26)

예수님은 이렇게 부족한 자들임에도 불구하고 당신의 제자들을 버리지
않으셨습니다. 다시 찾아 오셔서 말씀으로 깨닫게 하시고 그들의 빗나
간 희망을 바로 잡아 주시고 그들의 눈을 열어 보게 하셨습니다. 변함없
는 사랑으로 식었던 마음을 다시 뜨겁게 차오르도록 은혜를 베풀어 주
셨습니다.

참으로 감사한 것은 예수님께서 말씀을 풀어서 가르쳐 주고 함께 음식
을 나누는 중에 제자들은 가슴이 다시 뜨거워지고 눈이 열려 주님을 보
게 되었다는 것입니다. 변함 없으신 주님의 은혜가 제자들의 눈을 뜨게
한 것입니다.

그 시대에 못지 않게 지금 우리가 살고 있는 이 세상이 참으로 어지럽고
어둡게 느껴지는 때가 많습니다. 그러나 주님의 은혜로 영적인 안목이
열려 언제나 눈에 보이는 것 너머의 참소망을 보며 살아가는 여러분이
되시기 바랍니다.

마음이 어지러울수록 조급함과 헛된 욕심을 버리고 고요하게 말씀으로

돌아가면 뜻밖에도 보이지 않던 것들이 보입니다.

"오 주여, 저희들의 눈을 열어 보게 하소서. 성령의 도우심 안에서 영적인 눈이 떠져 당신의 관점으로 세상을 보게 하시고, 다시금 저희의 마음이 뜨거워지게 하시고, 실망과 좌절에서 희망과 용기의 길로 의연하게 걸어갈 수 있게 하소서."

행복한 사람

"복있는 사람은 악인들의 꾀를 따르지 아니하며 죄인들의
길에 서지 아니하며 오만한 자들의 자리에 앉지 아니하고
오직 여호와의 율법을 즐거워하여 그의 율법을 주야로 묵
상하는도다 그는 시냇가에 심은 나무가 철을 따라 열매를
맺으며 그 잎사귀가 마르지 아니함 같으니 그가 하는 모든
일이 다 형통하리로다 …" (시 1:1–6)

새해에 첫인사를 할 때 "새해 복 많이 받으세요" 하고 인사
하고, 편지를 쓸 때도 "하나님의 축복이 함께 하시기
를…"하고 마무리하는 경우가 많습니다. 영어편지도 마지막에 Blessings
하고 끝낼 때가 많습니다. 이처럼 모든 사람들이 공통적으로 원하는 것
이 있는데 그것은 바로 복(福)입니다.

하나님이 아브라함을 부르실 때 뭐라고 하셨습니까? "내가 너로 큰 민족
을 이루고 네게 복을 주어 네 이름을 창대하게 하리니 너는 복이 될지
라"(창 12:2)고 말씀하셨습니다. 예수님께서 주신 가르침의 보화중의 보

화라고 일컬어지는 산상수훈에서도 "심령이 가난한 자는 복이 있나니 천국이 그들의 것임이요 애통하는 자는 복이 있나니 그들이 위로를 받을 것임이요 온유한 자는 복이 있나니 그들이 땅을 기업으로 받을 것임이요…"(마 5:3-10) 하고 말씀하셨습니다. 모두 행복에 관한 말씀입니다.

장로교요리문답에 "사람의 제일되는 목적이 무엇입니까?" 하는 질문이 있는데, 여기에 대한 모범답안은 "하나님을 알고 그 이름을 영화롭게 하는 것" 입니다.

무엇 때문에 하나님을 바로 알고, 하나님을 영화롭게 하는 삶을 살라고 하는 것일까요? 하나님 혼자 좋으려고? 아닙니다. 헛된 것 섬기지 않고 하나님을 귀하게 여길 때 행복한 삶을 살 수 있기 때문입니다.

"사랑하는 자녀들아, 부디 행복하게 살아라, 그것의 나의 간절한 소원이다, 잊지 말아라…" 그것이 바로 우리의 아버지되시는 하나님의 간절한 소원이십니다.

그러므로 여러분, 어떻게든 행복하게 살 결심을 하시기 바랍니다. 불행의식에 빠지지 말고 행복의식을 가지시기 바랍니다.

신문을 보면 자살 사건이 꼭 나옵니다. 실연당했다고 인기가 떨어졌다고 병들었다고 가난하다고 우울하다고 취업이 안된다고 자살을 합니다. 이유가 어찌됐든 어떤 고통이 있든 절대로 자살을 하면 안됩니다. 부모가 그 자식을 어떻게 키웠는데, 어떤 바람을 가지고 키웠는데, 하나님께서 우리를 위하여 얼마나 큰 축복을 예비해놓으셨는데, 성급하게 물어

보지도 않고 기다려보지도 않고 그렇게 소중한 목숨을 끊는 것입니까? 안 됩니다.

가끔 마음이 우울해질 수 있고 세상이 어둡게 보일 때가 있다는 걸 인정하지만, 그래도 자살을 해서는 안 됩니다. 마음을 가다듬고 불행의식에서 벗어나 행복의식으로 나아가고 행복하게 살 결심을 해야 합니다.

시편 1편은 "복있는 사람은…" 하고 시작됩니다. 어떻게 하여야 행복한 삶을 살 수 있다고 가르쳐 줍니까? 2절에 "오직 여호와의 율법을 즐거워하여 그의 율법을 주야로 묵상하는도다" 라고 말씀하셨습니다. 즉 말씀을 따라 사는 것이 행복한 삶을 사는 비결입니다. 바꿔 말하면 길을 따라가는 것입니다. 말씀은 도(道), 곧 길이기 때문입니다.

우주만물이 모두 말씀으로 창조되었고, 말씀으로 말미암지 않은 것이 하나도 없다고 하였는데, 이것은 만물이 다 길을 따라 움직인다는 말과 같습니다. 해는 길을 따라 돌고, 달도 길을 따라 돌며, 지구도 길을 따라 돕니다. 자동차만 길을 따라 가는 것이 아니라 배도 뱃길을 따라 항해하고 하늘을 나는 비행기도 길을 따라 날아갑니다.

정해진 길을 따라서 가야지 아무렇게나 가면 사고가 납니다. 만물이 다 이와 같이 길을 따라 움직이는데, 어찌 사람이라고 예외이겠습니까? 아무렇게나 아무데로나 가서는 행복할 수 없습니다. 마땅히 길을 따라 가야지 길 아닌 길을 가면 안되는 것입니다.

"악인들의 꾀를 따르지 아니하며 죄인들의 길에 서지 아니하며 오만한 자들의 자리에 앉지 아니하고"(시 1:1)라는 말씀이 그것을 뜻합니다. 잘

못된 길을 가면서 행복을 구하는 것은 나무에서 물고기를 구하는 것처럼, 원천적으로 불가능한 것을 구하는 것과 같다는 말씀입니다.

반면에 길을 따라 가는 사람에게는 놀라운 축복이 약속되어 있음을 성경은 가르쳐주고 있습니다.

"시냇가에 심은 나무가 철을 따라 열매를 맺으며 그 잎사귀가 마르지 아니함 같으니 그가 하는 모든 일이 다 형통하리로다."(시 1:3)

신명기 28장 2절 - 6절에 "네가 네 하나님 여호와의 말씀을 청종하면 이 모든 복이 네게 임하며 네게 이르리니 성읍에서도 복을 받고 들에서도 복을 받을 것이며 네 몸의 자녀와 네 토지의 소산과 네 짐승의 새끼와 소와 양의 새끼가 복을 받을 것이며 네 광주리와 떡 반죽 그릇이 복을 받을 것이며 네가 들어와도 복을 받고 나가도 복을 받을 것이니라"고 말씀하셨습니다.

또한 요한복음 15장 5절 - 7절에 "나는 포도나무요 너희는 가지라 그가 내 안에, 내가 그 안에 거하면 사람이 열매를 많이 맺나니 나를 떠나서는 너희가 아무 것도 할 수 없음이라 … 너희가 내 안에 거하고 내 말이 너희 안에 거하면 무엇이든지 원하는 대로 구하라 그리하면 이루리라"고 말씀하셨습니다. 얼마나 놀라운 축복의 말씀입니까?

실제로 예수님의 말씀을 따라 산 제자들은 모두 이와 같이 풍성한 열매를 거두었고 형통의 복을 누렸습니다. 이들을 따라 수많은 사람들이 구원을 얻었고, 운명이 바뀌었으며, 행복해졌습니다. 들어가도 복을 받고 나가도 복을 받았으며, 무엇이든지 구하는 대로 이루어져 자신들도 놀라고 세상 사람들도 놀라게 되었습니다.

처음에는 무시하고 의혹의 눈초리로 쳐다보던 수많은 사람들이 이들을 통해서 일어나는 놀라운 변화들을 보면서 괄목상대하고 마침내 이들의 실체를 인정하여 "그리스도인"이라는 칭호를 붙여주었습니다(행 11:26).

오늘의 세계 현실을 볼 때, 과연 누가 예수님과 그의 제자들의 공동체인 교회를 우습게 여기고 있습니까?

그런데 어떻게 이런 놀라운 일들이 일어났을까요? 그것은 단순합니다. 그들이 우리 인생의 길 되시는 예수의 말씀을 따라 걸어갔기 때문입니다.

물론 그들도 열매가 없었던 세월이 있었습니다. 밤새도록 수고하였지만 단 한 마리의 물고기도 잡지 못하던 캄캄한 절망의 시간이 있었습니다(눅 5:5). 그들이 주님 없이 자기들 힘만으로 살던 시절 얘기입니다. 그러던 그들이 변하게 된 것입니다. 열매 맺는 인생으로, 영향력 있는 인생으로, 행복하고 행복하게 도와주는 인생으로.

그러면 언제 변했습니까? 예수 그리스도 안에서 그들의 인간적 혈기와 정욕이 죽고 예수 그리스도와 함께 다시 사는 인생으로 거듭났을 때였습니다. 겸손하게 오직 길 되시는 예수와 함께 예수를 따라 길을 걷는 사람이 되었을 때였습니다.

예수의 길을 따라 걸어갈 때 형통의 복을 누릴 수밖에 없는 것은 말씀을 따라 사는 사람은 말씀에 합당치 않은 것을 구하지 않기 때문일 것입니다. 애당초부터 구해서는 안 될 것은 구하지 않고 하나님께서 합당케 여기시고 들어주기를 기뻐하시는 것만 구하기 때문일 것입니다.

하나님 아버지와 늘 일체가 되어 살아가고 하나님의 마음으로 살아가게 되니 마음은 언제나 천국이요 일마다 형통할 수밖에 없는 것입니다. 마음에 번민과 갈등이 둥지를 틀지 못하고, 어떤 환경 가운데 처하든지 자유와 평화를 누리며 행복을 전하는 행복전도사가 될 수밖에 없는 것입니다.

"나는 비천에 처할 줄도 알고 풍부에 처할 줄도 알아 모든 일 곧 배부름과 배고픔과 풍부와 궁핍에도 처할 줄 아는 일체의 비결을 배웠노라 내게 능력 주시는 자 안에서 내가 모든 것을 할 수 있느니라."(빌 4:12-13)

물론 사람인데 어떻게 아무런 번민과 갈등이 없겠습니까? 어떻게 모든 일이 100% 뜻하는 대로만 되겠습니까? 그러나 중요한 것은 말씀을 따라 사는 사람에게는 그럼에도 불구하고 그것에 의해 마음의 중심이 흐트러지지 않고 주님을 바라보며 다시 마음의 평정을 찾고 고요하게 기다릴 줄 아는 인내의 영성이 준비되어 있다는 것입니다. 어떠한 처지에서든지 바라고 믿고 참는 것, 이것이 얼마나 중요한지 모릅니다.

이게 바로 사랑인데, 어떻게 이런 사랑이 생깁니까? 이 또한 예수의 길을 따라 꾸준히 걸어갈 때 맺혀지는 자연스런 열매입니다.

갈라디아서 5장 22절 - 23절에 "오직 성령의 열매는 사랑과 희락과 화평과 오래 참음과 자비와 양선과 충성과 온유와 절제니 이같은 것을 금지할 법이 없느니라"고 말씀하셨습니다. 사랑, 희락, 화평, 오래 참음… 이 모든 것이 열매입니다. 성령의 열매… 성령의 감동으로 씌어진 말씀을 따라 걸어갈 때 생기는 열매!

여러분, 꾸준히 말씀 따라 정진하시기 바랍니다. 얼마나 좋습니까? 길을 따라 가는 것이 얼마나 보람 있습니까? 길 아닌 길로 갈 때는 도무지 맛볼 수 없는 귀한 열매를 경험하면서 가게 되는 것이 말씀 따라 사는 삶의 즐거움입니다. 이 즐거움을 사모하고, 믿고 꿋꿋하게 길 따라 걸어가시기를 바랍니다.

영화배우 애나 니콜 스미스에 관한 기사를 본 적이 있습니다. 스트립걸로 시작한 영화배우로서, 억만장자와 결혼하여 세상 사람들의 비상한 관심을 끌었던 적이 있지만, 남편이 죽은 뒤 전처 아들과의 유산다툼으로 마음이 망가지고, 친자식이 죽으면서 또 망가지고, 나중에는 무일푼의 파산가가 되더니 끝내는 어느 호텔방에서 돌연사하고 말았습니다. 톨스토이의 단편소설에 나오는 어리석은 농부와도 같은 것이 우리 인생입니다. "네가 한 두 마지기의 땅값만 내도 원하는 만큼 땅을 줄 테니 지금부터 다니면서 원하는 만큼 표시를 해두어라. 단 해가 질 때까지 돌아와야 한다. 그 안에 있는 땅을 다 주리라"고 했더니 이 농부는 하루 종일, 물도 마시지 않고 온 힘을 다해 달려가 여기 저기 표시를 해두었습니다. 그리고는 날이 어두워지자 주인에게로 달려왔습니다. 그런데 이 일을 어쩝니까? 더 많이 더 멀리 가서 표시하려고 하루종일 정신없이 뛰어다니느라 힘이 빠져 그만 죽고 말았습니다. 결국 그가 차지한 땅은 채 2m도 되지 않는 그의 무덤뿐이었습니다. 그렇게 어리석은 것이 인생입니다.

도대체 돈이 뭐고, 땅이 뭡니까? 얼마를 가져야 행복해질 수 있는 겁니까? 얼마를 소유하든, 그것이 곧 행복을 보장해주는 것이 아님을 알아야 합니다. 하나님의 말씀을 따라 사는 중에 그 열매로써 얻어지는 부는 우리를 행복하게 해주지만, 말씀과 관계 없이 말씀을 떠나 길 아닌 길을 가면서 얻은 부는 우리를 행복하게 해주는 것이 아니라 불행하게 만들고 파멸에 이르게 할 뿐입니다.
잠언 10장 22절에 "여호와께서 주시는 복은 사람을 부하게 하고 근심을 겸하여 주지 아니하시느니라"고 말씀하셨습니다.

예수님의 말씀은 언제 들어도 귀한 말씀입니다.
"너희 가난한 자는 복이 있나니 하나님의 나라가 너희 것임이요 지금 주린 자는 복이 있나니 너희가 배부름을 얻을 것임이요 … 그러나 화 있을진저 너희 부요한 자여 너희는 너희의 위로를 이미 받았도다 화 있을진저 너희 지금 배부른 자여 너희는 주리리로다 …." (눅 6:20-26)
행복과 불행에 대한 우리의 고정관념을 근본적으로 되돌아보게 하는 말씀입니다. 생각하기에 따라서 우리는 대단히 행복할 수 있습니다. 또 생각하기에 따라서 우리는 대단히 불행할 수도 있습니다. 중요한 것은 우리가 길을 따라서 가고 있느냐, 길 아닌 길을 가고 있느냐 하는 것입니다. 길을 따라 가는 과정에서 잠시 겪는 가난과 주림과 모욕과 외로움은 곧 복된 기쁨의 열매로 바뀌게 될 것이지만, 길 아닌 길을 가면서 누리는 부요함과 배부름과 칭찬과 쾌락은 머지않아 허무와 재앙과 멸망으로 바뀌게 될 것입니다.

교황 요한바오로 23세가 임종 직전에 이런 말씀을 남기셨습니다.
"나는 행복합니다. 여러분도 행복하십시오."
예수님의 제자로서 예수님의 말씀을 따라 예수님이 걸어가신 길을 따라 사는 자가 얼마나 복된 삶을 살 수 있는지를 보여준 명언입니다.

예수님이야말로 이 세상 그 누구보다도 행복하게 사셨던 분이었습니다. 처음부터 끝까지, 행복의 근원이신 하나님 아버지와 일체가 되어 사셨기 때문입니다. 아버지 하나님의 말씀 듣기를 늘 즐겨하셨으며, 아버지 하나님의 심정으로 성심껏 일하셨으며, 마침내 당신의 할 일을 다 이루시고 아버지의 품에 안기우신 생애였기 때문입니다. 당신이 아뢰는 모든 기도에 언제나 아버지 하나님은 신실하게 응답하여 주셨으며, 언제나 변함없이 사랑과 격려와 성원을 아끼지 않는 생애를 사셨기 때문입니다.
그러니 예수님만큼 행복하게 사신 분도 없을 것입니다. 그리고 예수님은 다른 사람도 행복하게 해 주셨습니다. 예수님 때문에 행복해진 사람이 얼마나 많습니까? 스스로 불행의식에 빠져 있는 사람은 절대로 다른 사람을 도울 수도 없고 행복하게 해줄 수도 없습니다. 그 마음에 감사와 기쁨이 넘치고 행복의식이 가득해야 행복의 파장을 일으킬 수 있습니다. 우리 주님 예수 그리스도가 바로 그런 분이셨습니다.

"내가 이것을 너희에게 이름은 내 기쁨이 너희 안에 있어 너희 기쁨을 충만하게 하려 함이라."(요 15:11)

이렇게 행복한 주님에게서 배우고 익혀 부디 행복하게 사시기를 바랍니다. 예수님의 행복이 여러분의 행복이 되시기를 바랍니다.

"나는 행복하다. 너희도 부디 행복하거라. 나와 함께, 내 안에서…."

우리를 향한 주님의 말씀입니다.

예수의 마음을 품으라

"너희 안에 이 마음을 품으라 곧 그리스도 예수의 마음이니
…" (빌 2:5-11)

역사상 무수히 많은 사람들이 예수님을 따라 갔습니다. 처음에는 멋모르고 따라가고, 어떤 사람들은 의협심에 따라가고, 어떤 사람은 친구 따라 가기도 합니다. 그러나 동기는 달라도 결국 모두 이 길을 갑니다. 예수님을 한 번이라도 제대로 만난 사람이라면 여기서 떠날 수가 없습니다.

왜 그럴까요? 이 길이 생명길이기 때문입니다. 때로 시험과 유혹과 핍박이 있어도 다시 일어서서 갑니다. 힘을 내서 길을 가다 보면 가지는 길이요, 갈수록 맛을 아는 길이 이 길입니다. 바로 진리의 길입니다.

"진리를 알지니 진리가 너희를 자유롭게 하리라" (요 8:32)는 말씀 그대

로입니다.

예수님을 따라가는 길은 비유하자면 농사짓는 것과 크게 다르지 않습니다. 해보면 기쁨이 있습니다. 눈물로 씨를 뿌리는 자는 기쁨으로 단을 거두게 되고, 해마다 그 소망 그 보람으로 또 씨를 뿌리고 땀흘려 일하듯이, 주의 말씀을 따라 사는 것은 가면 갈수록 믿음이 생기고 소망이 생기고 사랑이 생기는 길입니다.

그러므로 모두 힘을 내십시오. 말씀대로 행해보십시오. 말씀을 듣고 그대로 행하는 자는 반석 위에 집을 세운 것과 같다고 하셨습니다. 흔들리는 세상 가운데서도 흔들리지 않으리라는 것입니다.

물론 쉽지는 않습니다. 예수님을 따라 가는 길은 귀중한 생명길이기 때문입니다. 쉽기만 하다면야 귀한 줄 알겠습니까? 무릇 모든 귀한 것들은 거저 얻어지지 않습니다.

자비하신 하나님께서는 우리 모두에게 삶의 기본적인 조건이라고 할 수 있는 공기라든지 물이라든지 햇볕 같은 것은 누구나 쉽게 얻을 수 있도록 풍성하게 내려주십니다. 이것이야말로 크신 사랑이요 은총입니다.

그러나 인생에는 이것만 있는 것이 아닙니다. 하나님께서 은혜로 내려주시는 것이지만, 노력하고 힘써 구하지 않으면 안 되는 것도 있습니다. 하나님의 말씀이 그런 것이고, 진리와 생명이 그런 것입니다. 이런 것들은 모두 힘써 노력해야 얻을 수 있습니다.

감나무에서 감이 떨어지기를 기다리면서 입 벌리고 누워있듯이 그런 자세로는 얻을 수 없습니다. 간절한 마음으로 사모해야 하고, 힘써 구해야 하며, 자기를 쳐 복종시키고, 자기 십자가를 지고 따라야 얻을 수 있습니다.

왜 그럴까요? 그만큼 귀한 것이요, 그렇게 얻어야만 그것이 귀한 줄 알고 함부로 다루지 않으며 정성껏 지켜가기 때문입니다.

그러나 걱정할 것 없습니다. 쉽지 않은 고비가 있지만 우리가 능히 그 고비를 넘어갈 수 있는 것은 그 길이 사랑의 주님 예수님과 함께 가는 길이기 때문입니다. 예수님께서 주시는 멍에를 메고 예수님과 함께 가면 무거운 짐도 가볍고 즐겁습니다. 질 만한 십자가로 바뀝니다.

그러므로 성질 급하게 지레 겁부터 먹고 십자가가 무겁다고 도망칠 필요가 없습니다.

어떤 사람이 예수님과 함께 길을 걷고 있었습니다. 모두 십자가를 지고 가는 여행이었습니다. 그런데 이 사람, 왜 이렇게 십자가가 무겁게 느껴지고, 자기가 지고 가는 십자가만 크게 느껴지는지, 예수님께 자기 십자가를 줄여 달라고 간청하였습니다.

하도 간청하니 예수님께서 십자가를 잘라서 길이를 줄여 주셨습니다. 그러나 그래도 힘들다고 또 줄여 달라고 간청하여, 그때마다 십자가 길이를 줄여 주셨습니다.

이제는 가벼워서 콧노래를 부르며 룰루랄라 휘파람을 부르며 걸어가고 있는데, 갑자기 골짜기가 나타났습니다. 이쪽에서 저쪽으로 건너가야 하는데, 그냥은 건너갈 수가 없었습니다.

보니까 다른 사람들은 모두 자기가 지고 온 십자가를 이쪽에서 저쪽으로 대고 그걸 다리삼아 건너가는 것이었습니다. 모두들 건너갔는데 이 사람의 십자가는 걸어오면서 여러 번 잘라내는 바람에 그 골짜기를 건너가는 다리로 쓰기에는 너무도 짧았습니다.

십자가는 이렇게 양면성을 가지고 있습니다. 주님을 따라가는 데 아무런 도전도 시련도 없으리라고 생각지 말아야 합니다. 우리는 무조건 내게 고통스런 십자가가 주어지지 않기를 바랄 것이 아니라, 내가 져야 할 십자가라면 묵묵히 지고 갈 수 있는 용기를 달라고 기도해야 합니다. 하나님께서는 우리에게 결코 감당치 못할 시련을 허락지 않으시기 때문입니다.

좋으신 하나님께서는 우리에게 좋은 선물을 주시지만 때로 우리가 탐탁지 않게 여기는 포장지에 싸서 주시기도 합니다. 하나님은 우리가 묵묵히 주님을 신뢰하고, 우리에게 주어지는 고통의 십자가를 달게 지고 나아갈 때, 우리가 능히 감당할 수 있는 능력을 허락하시고, 우리의 마음그릇에 합당한 축복을 허락해주십니다.

이사야 50장 4절 - 9절은 "여호와의 종의 노래"로 알려진 말씀입니다. 예수님의 노래로 이해해도 좋을 것 같고, 그의 뒤를 따라가는 오늘 우리들의 노래로 이해해도 좋을 것 같습니다.

예수 안에서 이 예언이 성취되었기 때문이요, 오늘 우리는 이 땅에서 그를 대신해서 그의 분신으로 살아가는 존재들이기 때문입니다.

이 노래를 읽어보면 여호와의 종은 결코 외롭지 않습니다. 행복하고 뿌듯하며, 아침마다 새롭게 은혜를 베풀어주시는 하나님의 사랑 안에서 날마다 즐거워합니다. 주 여호와께서 직접 가르쳐주시고, 사랑의 말씀으로 날마다 격려해주시니 부족할 것이 없습니다. 담대합니다. 욕하고 수염을 뽑고 침을 뱉는 사람들로부터 우겨쌈을 당하였어도 전혀 주눅들지 않습니다.

"주 여호와께서 나를 도우시므로 내가 부끄러워하지 아니하고 내 얼굴을 부싯돌 같이 굳게 하였으므로 내가 수치를 당하지 아니할 줄 아노라."(사 50:7)

빌립보서 2장 5절 - 11절 말씀도 마찬가지입니다. 우리가 다 경험하는 것입니다만, 우리 자신을 비우고 하나님의 말씀에 겸손히 순종하는 것이 어디 쉽습니까? 겸손이야말로 힘든 것 가운데서도 힘든 것이요, 순종이야말로 제일 어려운 것입니다.

그러나 예수님은 그 힘든 것을 해내시되 철저히 해내십니다. 순종하시되 십자가에 달려 죽기까지 순종하셨다고 말합니다. 어떻게 그럴 수가 있었을까요? 그것이야말로 오늘 우리가 주의를 집중해서 배워야 할 신앙의 신비입니다.

아버지의 마음, 아버지의 사랑을 알고, 늘 그 안에 머무르기를 기뻐하는 아들, 아버지의 신뢰와 사랑에 언제나 감사하면서 어떻게든지 아버지 앞에 자기 자신을 드리기를 기뻐하고 아버지를 기쁘게 해드리는 일이라면 무엇이든지 하기를 열망하는 효성스런 아들이었기 때문에, 그리고 죄 가운데 죽어갈 우리들을 불쌍히 여기시고 구원하고자 하는 사랑의 마음이 있었기에 가능했던 신비의 극치가 바로 예수 그리스도의 십자가입니다.

십자가는 떠올리기만 해도 피해가고 싶을 만큼 고통스런 것이지만, 그 십자가를 달게 지고 갈 수 있었던 것은 절대고독 속에서도 변함없이 그와 함께해주시고 격려하시고 지지해주시는 아버지 하나님의 사랑 때문에 가능했었다는 말입니다.

아버지와 아들의 친밀한 사랑의 교감, 절대의존, 완전한 일치가 사망의 음침한 골짜기를 걸어가는 그 순간에도 위축되지 않고 의연할 수 있게 한 것입니다.

"내가 사망의 음침한 골짜기로 다닐지라도 해를 두려워하지 않을 것은 주께서 나와 함께 하심이라." (시 23:4)

이것이 바로 주 예수께서 가르쳐주신 신앙의 신비인데, 이 신비를 깨달아 알고, 그 안에 머물고 누리는 우리가 되었으면 좋겠습니다. 그 모든 신비를 다 알지는 못하지만, 그러나 오늘 우리가 이렇게 그가 걸어간 길을 계속해서 걸어가는 것은 그 깊은 신비 가운데로 한 걸음씩 한 걸음씩 인도해주시고 가르쳐주시는 하나님의 사랑 때문인 줄 믿습니다.

농사를 지어보면서 농사의 맛을 알고 눈물로 씨를 뿌리면서 땀흘려 일하듯이, 공부의 맛을 알고 배우는 즐거움에 힘든 줄 모르고 공부에 파고들듯이, 그 깊은 사랑의 신비의 맛을 조금씩 알아가면서 그 사랑에 취하고 반하고 빠져서 한 걸음씩 한 걸음씩 정진해나가게 되는 것이 바로 우리의 신앙여정입니다.

이 귀한 여정에서 이탈하지 마시고, 힘써 정진하는 여러분이 되시기 바랍니다. 우리가 걷는 이 길은 보기에 좁고 험하며 찾는 이 매우 적어서 외롭지만 이 길 끝에는 우리 주님이 계셔 우리를 그 품에 안아주실 것입니다.

하나님께서는 어떠한 형편에서든 주님을 바라면서 진정성을 가지고 기도하고 꾸준히 헌신하는 사람을 눈여겨 보시고, 때가 되면 복을 내려주십니다.

하나님의 축복을 받는 것, 아무나 받는 것이 아닙니다. 성령의 은혜가 내리시는 것, 결코 우연히 되는 일이 아닙니다. 꾸준히 정진할 때 되는 것이요, 오직 하나님의 말씀을 따라 간절한 마음으로 기도하고, 내것을 움켜 쥐지 아니하고 구제에 힘쓰고, 힘에 지나도록 예물을 드리고, 안타까운 마음으로 전하고 또 전하고, 자신의 죄를 울며 회개하고, 하나님의 말씀을 묵상하고 지켜 나가고, 하나님만 바라보고 하나님만 의지하고, 도우심을 간구하고, 내 뜻을 버리고 하나님의 뜻을 따르며 순종하는 자에게 이루어지는 일입니다.

우리의 공로로 하나님의 축복을 보장받는 것은 아니지만, 진실된 노력이 없으면 구원도 성화도 성령의 은혜도 경험될 수 없다는 것 또한 분명한 사실입니다.

하나님은 사랑이시되 진실하신 하나님이십니다. 그러므로 진실된 마음으로 정진하는 것을 기뻐하십니다.

머리가 좀 모자란다고 낙심하지 마십시오. 돈이 없다고 낙심하지 마십시오. 누구처럼 재주가 없다고 주눅들지 마십시오. 하나님께서 보시는 것은 우리의 진실함입니다. 이 하나님을 바라보고 용기를 내어 정진하시기 바랍니다.

우리는 종이 아니라 자녀입니다. 자녀에게 필요한 것은 부모의 사랑에 진실된 마음으로 보답하는 것입니다.

"너희 안에 이 마음을 품으라 곧 그리스도 예수의 마음이니…"

우리에게 이러한 마음이 있기를 원합니다. 언제나 하나님의 사랑 안에 머물기를 즐겨하고, 그 고마운 사랑, 그 안타까운 사랑, 그 아픈 사랑을 나누어 가지면서, 꾸준히, 끝까지, 내 소중한 것들을 바쳐, 진실하게 섬기는 효성스런 자녀이기를 간절히 소망합니다.

열정

며칠 전 미스코리아 사관학교를 세우느니 어쩌느니 하는 기사를
인터넷에서 보면서 씁쓸한 웃음을 웃은 적이 있는데,
과연 미인은 어떤 사람을 말할까?
어떤 모습의 사람이 가장 아름다울까?
사람에 따라 취향에 따라 대답은 달라지겠지만,
나에게 묻는다면
뭐든지 열정적으로 하는 사람이 아닐까 생각해본다.

오랫동안 연마한 실력으로 90분 동안 열정적으로
운동장을 누비는 축구선수들,
흡사 무아의 경지에 이른 사람처럼
춤을 추면서 힘차게 건반을 두드리고
때로는 모든 동작을 멈추고 들릴듯 말듯 미세한 소리로
모든 사람을 숨죽이게 만드는 피아니스트,
이마에 굵은 땀방울을 흘리면서
논에서 일하다가 막걸리 한 사발 시원하게 들이키고는
아 좋다! 하면서 씩씩하게 웃는 농부,
무더운 여름날,
뜨거운 햇살을 아랑곳하지 않고 웃통 벗어던지고
까만 안경 쓰고 땅을 파고 있는 포크레인 기사,
과일 하나를 골라도 요모조모 보면서 고르고
휴지 한 꾸러미를 사도 이것저것 가격비교를 해보고 사며
그 까짓것 대충 사서 먹어도 되련만
사랑하는 사람들을 위해
한사코 팔을 걷어붙이고 손수 다듬고 넣고 치고 버무리고
사랑으로 정성껏 요리하여 식탁 위에 내놓는
우리들의 어머니와 아내들,
수십 명 수백 명이나 되는 학생들 이름을
학기가 끝나기 전에 빠짐없이 외우려고 애쓰며
한 시간의 강의를 위해 새벽부터 밤늦도록 준비하고 연구하여
혼신의 힘을 다해 강의하고
학생들 제출한 리포트, 과제물 꼼꼼히 읽어보고
자상하게 일일이 리플을 달아주는 교수, 선생님들….
그리고 누가 그러더라.

그렇게 열정적으로 일하는 사람의 모습이 가장 섹시하다고!
....

그러나 뭐니뭐니 해도 가장 아름다운 건 아이들의 열정이다.
단어 하나를 제대로 발음하기까지 아이들이 얼마나 오랫동안
수없이 반복하고 고쳐가면서 말을 익혀가는가를 눈여겨보라.
노래를 배우고, 바이올린을 배우고,
큰 북 작은 북 캐스터냇츠 트라이앵글 심벌즈를 두드릴 때
얼마나 놀라운 집중력과 열정으로
소리를 내고 음정을 맞추고 연주하는지,
그때 아이들의 초롱초롱한 열망의 눈빛과 상기어린 표정을 보라.

언젠가 점심을 먹을 때 아이들이 하도 떠들고 딴 짓을 하니
선생님 한 분이 아이 한 명의 이름을 부르며
너 밥 안 먹을거지? 했다.
그때 그 아이가 어떻게 했을 것 같은가?
삐쳐서 안 먹었을까?
아니다.
울면서, 안 그럴께요, 먹을래요! 먹을래요!!
어떻게든지 먹으려고 하는 열심,
어떻게든 먹고 끼어들고 기어이 자기도 한 몫 하려고 하는
그 대책 없는 열심을 누가 막겠는가?
경험컨대, 이 열정이 세상살이에 지치려 하는 어른들을 살린다.
늙지 말라고,
잠들지 말라고,
이 우주가 얼마나 재미있고 신비로운지
더 배우고 익히고 깨달아 우리 같이 신나는 세상 만들어보자고
어른들을 흔들어 깨우고
어느새 식어버린 가슴에 불을 지른다.

지난 주일, 예배 시간에 몇 명의 아이들이 자리를 같이하였었다.
아이들답게 부산스럽다.
들락거리고, 소근거리고, 기어다니고….
그러다가 기어다니는 막내가 갑자기 일어서더니
뭐라고 뭐라고 흥얼거린다.
손까지 흔들며.

물론 찬송중이어서 너무도 자연스런 행동이었지만,
그 어떤 어른들이 그렇게 순결하게 반응하는가?
누가 시키지 않아도 아이들은 온몸으로 느끼고 온몸으로 반응한다.
그게 열정인줄도 모르고 열정적이지도 않은 것처럼
열정적으로 놀고 웃고 춤추고 그 무엇인가에 반응한다.
그 모습을 보면서 예배를 인도하는 나도 형언할 수 없이 기뻤는데,
모든 사랑 온갖 정성 다함없는 열정으로 이 세상을 지으신
하나님께서는 얼마나 기뻐하셨을까?
새가 떠난 숲은 적막하다고 했던가?
아이들 없는 세상도 그러하리라.
새가 지저귀면서 숲이 살아나듯이
아이들이 나타나면서 세상은 언제나 새롭게 깨어난다.
오, 고맙고 고마운 사랑 덩어리들, 열정 덩어리들….

예배를 마치고 우리 딸 아이가 피아노를 칠 때였다.
그때 초등학교 1학년에 다니는 한 여자 아이가 그 옆으로 다가간다.
부러워서 쳐다보는지 신기해서 쳐다보는지
눈을 초롱초롱하게 뜨고 얼마나 열심히 쳐다보는지
아, 그 간절한 눈빛, 뭔가를 향한 그 열망,
그 모습이 얼마나 아름다웠는지
순간 전기에 감전된 것처럼 전율하면서
나도 그 아이를 한 동안 쳐다보았다.

도대체 우리는 무엇이길래
도대체 우리 영혼 우리 가슴속에는 무엇이 담겨 있길래
그렇게 무언가를 향하여 간절한 눈빛으로 열망하고 사모하는가?

광야에서 타지 않는 떨기나무 숲을 본 모세마냥 감동에 사로잡혀 한 동안 그 자리에 서있었다.
그 눈빛과 표정에 감동하고,
그렇게 감동먹는 나 자신에게 감동하고,
그렇게 서로 감동하면서 거룩한 그 무엇을 향하여
전원이 접속되어 세상을 살아가도록 만물을 지으신
창조주 하나님의 사랑에 감동하면서….

따지고 보면, 그것이 바로 생명인 것 같다.
모든 생명은 알고 보면

그렇게 전율하도록 간절한 열정을 품은 존재들이다.
한 송이 국화꽃은 어떻게 피어나는가?
담쟁이는 어떻게 저 아득한 절벽을 열을 지어 타고 올라가는가?
연어는 어떻게 저 거센 물살을 헤치고
자기가 태어난 고향으로 기어이 올라오는가?
캄캄한 땅 속에 떨어진 씨앗들은
어떻게 땅속으로 뿌리를 내리고
고개를 쳐들고 땅을 가르고 하늘을 향하여 올라와
자라고 마침내 열매를 맺는가?

새벽에 깨어보면, 밤을 새워 잠자는 우리를 감싸주며
새벽까지 기다려온 캄캄한 어둠도 열정이요,
어둠이 밤새껏 만들어놓은 새로운 세상에
찬란한 웃음을 선사하는 햇살도 열정이며,
그 햇살을 받아 일어나 기지개 켜고
새 날을 시작하는 사람들도 열정이요,
어느새 마당에 날아와서 모이를 찍어먹고 솟아올라
저 편 맑은 하늘을 가르며 날아가는 새들도 열정이다.

그렇게 살아움직이는 이 아름다운 생명의 정원에,
또 시간이 되면
우리 귀여운 아이들이 하나씩 하나씩 들어온다.
재잘거리는 소리, 노랫소리, 뛰어다니는 소리….
어느새 가득 찬 저 어린 생명들의 열정이,
따지고 보면 이유같지 않은 이유로
시들어가는 어른들의 세상을 향하여,
힘내세요, 우리가 있잖아요!
합창하는 듯
응원하는 듯
거절할 수 없는 생명의 말씀으로 가슴에 저미어온다.
오, 주님!
………….

베토벤의 곡인가?
갑자기 "열정"을 듣고 싶다.

"새 계명을 너희에게 주노니 서로 사랑하라 내가 너희를 사랑한 것 같이 너희도
서로 사랑하라 너희가 서로 사랑하면 이로써 모든 사람이 너희가 내 제자인 줄 알리라."

(요 13:34-35)

2 소망 중에 기다리며

뜸들이시는 하나님

"… 나는 전능한 하나님이라 너는 내 앞에서 행하여 완전하라 내가 내 언약을 나와 너 사이에 두어 너를 크게 번성하게 하리라 … 보라 내 언약이 너와 함께 있으니 너는 여러 민족의 아버지가 될지라 …" (창 17:1-7)

맛있는 밥을 먹기 위해서 반드시 거쳐야 하는 절차가 있습니다. 뜸을 들이는 과정입니다. 뜸이 제대로 들지 않으면 밥이 설어서 먹을 수가 없습니다. 뜸이 충분히 들수록 밥은 차지고 맛이 있습니다.

하나님은 뜸을 들이시는 데 선수이십니다. 서두르지 않고 기다리심으로 최선의 결과를 만들어내는 분이십니다. 성질 급한 사람들은 하나님의 이러한 성품을 이해하지 못하고 불평을 터뜨리기도 하지만, 하나님은 아랑곳하지 않으십니다. "기다리라"고 말씀하시면서 시간을 *끄*십니다. 시간을 *끄*신다는 표현도 어디까지나 성질 급한 사람들의 입장에서 볼 때 그렇다는 것이고, 시간이 지나보면 언제나 느껴지는 것은 역시 하나님이 옳았다는 것입니다.

하나님이 뜸을 들이시는 데는 다 이유가 있고, 그 결과는 언제나 탁월합니다. 그러므로 우리는 뜸들이시는 하나님께 적응해야 합니다. 의심하지 말고 기다리면서, 우리가 해야 할 일을 열심히 하는 법을 배워야 합니다.

아브람이 구십구 세가 되던 해에 하나님께서 아브람에게 나타나셔서 말씀하셨습니다. 구십구 세면 그 자체로 늦은 나이이고, 특별히 창세기 16장의 마지막 부분과 연결시키면 무려 13년만입니다.

아브람과 하나님은 친한 사이 아닙니까? 아브람을 상대로 말씀하시기를 즐겨하시고, 아브람 역시 하나님의 말씀을 따라 이역만리 머나먼 곳까지 이사를 온 사람입니다. 친구 따라 강남 간다는 말처럼 하나님이 좋아 신앙의 여정에 올랐고, 긴 세월 속에서 하나님과 아브람은 깊은 우정을 쌓은 사이입니다. 그런데 웬일인지 13년 동안 하나님은 말씀을 안 하셨습니다. 그리고 13년만에 나타나셔서 "나는 전능한 하나님이라 너는 내 앞에서 행하여 완전하라 내가 내 언약을 나와 너 사이에 두어 너를 크게 번성하게 하리라"(창 17:1-2)고 말씀하셨습니다.

새롭다면 새로운 말씀이지만, 진작 들었던 말씀이기도 합니다. 깊이 생각하면서 들으면 전에 하셨던 말씀과는 확실히 차이가 있는 말씀이지만, 언뜻 들으면 그 말이 그 말 아닌가 싶기도 한 말씀을 하시기 위해 13년씩이나 뜸을 들이실 필요가 있었을까 싶기도 합니다.

그러나 어찌합니까? 하나님께서 하시는 일인데요. 하나님께서 뜸을 들이실 때는 다 이유가 있어서입니다.

육신을 입고 오신 하나님 예수 그리스도는 어떠하셨습니까? 예수님 역시도 그러하셨습니다. 예수님은 늦지도 않으셨지만 빠르지도 않으셨습니다. 때가 찼을 때 예수님은 오셨고, 때가 찼을 때 활동을 시작하셨으며, 때를 향하여 한 걸음 한 걸음 걸어나간 분이 바로 예수님이십니다. 공생애를 시작하셨을 때 예수님의 제일성(第一聲)이 무엇이었습니까? "때가 찼고 하나님의 나라가 가까이 왔으니 회개하고 복음을 믿으라"(막 1:15)였습니다.
우주만물의 모든 일은 다 생명의 역사이기 때문에 결코 정지되어 있는 순간이 없지만, 그렇다고 서둔다고 되는 것도 없습니다. 다 때가 되어야 되는 것입니다.
그 흐름을 알고 묵묵히 기다리면서 준비하다가, 때가 되었을 때 나서서 당신의 몫을 담당하시고, 때가 되었을 때 떨어져 죽고, 때가 되었을 때 부활하시고, 때가 되었을 때 하늘에 올라가시며, 때가 되었을 때 성령을 보낸 분이 우리 주님 예수 그리스도이십니다. 이제 그분은 또 다시 때가 되면 다시 오시겠다고 약속하셨습니다.

요한복음 11장을 보면 예수님은 마리아와 마르다의 오빠 나사로가 앓는다는 전갈을 받습니다. 이 사람은 주님이 평소에 "사랑하시는 자"였습니다. 그런데 웬일인지 예수님은 그 소식을 들으시고도 계시던 곳에서 머무르시다가 이틀이 지난 뒤에야 제자들에게 "유대로 다시 가자"고 말씀하십니다.

성질 급한 사람 같으면 얼마나 속 터지는 일이겠습니까? 아닌 게 아니라, 그렇게 이틀을 지체하고 나사로의 집에 도착하니 그는 이미 죽어 있었습니다. 그러나 놀랍게도 그 모든 것은 극적반전을 위한 서막에 불과했습니다.

예수님께서 이틀을 지체하셨기에 나사로는 죽었고, 나사로가 죽었기에 다시 살아나게 되었고, 그가 다시 살아남으로 "생명의 원천이 주께 있사오니"(시 36:9) 라는 말씀, "나는 부활이요 생명이니 나를 믿는 자는 죽어도 살겠고 무릇 살아서 나를 믿는 자는 영원히 죽지 아니하리니"(요 11:25-26)라는 주님의 말씀이 확고부동한 진리임이 드러나게 된 것입니다.

사람의 생각과는 다르지만 예수님은 나름대로 계획과 판단이 있고, 그 궁극적인 목표는 하나님의 영광이요 우리에게 참된 소망을 주려 함임을 성경은 우리에게 가르쳐주고 있습니다.

그러므로 예레미야 29장을 통해 하나님은 이렇게 말씀하셨습니다.

"너희를 향한 나의 생각을 내가 아나니 평안이요 재앙이 아니니라 너희에게 미래와 희망을 주는 것이니라."(렘 29:11)

그리고 예수님은 우리에게 이렇게 말씀하셨습니다.

"네가 믿으면 하나님의 영광을 보리라 하지 아니하였느냐."(요 11:40)

"너희는 마음에 근심하지 말라 하나님을 믿으니 또 나를 믿으라."(요 14:1)

우리가 당장 눈 앞에 아무것도 보이지 않아도 믿고 간절히 기도해야지, 불평을 터뜨리거나 낙심하면 안 되는 이유가 여기에 있습니다.

다시 창세기 본문으로 돌아와서, 하나님께서 아브람에게 나타나셔서 언약을 새로 맺으셨는데, 결국에는 그렇게 하실 거면서 그렇게 오랫동안 뜸을 들이신 이유가 무엇이었습니까?

지난 시절의 잘못으로 인해 하나님께서 아브람과 잠시 관계를 끊은 측면도 있지만 (J. Calvin), 더 중요한 것은 궁극적으로 아브람의 믿음을 더 하시고 온전한 사람으로 성화하시며, 그에게 복을 주어 번성케 하기 위함이었습니다.

하나님의 말씀에서 그것을 확인할 수 있습니다.

"나는 전능한 하나님이라 너는 내 앞에서 행하여 완전하라 내가 내 언약을 나와 너 사이에 두어 너를 크게 번성하게 하리라 … 보라 내 언약이 너와 함께 있으니 너는 여러 민족의 아버지가 될지라" (창 17:1-4)

하나님께서 아브람을 기다리게 하신 것은 믿게 하고, 거룩하게 하고, 번창케 하기 위함이었습니다. 요컨대 진정으로 아브람에게 복 주시기 위함이었습니다. 괜히 뜸들이신 게 아닙니다.

13년 동안 계속된 하나님의 뜸들이시는 연단을 통해 아브람은 더욱 더 겸손해졌을 것입니다. 하나님 앞에서 자신을 살피며 참회의 시간을 가졌을 것이고, 자신의 한계와 무능을 깨달으며, 가난하고 애통하고 온유하고 청결한 심령이 되어 하나님의 은혜를 더욱 더 사모하게 되었을 것입니다. 뜸들이시는 하나님의 속 깊은 사랑에 합당하게 적당하게 뜸이

들었을 것입니다.

하나님의 말씀을 들었을 때 그가 보인 반응에서 그것을 알 수 있습니다. 창세기 17장 3절에 보면 아브람은 얼굴을 땅에 대고 엎드렸다고 했습니다. 또 하나님으로부터 새롭게 언약의 말씀을 들은 뒤에 그는 즉시 하나님의 분부대로, 이스마엘을 비롯한 집안의 모든 남자들에게 할례를 베풀었고, 자기 자신도 할례를 받았습니다.

하나님의 용서와 사랑과 신뢰에 합당하게 더욱 더 간절한 믿음을 가지고 하나님의 약속을 받을 준비를 한 것입니다. 이것이 바로 뜸들이신 결과입니다.

그러므로 여러분! 때로 내가 원하는 만큼 빨리 하나님이 내 소원을 들어주시지 않는다고 해서 너무 안달복달하고 좌절할 필요가 없습니다. "모든 지각에 뛰어나신 하나님"(빌 4:7)께서 뜸을 들이실 때는 다 이유가 있습니다. 어떠한 경우에라도 하나님의 사랑을 의심해서는 안 됩니다. 하나님은 정녕 여러분을 사랑하십니다. 여러분을 향한 하나님의 뜻은 확고합니다. 재앙이 아니라 평안이요, 장래에 소망을 주려는 것이며, 여러분들로 심히 번성케 하기 위함입니다.

때가 되면 틀림없이 하나님께서 그 복을 허락해주실 터이니 아무 염려하지 말고, 다만 한결같은 믿음으로 하나님 앞을 떠나지 말고 흠 없이 살기 위하여 정진하십시오. 때와 시기는 아버지께서 당신의 권능으로 결정하는 것이니 우리가 알 바 아니요, 우리는 다만 믿고, 마음을 모아 기도에만 힘쓰면 되는 것입니다.

1m만 더 파보라

"… 사람들이 한 중풍병자를 네 사람에게 메워 가지고 예수
께로 올새 무리들 때문에 예수께 데려갈 수 없으므로 그 계
신 곳의 지붕을 뜯어 구멍을 내고 중풍병자가 누운 상을 달
아 내리니 …" (막 2:1-5)

기독교 가정사역연구소를 통해 가정의 소중함을 일깨우는 운동을 펼치는 송길원 목사님의 저서 "아들아, 1m 만 더 파보렴" 이라는 책에 보면 다음과 같은 예화가 있습니다.

R.U. 다비라는 사람이 있었습니다. 금맥을 찾아 부자가 되겠다는 신념으로 광산에서 금을 찾던 그는 몇 주일 뒤 빛나는 황금맥을 찾아냈습니다. 자꾸만 쏟아져나온 금 덕택에 빚도 거의 갚고 부자가 되었습니다.

그런데 어느날 갑자기 금맥이 뚝 끊어지더니 계속 흙덩이만 나오기 시작했습니다. 그러나 다비는 포기하지 않고 이곳 저곳의 땅을 파며 금맥

을 찾았습니다. 하지만 한 번 끊어진 금맥은 다시 찾을 길이 없었습니다. 결국 다비는 채굴기를 끌고 고물상으로 가 헐값에 팔어넘기고 그곳을 떠나고 말았습니다.

그에게서 채굴기를 사들인 고물상 주인은 갑작스레 금맥이 끊어질 리 없다고 생각하고 광산 기사를 불러 금맥의 단층을 조사했습니다. 그런데 이게 웬 일입니까? 다비가 파다가 포기했던 구멍을 불과 1m도 채 안 되게 팠는데 그곳에서 엄청난 양의 금이 쏟아져나온 것입니다.

이 이야기의 핵심은 모든 성공에는 고갯마루가 있다는 것입니다. 전 인류의 90%에 해당하는 실패자들은 고갯마루를 넘지 못하고 무릎을 꿇은 자들이고, 10%의 성공자들은 고갯마루를 넘을 때까지 인내하고 포기하지 않는 자들이라는 것입니다.

너무 힘들어 더 이상 넘지 못하겠다고 생각될 때, 이제는 끝이다, 희망이 없다고 생각될 때 1m만 더 파는 자세가 필요하다는 그의 지적에서 뭔가 느껴지는 것이 없습니까?

오늘 우리의 현실에는 도처에 낙심할 일 투성이입니다. 아무리 노력해도 성적은 맨날 그 자리입니다. 사업도 도무지 나아질 가망이 보이지 않습니다. 가정에는 우환이 끊이지 않습니다. 전쟁으로 인류의 미래가 어두워만 보입니다. 내 힘으로 감당할 수 없는 문제, 내 상식으로는 이해하기 어려운 일들이 연속적으로 터집니다.

그러다 보니 더 이상 일어날 기력을 잃어버리고, 이제는 끝이구나 생각하면서 마음의 문을 닫아걸고 초점 잃은 눈으로 멍하게 살아갑니다. 정도의 차이가 있을 뿐이지 누구나 포기하는 것에 익숙해져 있습니다.

그러나 성경은 가르쳐줍니다. 낙심하기에는 아직 이르다, 길은 있다, 방법이 있다, 1m만 더 파보라 하고 말입니다.

예수님은 말씀하시기를 "나는 길이요 진리요 생명이라"고 하셨습니다. 예수님은 오늘 우리와 함께 계시는 분이기 때문에 내가 어떤 처지에 있든지, 바로 거기에서 나의 길이 되실 수 있는 분입니다. "내가 네 앞에 열린 문을 두었으되 능히 닫을 사람이 없으리라"(계 3:8)고 하셨으니, 아무리 사방이 막혀 있는 것처럼 보일지라도 바로 거기에도 구원으로 통하는 문은 있다는 것입니다.

문제는 내가 그것을 믿고, 인생의 고갯마루에서 1m를 더 파보는 인내가 있느냐 하는 것입니다.

열왕기하 5장에는 아람왕의 군대장관 나아만이라는 사람의 얘기가 소개되어 있습니다. 그는 한때 잘 나가는 장군이었습니다. 그러나 그에게 어느 날 갑자기 어두운 먹장구름이 덮쳐 왔습니다. 문둥병에 걸린 것입니다. 이때에 그가 겪었을 고통과 좌절을 생각해보세요. 이제 내 인생은 끝났구나, 생각하지 않았겠습니까? 그의 부인과 부하들의 심정은 어떠했겠습니까? 집안에는 무거운 절망과 한숨만이 흐르고 있었을 것입니다.

그런데 바로 그 깊은 절망에서 벗어날 수 있는 출구는 의외로 바로 1m

앞에 있었습니다. 이스라엘 땅에서 잡아온 아이로 나아만 부인의 몸종으로 일하는 어린 하녀의 한 마디가 상황을 반전시킵니다.

"우리 주인이 사마리아에 계신 선지자 앞에 계셨으면 좋겠나이다 그가 그 나병을 고치리이다."(왕하 5:3)

나아만은 그녀의 말을 소홀히 여기지 않고 이스라엘의 선지자 엘리사를 찾아갔습니다. 부하들과 함께 말과 병거들을 거느리고 엘리사를 찾아갔는데, 엘리사가 직접 나와 영접하기는커녕 시종을 보내어 "요단 강에 몸을 일곱 번 씻으라 네 살이 회복되어 깨끗하리라"는 지시를 내릴 뿐이었습니다.

자신을 홀대한다고 생각하여 자존심이 상한 나아만은 화를 내면서 발걸음을 돌이켰습니다. 겨우 열린 가능성의 문이 다시 닫히는 순간이었습니다. 그때 나아만의 시종들이 말합니다.

"내 아버지여 선지자가 당신에게 큰 일을 행하라 말하였더면 행하지 아니하였으리이까 하물며 당신에게 이르기를 씻어 깨끗하게 하라 함이리이까." (왕하 5:13)

이 말을 듣고 나아만은 마음을 바꾸었습니다. 그리고 하나님의 사람 엘리사의 말대로 요단강에 가서 일곱 번 몸을 잠그니 그의 살이 마치 어린 아이의 살같이 회복되어 깨끗하게 되었습니다.

과연 인생의 위기에서 낙심하지 않고 희망을 찾아나서는 것, 그리고 고비에서 1m를 더 파보는 것이 얼마나 중요한가를 잘 보여주는 이야기라 하겠습니다. 얼마나 많은 사람들이 마지막 순간에 게으르고 교만하고 작은 것 하나를 소홀히하여 은혜받을 기회를 놓치고 주저앉아버립니까? 더 이상 안 된다고 생각될 때 포기하지 말고, 어디서 무엇을 떨어뜨렸나 생각하고, 한 걸음 더, 1m 더 파보는 인내로 일마다 고비마다 도우시는 하늘의 기적을 체험하고 승리하는 복된 성도들이 되시기 바랍니다.

예수님이 가버나움이라는 동네에 계실 때 얼마나 많은 사람들이 모였는지 문 앞마저도 자리가 없었습니다. 중풍병자를 데리고 왔던 사람들은 도저히 들어갈 수가 없었습니다.

그러나 그들은 어떻게든지 예수님을 만나야 한다, 어떻게든지 이 사람을 살려야 한다, 방법을 찾아보자, 1m만 더 파보자 하는 마음으로 예수님이 계신 곳의 지붕을 뜯어 구멍을 내고 중풍병자의 누운 상을 달아내렸습니다.

결국 그들은 예수님을 만났고, 예수님은 이 믿음을 보시고 말씀하시기를 "작은 자야 네 죄사함을 받았느니라", "내가 네게 이르노니 일어나 네 상을 가지고 집으로 가라" 고 하셨습니다. 이에 그는 일어나 상을 가지고 걸어가는 기적이 일어났습니다.

이 이야기 역시 희망을 찾으려는 열심있는 믿음의 중요성을 말해주고 있습니다. 한 사람의 열심있는 믿음은 전체의 분위기를 열심있는 쪽으로 바꿔 놓습니다. 중요한 것은 포기하지 않는 것입니다. 그래서 예수님을 향하여 발걸음을 움직이는 것입니다.

요컨대 우리는 어떠한 처지에서든지 한번 더 생각하고, 깊이 생각하는

습관을 가져야 합니다. 이제는 끝났다고 생각되는 바로 지금이 새로운
희망을 붙잡을 수 있는 때라고 생각하고, 어려울수록 영적 집중에 힘을
쏟아야 합니다.

세상이 어지러울수록 주님의 가르침에 집중하고, 어떻게든 힘을 합쳐서
주님을 향하여 더불어 1m 더, 함께 발걸음을 움직이는 소망의 사람들이
되시기 바랍니다.

베들레헴아, 너 비록 작을지라도

"베들레헴 에브라다야 너는 유다 족속 중에 작을지라도 이스라엘을 다스릴 자가 네게서 내게로 나올 것이라 그의 근본은 상고에, 영원에 있느니라 …" (미 5:2-5)

본문에 "베들레헴 에브라다야 너는 유다 족속 중에 작을지라도…"하고 말씀하고 있습니다. 베들레헴은 유다 족속 중에 최소한의 행정구역 단위를 이루는 데 필요한 1,000명의 인구도 되지 않는 작은 촌락이었습니다.

그렇게 작은 동네지만 낙심하지 말고, 소망 중에 깨어 준비하라는 것입니다. 네가 지금은 세상의 변방, 이 구석진 곳에서 이름도 없이 빛도 없이 감추어져 있으나, 내가 네 믿음을 알고, 네 기도, 네 사랑, 네 헌신, 네 비전을 알고 있으니, 걱정하지 마라, 내가 너와 함께 한다, 내가 너를 하늘나라의 귀한 그릇으로 사용하는 날이 반드시 올 것이다, 때가 되면 너를 부를 것이다 라는 뜻입니다.

그 반대로 소위 세상의 중심에 사는 사람들, 예루살렘과 같이 잘 나가는 사람들에 대해서는 엄정한 경고의 말씀이기도 합니다. "너희가 지금 높은 곳에 있다고 뻐기느냐? 큰 집에 살고 있다고, 비싼 동네 살고 있다고 뻐기고 너희들의 학력과 가문을 자랑하느냐? 착각하지 마라. 지금 너희들은 웃고 있다만 울 날이 올 것이다, 너희가 속히 회개치 않는 한 너희는 너희의 그 합당치 않은 마음가짐과 행실로 인하여 부득불 버림받을 수밖에 없는 지경에 떨어질 것이다.

너희가 그렇게 멋대로 권력을 농단하고 헐벗고 굶주린 내 백성은 안중에도 없이 온갖 호사를 누리고 있다마는, 그 모든 것, 너희들만 누리라고 준 것이 아니다. 약할수록 더 마음이 가는 법, 내 아픈 심정을 너희가 아느냐? 네 아우가 어디에 있느냐? 네가 무엇을 했느냐? 누가 저 강도만난 자의 이웃이 되겠느냐? 누가 내 마음을 헤아려 잃어버린 바 된 가엾은 네 형제를 찾아나서겠느냐? 내 심정이 이렇게 간절하건만, 어느 누구도 나서지 않고 있지 않느냐? 그러니 이제 내가 나서리라. 이제 곧 너희가 슬피 우는 날이 오고야 말 것이다. 이제라도 정신차려라, 속히 회개하라 …"는 말입니다.

누구를 막론하고 깨어 기도하라는 말입니다. 형편이 좋으면 좋은 대로 자신을 살피면서 기도할 것이요, 형편이 좀 나쁘면 나쁜 대로 소망 중에 기다릴 것입니다. 지금은 형편이 나쁘지만, 그것이 갑자기 좋아지는 이유로 작용할지 누가 압니까? 양지가 음지될 수 있고, 음지가 양지될 수 있는 게 세상 이치이고, 인생만사 새옹지마입니다. 지금은 꼴찌라도 만약 우리의 인생과 역사를 섭리하시는 하나님께서 "지금 너희들 가는 방향이 근본적으로 잘못 되었으니, 모두 뒤로 돌아 앞으로 가!" 하면 어떻게 되겠습니까? 일등이 꼴찌 되고 꼴찌가 일등 될 수도 있는 게 인생입니다.

그러므로 자만해서도 안 되지만, 낙심해서도 안 됩니다. 참고 기다리면 기쁜 날이 올 텐데, 그새를 못 참고 낙심하여 자포자기 인생을 살다가 기회를 놓친다면 얼마나 억울한 일이겠습니까? 어떤 경우에라도 우리는 인내하면서 소망 중에 기다릴 줄 아는 비전의 사람이 되어야 합니다.

얼마 전에 인터넷에 흥미있는 기사 하나가 실렸습니다. 요즘 청년들의 직장 선택 기준에 관한 것이었는데, 높은 보수, 승진 가능성, 규모, 비전… 이러한 항목들 중에서 무엇을 가장 중요하게 여기느냐에 대한 응답을 조사하여 분석한 기사였습니다.

여러분이라면 무엇을 기준으로 선택하겠습니까? 이중 가장 많은 점수를 얻은 항목은 역시 '비전' 이었습니다. 당장 월급 좀 적게 줘도 좋다, 회사 규모가 좀 작아도 좋다, 심지어 현재 재정상황이 좀 열악해도 괜찮다, 그러나 비전이 있어야 한다는 것입니다.

이 회사가 내 인생을 바쳐도 아깝지 않을 만큼 비전이 있는 회사인가? 오늘은 좀 어렵더라도 시간이 지나면 나아질 수 있겠는가? 회사의 오너와 간부들에게 그런 비전이 있고, 직원들에게서 그런 분위기가 감지되느냐, 그렇기만 하다면 나는 그런 곳에서 일할 마음이 있다, 이런 말입니다.

이건 결혼도 마찬가지일 거라고 생각합니다. 지혜가 있는 사람일수록 배우자를 선택할 때, 지금 당장 눈에 보이는 조건보다도 장차 야무지게 자기인생을 갈무리할 수 있는 비전이 있는 사람인가 아닌가를 고려할 것입니다. 한번 선택하면 물릴 수 없는 인륜지대사가 결혼인데, 누가 비전 없는 사람에게 자기 인생을 걸겠습니까?
다른 어떤 것보다도 일단은 눈빛이 좋고, 마음이 어질고, 정신이 똑바로 박히고, 무가치한 것은 포기할 줄 알며, 보다 가치있는 것을 위하여 집중하여 자기 몸을 던질 줄 아는 비전의 사람을 택해야 나중에 후회할 일이 없을 것입니다.

인간은 결국에는 비전으로 사는 존재들입니다. 하나님의 형상대로 지어졌고, 그 마음에 영원을 사모하는 본성을 부여받은 존재가 인간이요, 떡으로만 사는 존재가 아니라 말씀으로 사는 존재가 바로 인간입니다.
그러므로 어떤 인간이든지 함부로 생각하면 안 됩니다. 존귀하게 여겨야 하고, 깊이 생각해야 하며, 인간의 심층적 갈망에 대해 제대로 알고 제대로 응답하려고 노력해야 합니다. 이것을 모르고 얄팍하게 하면 되는 것 같아도 안 됩니다. 금방 망가지고 맙니다. 결국은 진실이요 성실이요 사랑이요 인내입니다. 결국은 본질이 중요하고 그 본질을 콘텐츠(Contents)로 하는 비전이 중요합니다.

중요한 건 그렇게 소망 중에 인내하면서 겸손하게 자기자리에서 최선을 다해 할 일을 감당하는 것입니다. 비전을 가지고 겸손하게 기다리는 자에게 반드시 기회는 옵니다. 세상이 아무리 요동쳐도 하나님의 눈은 그러한 사람을 절대로 놓치지 않습니다. 우리가 기다리는 것 이상으로, 하나님이야말로 이러한 비전과 기다림의 사람을 기다리십니다.

우리만 주님을 기다리는 게 아닙니다. 정녕 기다리는 건 바로 우리를 지으시고 우리를 당신의 기쁨으로 사시며 우리 없이는 못 사시는 하나님 자신이십니다. 그래서 특사를 보내 당신 오실 길을 준비시키시고 때가 차서야 나타나시는 것입니다.

주님의 크신 사랑을 믿어 의심치 마시기 바랍니다. 이 사랑에 감사하고, 주님이 우리에게 간절하게 주고 싶어하시는 그 놀라우신 은총을 간절한 심정으로 열망하면서 소망 중에 기다릴 수 있기를 바랍니다.

그렇게 기다릴 때, 주님께서 결코 실망시키는 일이 없을 것입니다. 사모하는 영혼을 만족케 하시는 하나님께서 여러분에게 하늘의 크신 은총을 가득히 부어주실 것입니다.

그래서 여러분 자신이 살고, 여러분의 가정이 살고, 여러분의 일터를 살려 하늘나라를 눈으로 보고 몸으로 느낄 수 있도록 희망의 파장을 일으켜 나아가는 비전의 사람으로 일어나시기를 주님의 이름으로 축원합니다.

광야길 시험 이겨내기

"… 이에 예수께서 말씀하시되 사탄아 물러가라 기록되었
으되 주 너의 하나님께 경배하고 다만 그를 섬기라 하였느
니라 이에 마귀는 예수를 떠나고 천사들이 나아와서 수종
드니라" (마 4:1-11)

사순절 첫 번째 주일입니다. 예수님의 십자가 고난을 묵상
하며 우리의 생활을 돌이켜 보고, 새로운 각오로 주
님을 따르기로 다짐하는 절기입니다.

고난을 좋아할 사람은 아무도 없겠지만, 엄연한 사실은 우리가 예수님
의 고난을 통해서 구원을 받았다는 것이며, 우리 역시도 고난을 통해서
정화되고, 고난의 십자가를 달게 지고 앞으로 나아갈 때 부활의 기쁨을
체험할 수 있다는 것입니다.

고난과 승리, 십자가와 부활은 동전의 양면같이, 신앙의 본질적인 두 측
면이라고 하겠습니다.

1절에 "그 때에 예수께서 성령에게 이끌리어 마귀에게 시험을 받으러 광야로 가사"라고 말씀하셨습니다. 이 문장은 둘로 나누어서 읽어야 오해가 생기지 않습니다. "예수님께서 성령에게 이끌리어 광야로 가셨다. 그리고 거기에서 마귀에게 시험을 받으셨다." 성령은 예수님을 광야로 인도하셨지, 시험(유혹)으로 인도한 것이 아니라는 말입니다.

야고보서 1장 13절 - 15절에 "사람이 시험을 받을 때에 내가 하나님께 시험을 받는다 하지 말지니 하나님은 악에게 시험을 받지도 아니하시고 친히 아무도 시험하지 아니하시느니라 오직 각 사람이 시험을 받는 것은 자기 욕심에 끌려 미혹됨이니 욕심이 잉태한즉 죄를 낳고 죄가 장성한즉 사망을 낳느니라"고 말씀하셨습니다.

예수님은 성령에 이끌리어 광야로 가셨습니다. 그런데 왜 광야입니까?

이때는 예수님이 요단강에서 세례를 받으시고 난 후입니다. 홀연히 하늘이 열리고, 하나님의 성령이 비둘기 같이 내려왔으며, 하늘에서 "이는 내 사랑하는 아들이요 내 기뻐하는 자라"(마 3:17)는 놀라운 음성이 들린 직후였습니다.

이런 즈음이라면 우리 생각에는 당연히, 그 아들이 빠른 속도로 사역을 감당할 수 있도록 사람들이 모여들고 세상이 뒤집어지는 역사가 일어나게끔 사태가 전개되어야 하고, 성령께서는 그런 방향으로 예수님을 도와주셔야 할 것 같은데, 성령은 예상과는 전혀 다르게 광야로 인도하셨습니다.

광야가 어떤 곳입니까? 결코 멋있는 곳이 아닙니다. 그곳에는 나무도 물도 없고, 인간이 생존에 필요한 대부분의 것을 자기 힘으로는 얻을 수 없는 곳입니다. 주위에 도움을 청할 사람도 없고, 고통을 잊을 만한 문화시설도 없는 곳, 쓸쓸하고 차가운 바람만이 어디선가 불어와서 또 어딘가로 불어가는 곳, 그래서 하나님을 바라보고 때를 따라 도우시는 그의 은혜를 의지하는 것 말고는 다른 아무것도 할 수 없는 곳이 바로 광야입니다. 그곳은 그럴듯한 낭만과는 아무런 관계가 없는 절대고독의 장소요 절대무력의 장소입니다.

그런데 바로 이러한 곳으로 성령께서 예수님을 인도하셨습니다. 그것도 놀라운 영광을 체험한 직후에 말입니다.

마태복음에는 아주 점잖게 표현되어 있지만 마가복음에서는 또 다른 분위기를 느낄 수 있습니다. "성령이 곧 예수를 광야로 몰아내신지라."(막 1:12) 즉 예수님이 자청해서 광야로 간 것이 아닙니다. 성령이 예수님을 가게 하신 것입니다.

이 이야기는 우리가 믿음으로 산다는 것이 무엇을 의미하는지를 근본적으로 다시 생각해야 할 필요성을 느끼게 해줍니다. 우리의 신앙여정은 우리가 원하는대로 가는 것이 아니라 하나님의 뜻대로 가는 여정이라는 것입니다.

하나님께서는 다 나름대로 뜻이 있으셔서, 때로는 화려한 성공 가운데로 인도하시기도 하시지만, 때로는 혹독한 광야의 고독과 고난 속으로 인도하시기도 하시는데, 그때 우리는 그것을 있는 그대로 받아들여야지 거부해서는 안 됩니다.

우리를 향하신 하나님의 선하신 뜻을 깊이 신뢰하는 가운데, 하나님이 주신 광야의 연단을 있는 그대로 받아들여야 한다는 것입니다.

연단과 시험의 장소, 정화와 훈련의 장소인 광야가 하나님의 아들이신 예수님에게도 필요해서 성령께서 그곳으로 인도하셨다면, 몸과 마음에 이러저러한 죄악이 짙게 배어있는 사람들의 경우야 오죽 더 필요하겠습니까? 그러므로 우리에게 광야시험이 떨어질 때 다 이유가 있겠지, 다 하나님께서 작정하신 뜻이 있겠지, 하고 겸손하게 받아들이고, 변함없이 하나님을 신뢰하면서 소망 중에 기다려야 하는 것입니다.

하나님은 우리에게 감당치 못할 시험을 주시지 않으십니다. 시험당할 때에 피할 길을 내사 능히 이기게 하십니다.

"사람이 감당할 시험밖에는 너희가 당한 것이 없나니 오직 하나님은 미쁘사 너희가 감당하지 못할 시험 당함을 허락하지 아니하시고 시험 당할 즈음에 또한 피할 길을 내사 너희로 능히 감당하게 하시느니라."(고전 10:13)

여러분이 겪은 시련은 모두 인간이 능히 감당해낼 수 있는 시련들이었습니다. 하나님께서는 여러분에게 힘에 거운 시련을 겪게 하지는 않으십니다. 시련을 주시더라도 그것을 극복하고 벗어날 수 있는 길을 마련해주십니다.

때로 우리가 예기치 않은 어려움을 당할 때가 있는데, 이런 때에 우리가 기억해야 할 귀중한 말씀이 또 있습니다.

"고난 당한 것이 내게 유익이라 이로 말미암아 내가 주의 율례들을 배우

게 되었나이다.”(시 119:71)

“무릇 징계가 당시에는 즐거워 보이지 않고 슬퍼 보이나 후에 그로 말미암아 연단 받은 자들은 의와 평강의 열매를 맺느니라.”(히 12:11)

우리 가운데 우리 힘으로는 어찌해볼 수 없는 광야의 시험거리가 참 많습니다. 어떤 사람은 불치의 병을 앓고 있습니다. 어떤 사람은 불치의 병을 앓고 있는 자식을 두고 있습니다. 어떤 사람은 내 힘으로는 도무지 설득도 통제도 되지 않는 남편이 있습니다. 또 어떤 사람은 시댁이나 처가 문제로 골치를 썩고 있습니다. 또 어떤 사람은 그 어떤 방법으로도 해결되지 않는 사업상의 어려운 문제가 있습니다. 제발 이것이 현실이 아니기를 바라지만, 피할 수 없는 현실입니다.

피할 수 없으니 짊어져야 하지만, 내가 할 수 있는 일이라고는 하나님의 도우심을 구하는 것밖에는 아무것도 없는 고질적인 문제가 한 가지씩은 다 있을 줄 압니다.

예수님을 믿은 다음에는 그런 문제가 다 없어질 줄 알았지만 오히려 더 많이 생긴 것같이 느껴지기도 합니다. 광야길의 고난은 예수님을 믿는 사람이라고 해서 면할 수 있는 것이 아닙니다.

그런데 이 광야의 고통이라는 것은 성령께서 예수님을 광야로 인도하셨듯이, 성령께서 저와 여러분을 사랑으로 연단하시고, 진정한 하나님의 사람으로 만들기 위해 주시는 연단이요 훈련이요 시험이라는 것을 잊어서는 안 됩니다.

금이 용광로에 들어가 불순물을 걸러내는 정련의 과정을 다 거치지 않았다면 금이 될 수 없었을 것입니다.

욥은 고난의 한복판에서 이렇게 고백했습니다.

"내가 가는 길을 그가 아시나니 그가 나를 단련하신 후에는 내가 순금같이 되어 나오리라." (욥 23:10)

이런 자세로 고난을 이겨냈을 때에 결국 욥은 전날보다 갑절이나 되는 축복을 받았습니다.

그러나 많은 사람들이 이 광야의 시험을 잘 이겨내지 못하고 방황하고, 시간을 낭비하고, 그러다 도중에 탈락합니다. 눈앞의 고통만 생각하고, 그 고통스런 광야길로 인도하신 하나님의 사랑을 의심하고, 자기 마음대로 판단하고 딴 마음을 품기 때문입니다.

뱀이 여자를 어떻게 넘어뜨렸는가를 깊이 생각해보십시오. 교묘한 말로 하나님을 의심하게 만듭니다. 하나님의 이미지를 부정적으로 만들어버립니다. 하나님 안에서 살 때 얼마나 멋지고 복된 삶을 살 수 있는지는 잊어버리게 하고, 마치 모든 문제의 원인이 하나님에게 있는 양 몰아갑니다. 여기에 여자가 걸려듭니다. 그래서 선악과를 따먹습니다.

우리는 겸손하게 하나님을 신뢰해야 합니다. 특별히 내게 광야의 시험 같은 환난이나 아픔이나 징계가 떨어질 때, 의심하지 말고 믿어야 합니다. 조용히 하나님의 도우심을 구하면서, 모든 것을 다 안다는 듯이 판단해서 결정짓지 말고, 소망 중에 기다리며, 믿음으로 그 시련을 잘 이겨내야 합니다.

예수님은 어떻게 광야의 시련을 이겨내셨습니까? 하나님에 대한 온전한 믿음으로 극복하셨습니다. 하나님 안에서 자족하셨고, 하나님 안에서 절제하셨으며, 하나님 안에서 겸손하셨습니다. 그리고 오직 때를 따라 도우시는 하나님의 선하신 손길만을 의지하셨습니다.

그랬을 때에 마침내 악마는 물러가고 천사들이 와서 예수님께 시중들었습니다.

이것이 바로 우리 주님 예수께서 보여주신 신앙의 신비입니다. 우리에게도 이러한 성숙한 신앙이 있기를 바랍니다. 광야길이 좀 힘들다고 원망과 불평을 일삼거나 심지어 대적하는 어리석음을 범하는 자가 없기를 바랍니다.

그러자면 무엇보다도 온전한 믿음이 있어야겠습니다. 온전히 주님만을 바라보아야겠습니다. 마땅히 품어야 할 생각 그 이상을 품지 말고, 오직 주 예수의 마음으로 정진해야겠습니다. 정진, 정진, 또 정진함으로, 때가 되면 도와주시는 하나님의 축복을 누리는 복된 성도들이 되시기 바랍니다.

죽음으로 사는 진리

"… 여호와께서 그에게 이르시되 이는 내가 아브라함과 이
삭과 야곱에게 맹세하여 그의 후손에게 주리라 한 땅이라
내가 네 눈으로 보게 하였거니와 너는 그리로 건너가지 못
하리라 하시매 이에 여호와의 종 모세가 여호와의 말씀대
로 모압 땅에서 죽어 …" (신 34:1-12)

신명기 34장에는 하나님의 종 모세의 삶의 마지막 장면이 그려지고 있습니다. 흔히 "떠오르는 해보다 지는 해가 더 아름답다"고 말하는데, 모세의 죽음 역시도 참으로 아름답다는 생각을 하게 됩니다.

인간적으로 생각할 때 더 오래 살아서 꿈에도 그리던 약속의 땅에 들어가 보고 싶은 생각이 왜 없었겠습니까? 그러나 하나님은 허락지 않으셨습니다.

모세는 겸허하게 하나님의 뜻을 받아들이고 죽었습니다. "여호와의 말씀대로"(5절) 역사의 무대에서 사라진 것입니다. 눈은 아직 정기가 살아

있었고, 정력은 떨어지지 않았음에도 불구하고, 사랑하는 하나님의 깊은 뜻을 위하여 자신의 사사로운 욕심을 접고 떠난 것입니다.

우리는 내가 세상적으로 오래 살고 크게 성공해서 뭔가를 멋지게 보여주어야 하나님께 영광이 될 거라고 여겨, 받은 분복(分福) 이상으로 무리하게 집착하고 욕심을 부리는 경우가 많이 있습니다.

그러나 하나님은 당신의 가장 사랑하는 종을 통하여 명확하게 당신의 뜻을 가르쳐주셨습니다. 하나님은 인간의 야심만만한 꿈의 성공 여부를 통해서 영광받으시는 분이 아니라는 것, 하나님의 영광은 무리한 욕심이나 집착보다는 겸손한 순종과 절제를 통해, 화려한 세상적 성공보다는 차라리 풀 한 포기처럼 볼품없는 가난과 실패를 통해서 더 아름답고 분명하게 드러날 수 있다는 것을 말입니다.

하나님의 위대한 종으로 잘 알려진 사람 가운데서 자신의 인간적 소원이 거절당하는 섭섭함을 경험하고 그것을 겸손하게 받아들여야 했던 사람으로 다윗을 들 수 있습니다. 그는 왕이 없던 혼란기의 나라를 평정하고 통일대업을 이룬 군주입니다. 일취월장 성공하였고, 그가 꿈꾸고 계획한 것 가운데 실패한 일이 없는 사람이었습니다. 지략에 능했고, 집요하였으며, 신앙적으로 볼 때도 매우 신실한 사람이었습니다.

그러나 그 역시 큰 좌절을 맛보아야 했습니다. 자신이 그렇게 믿고 의지하는 하나님을 상대로 말입니다. 그는 왕이 되어 호사를 누리게 되자 하나님께 스스로 송구한 마음을 갖게 되어 간절한 소원을 품게 됩니다. 나만 이렇게 호화로운 집에 살아서 되겠는가? 하나님을 위하여 성전을 지어드려야지 하고 생각했습니다.

그러나 다윗의 이런 소원을 하나님께서 허락지 않으셨습니다. 다윗은 너무도 많은 피를 흘렸기 때문이라는 것이 그 이유였습니다(대상 22:8). 다윗은 하나님의 거절하는 음성을 들었을 때 무척 섭섭했을 것입니다.

하지만 거기에는 하나님의 깊은 뜻이 있었습니다. 만약 다윗이 무리하게 성전을 건축하였더라면 어떻게 되었을까요? 그러면 일시적으로 다윗의 명성이 높아졌을지 모르지만 그로 인해서 하나님이 영광을 받으시기는 커녕 오히려 원성을 듣게 되었을 것입니다.

다윗이 급하게 감당해야 할 몫은 성전건축하는 데 있지 않았습니다. 하나님의 말씀대로 그는 피를 너무도 많이 흘렸습니다. 정치적 혼란을 수습하고 나라를 평정하는 과정에서 불가피하게 일어난 일이라고는 해도, 거기에 왜 전혀 무리한 일이 없었겠습니까? 억울하게 죽은 사람도 많이 있었을 것이고, 전쟁을 치르느라고 백성들이 많은 희생을 감당해야 했고, 자연히 불만도 있었을 것입니다. 다윗의 정치적 성공을 위하여 아까운 목숨을 바친 사람이 무릇 얼마이며, 그 과정에서 치른 정신적 물적 비용은 무릇 얼마였겠습니까?

그렇다면 다윗이 감당해야 할 최우선적 과제는 또 다시 엄청난 비용과 노역이 요구되는 성전건축이 아니라 백성들을 다독거리고 보살피는 목자의 직분을 감당하는 일이었을 것입니다. 왕은 백성을 보살피는 목자로 세움받은 것이기 때문입니다.

어떤 의미에서 다윗의 지나친 열심에 대하여 하나님이 거절하심으로 인하여 오히려 아하, 그래서 하나님이구나, 이런 깊은 깨달음을 얻게 되었고, 백성은 편케 되었습니다.

이렇듯 다윗은 신앙의 가장 기본적인 것에 대해서 다시 배워야했습니다. 하나님의 영광은 인간의 세상적 야망과 그 성취를 통해서 드러나는 것이 아니라 오히려 겸손한 절제와 비움을 통하여, 궁극적으로는 삶보다는 죽음을 통해서 드러난다고 하는 진리말입니다.

사도 바울 역시 하나님으로부터 거절을 경험하였지만 겸허하게 그 뜻을 받아들임으로 하나님의 영광이 드러나게 한 순종의 사람입니다.

바울은 당대 최고의 명문가 출신이요 대학자였습니다. 수많은 교회를 개척하였고, 신약성경의 절반 이상을 쓴 사람입니다. 얼마나 잘나고 훌륭한 사람입니까? 그런데 우리가 꼭 기억해야 할 것은 그의 이러한 업적이 그의 잘남과 강함을 통하여 된 것이 아니라 못나고 약함을 통해서 된 것이라는 사실입니다.

그가 잘 난 척하고 화려한 언변으로 대중을 설득하려고 할 때 그는 아무런 열매도 거둘 수 없었습니다. 그러나 똑똑하고 잘나고 야심에 찬 사람으로가 아니라, 오히려 부족하고 약하고 두렵고 떨리는 마음으로(고전 2:3) 오직 "전도의 미련한 것으로"(고전 1:21) "십자가에 못 박히신 그리스도"(고전 1:23, 2:2)를 전했을 때, 사람들은 반응하고 믿고 회개하는 역사가 나타났습니다.

바울을 그렇게 겸손한 사람으로 만든 결정적인 요인은 그의 고난이었습니다. 그는 본래 세상적으로 볼 때 잘난 사람이었고, 잘난 티를 내기도 하였습니다. 또한 하나님의 종이라면 모름지기 강하고 능력있고 품위가 있어야 한다는 생각으로 자신에게 있는 큰 고난, 곧 원치 않는 질병을 부끄럽게 여기며 그것을 제거해 달라고 하나님께 기도하였습니다.

"하나님, 제발 저에게서 이 고통이 떠나게 해주소서. 하나님의 영광이 가려질까 두렵사옵니다."

그러나 하나님은 바울이 간청한 것과는 정반대의 응답을 주셨습니다.

"내 은혜가 네게 족하도다 이는 능력이 약한 데서 온전하여짐이라." (고후 12:9)

자신의 기도에 응답하지 않으시는 하나님에 대하여 바울은 처음에는 당혹해하고 섭섭하게 생각했겠지만, 반복적으로 확인되는 하나님의 확고한 뜻을 깊이 묵상하는 가운데 바울은 마침내 자신의 "약함"에 대해 종전과는 새로운 이해를 갖게 됩니다.

"여러 계시를 받은 것이 지극히 크므로 너무 자만하지 않게 하시려고 내 육체에 가시 곧 사탄의 사자를 주셨으니 이는 나를 쳐서 너무 자만하지 않게 하려 하심이라 … 그러므로 도리어 크게 기뻐함으로 나의 여러 약한 것들에 대하여 자랑하리니 이는 그리스도의 능력이 내게 머물게 하려 함이라 그러므로 내가 그리스도를 위하여 약한 것들과 능욕과 궁핍과 박해와 곤고를 기뻐하노니 이는 내가 약한 그 때에 강함이라." (고후 12:7-10)

요컨대 바울 역시도 하나님의 영광은 인간의 화려한 세상적 성취를 통해서가 아니라 오히려 그의 나약함과 실패를 통해서 드러날 수 있다고 하는 역설적 진리를 깨닫고 결국 하나님께 온전히 순종하는 삶을 살았습니다. 그리고 그렇게 순종할 때에 바울을 통하여 성령의 역사가 강하게 나타났습니다.

죽음을 통해 하나님의 영광이 나타날 수 있다고 하는 것을 가장 극명하게 보여주는 분은 바로 예수 그리스도이십니다. 예수님 역시도 십자가의 고난을 앞두고 하나님께 간구하셨습니다.

"아버지여, 하실 수 있거든 이 잔이 제게서 지나가게 하여 주옵소서. 그러나 내 뜻대로 마옵시고 아버지의 뜻대로 하옵소서."

예수님의 인간적 소원을 엿볼 수 있게 하는 대목입니다.

그러나 예수님을 향한 하나님의 뜻은 너는 여기서 죽어야 한다는 것이었습니다. 이 확고한 하나님의 뜻에 대하여 예수님은 불평 없이 받아들임으로 하나님의 뜻대로 죽으셨습니다. 그리고 그 죽음을 통해서 하나님의 영광이 온전하게 드러난 것입니다.

중요한 것은 우리가 살든지 죽든지 말씀대로 살고 말씀대로 죽는 것입니다. 육으로 살지 않고 영으로 사는 것이며, 내 안에 내가 사는 것이 아니라 내가 죽고 그리스도가 살게 하는 것입니다.

때로는 삶보다는 죽음을 통해서, 강함보다는 약함을 통해서, 세상적 성공보다는 실패와 좌절을 통해서 하나님의 영광이 더 분명하게 드러날 수 있는 것입니다.

그런데 언제부터인지 기독교가 말씀대로 죽는 대신에 말씀과 상관없이 어떻게든 살아남는 생존전략을, 약함과 부드러움의 의미보다는 강력한 힘만을 강조하는 승리주의적 종교가 되어버렸습니다. 나의 인간적 야망을 축복해주고 그것이 이루어지도록 도와주는 하나님은 환영하고, 나에게 고난이나 실패나 죽음을 안겨다주는 하나님은 거절하는 성공주의 이데올로기가 되어 버렸습니다.

우리의 신앙이 이런 수준에 머물러서는 안 됩니다. 엄밀히 말하면 그것은 예수 그리스도가 가르쳐주신 기독교 진리와는 아무런 상관이 없는 것이기 때문입니다.

내 소원이 이루어졌기 때문에 사랑하는 것이 아니라 내 소원이 이루어지지 않았음에도 불구하고 사랑하는 사랑, 요컨대, "~ 때문에 사랑"이 아니라 "~불구하고의 사랑"으로 하나님을 믿고 섬기며 사랑해야 합니다.

우리의 세상적 야심을 통해서가 아니라 오히려 겸허한 절제와 비움을 통해서 하나님의 영광이 온전히 드러날 수 있다는 걸 깊이 묵상하면서 살아갈 때에, 우리는 우리를 옥죄고 있는 많은 결박으로부터 자유케 되는 놀라운 축복을 경험하게 될 것입니다.

타고르의 〈참된 기도〉라는 기도문 가운데 "일취월장하는 성공 속에서만 하나님이 자비하다고 생각지 말게 하시고, 거듭되는 실패 속에서도 하나님이 내 손을 힘껏 쥐고 계시다는 것을 감사하게 하소서"라는 기도가 여러분의 기도가 되기를 바랍니다.

끈기있게 기다리십시오

"그러므로 형제들아 주께서 강림하시기까지 길이 참으라 보라 농부가 땅에서 나는 귀한 열매를 바라고 길이 참아 이른 비와 늦은 비를 기다리나니 너희도 길이 참고 마음을 굳건하게 하라 주의 강림이 가까우니라" (약 5:7-8)

대림절 입니다. 待(대)는 기다린다는 말이고, 臨(림)은 오신다는 말이니, 대림절하면 오시는 주님을 기다리는 절기라는 뜻입니다. 그런데 주님의 초림은 이미 이루어졌으니 재림을 기다린다는 의미를 내포하고 있기도 합니다.

과거와 현재, 미래는 다 연결되어 있기 때문에 초림과 재림이 서로 다른 전혀 별개의 사건은 아니지만, 우리가 재림을 기다린다고 하는 것은 좀 특별한 의미가 있습니다. 초림을 통해서 주님이 오셨고, 하나님의 나라가 이미 이루어졌지만, 그와 동시에 그 나라는 아직 이루어지지 않은 현재진행형의 나라라는 뜻을 담고 있다는 말입니다.

즉 우리는 지금 종말론적 현재를 살고 있는 것입니다. 이 종말론적 현재를 살아나갈 때에, 때로 상황이 녹녹치 않고, 우리들 속에 실패와 좌절, 죄와 어둠이 가득하지만 그러한 우리를 도우시고, 비록 부족하지만 우리의 모든 정성을 받으사 그것을 완성하러 주님이 오시리라는 것이 바로 재림의 약속입니다.

그러므로 우리는 이 절기를 통해서 다시 한번 우리의 믿음을 새롭게 하면서 우리 믿음의 심지에 다시 소망의 기름을 붓고 심기일전해야 합니다.

우리에게 기다림이 있다는 것, 뭔가를 아직도 기다리고 있다는 것은 참으로 고귀한 것이라고 생각됩니다. 그것은 현재 우리의 모습이 지금보다 더 아름답게 변화될 수 있다는 것을 뜻하며, 오늘 우리의 현재가 보다 나은 미래를 향해 열려있다는 것을 의미하기 때문입니다.

생각해보면 인생은 기다림의 연속입니다. 어렸을 때는 어렸을 때의 기다림이 있었고, 청년 때는 청년 때의 기다림이 있었으며, 장년, 노년이 되어도 여전히 우리에게는 기다림이 있는 것입니다. 노인이라고 해서 기다림이 없을 것이라고 생각하면 아주 잘못 생각하는 것입니다. 현재 몸이 불구인 상태에 있다고 해서, 저런 사람에게 무슨 기다림이 있을까 생각하면 이것 역시도 잘못 생각하는 것입니다. 오히려 그러한 분들일수록 사지 멀쩡한 사람들보다 더욱 간절한 기다림을 가지고 있다는 것을 알아야 합니다.

기다림이 아름다운 이유는 소중한 것일수록 기다림을 통해서 얻어질 수 있기 때문입니다. 우리 인생에는 기다릴 가치가 있는 아주 소중한 것들이 많이 있습니다. 아주 귀중한 것일수록, 오직 기다림을 통해서만 얻을 수 있습니다. 기다림 없이 거저 주어지면 그걸 누가 귀한 줄 알겠습니까? 사랑하는 연인은 기다릴만한 가치가 있습니다. 박사학위 또한 힘써 노력하면서 얻을 때까지 기다릴만한 가치가 있습니다. 탐스러운 가을의 결실, 얼마나 귀중하고 보람된 것입니까? 이 역시도 기다릴 가치가 충분히 있습니다.

그러나 그 무엇보다도 더 귀한 것이 있습니다. 바로 하나님의 약속과 그 성취, 아니 하나님 자신, 그가 하시는 모든 것입니다. 우리는 돈이나 명예나 권력이나 그 무엇보다도 하나님의 약속, 구원, 예수 그리스도, 그의 나라 곧 하늘에 속한 것을 사모하고 기다리는 목마름이 있어야 합니다. 이것이야말로 간절히 기다릴 만큼 충분한 가치가 있는 것입니다.

여러분에게 한번 묻고 싶습니다. 여러분은 지금 무엇을 간절하게 기다리고 있습니까?

성서와 역사를 보면 성공한 사람은 예외 없이 기다림에 성공한 사람들입니다. 그리고 실패한 사람들은 기다림에 실패한 사람들입니다. 기다릴 줄 알았던 사람들은 그 끝이 아름다웠지만 기다릴 줄 몰랐던 사람들은 그 끝이 아주 불행했다는 것입니다.

먼저 기다림에 성공한 사람들의 예를 들어보겠습니다.

제일 먼저 아브라함을 생각해보십시오. 그는 75세 때에 하나님의 부르심과 함께 약속을 기업으로 받았습니다. 바로 자녀의 약속이지요. 그런데 그가 언제 아들을 얻었습니까? 100살 때였습니다. 무려 25년을 기다려야 했습니다. 그 세월이 얼마나 길었습니까? 이렇게 긴 세월이었지만 아브라함이 그 긴 세월을 기다릴 수 있었던 것은 하나님과 그의 약속이 얼마나 존귀한 것인가를 알고 믿는 마음이 있었기 때문입니다.

그 다음 이삭입니다. 아브라함이 아들 이삭을 번제물로 바치려고 장작을 어깨에 지우고 모리아산으로 걸어갔습니다. 모리아산까지는 무려 사흘길이나 됐습니다. 그런데 이삭은 삼일동안 자기를 어디로 데려가는 거냐, 왜 가는 거냐, 왜 이렇게 길이 머냐는 등의 불평을 한 마디도 하지 않았습니다.

출애굽기에도 보면 이스라엘 백성이 얼마나 불평을 잘 합니까? 일마다 때마다 짜증이지요. 그러니 그들을 이끄는 지도자 모세는 얼마나 속이 끓었겠습니까?

그러나 이삭은 단 한 마디의 불평도 하지 않았습니다. 역시 믿음의 아들은 다릅니다.

이삭이 나중에 커서 목축을 할 때도 그랬습니다. 그랄 지방에서 물이 없어서 우물을 파면 그 지방의 목자들이 와서 이건 우리 것이다, 내 놔라, 그럽니다. 그럴 때 얼마나 억울했겠습니까? 한 번도 아니고 몇 번씩이나 자신이 판 우물을 빼앗겼지만 이삭은 참았습니다.

그럴 때 끝내 어떻게 되었습니까? 결국 아주 넉넉한 샘(르호봇)을 얻게 되었고, 주변 목자들도 더는 괴롭히지 않게 되었습니다. 이삭은 정말 아름다운 인내의 사람이며 기다림의 사람이었습니다.

야곱은 어떻습니까? 많은 인간적 약점을 가지고 있었음에도 불구하고 그가 결국 이스라엘로 변화되어 존귀한 자리에 서게 된 것은 그가 인생에서 소중한 것이 무엇인지를 알고, 그것을 사모하며, 그것을 얻기 위해 함부로 행동하지 않으며, 그것을 얻을 때까지 오래 간절히 기다리며, 또 어느 순간에는 그 소중한 것을 붙잡기 위하여 자기 온 몸을 던져 올인할 줄 아는 치열함이 있었기 때문입니다.

요셉은 또 어떻습니까? 요셉의 일생이야말로 처음부터 끝까지 간절한 기다림의 연속이었습니다. 그는 어린 나이에 자신이 원치 않는 인생길에 들어서 꼬이고 빠지고 좌절하고 낙심할 수밖에 없는 인생행로를 걸었습니다.
형들의 시기로 종으로 팔려갔는가 하면, 누명을 쓰고 옥살이도 했습니다. 그러나 놀라운 것은 이 모든 과정에서 요셉은 결코 희망을 포기하지 않았다는 것입니다. 그는 기다릴 줄 알았습니다. 현재의 고난보다도 장차올 영광을 사모하면서, 꿋꿋하게 참고 소망 중에 기다릴 줄 알았습니다.

반면 기다림에 실패한 사람들의 이야기 또한 성경에 많이 기록되어 있습니다.
야곱의 쌍둥이 형제 에서는 야곱보다 훨씬 잘 생겼습니다. 건강하고, 체

격 좋고, 성격도 호탕했습니다. 그러나 이 모든 좋은 조건에도 불구하고 그가 인생 전체에서 실패하게 된 치명적인 약점이 있습니다. 그는 기다릴 줄을 몰랐다는 것입니다. 배고픔을 참지 못하고 팥죽 한 그릇에 장자권을 팔아버린 것입니다.

장자권이란 하나님의 말씀, 그의 약속과 축복, 예배, 성경, 교회입니다. 즉 에서는 몸이 건강하고 사는 게 편하다보니까 세상 즐거움에 빠져, 하나님이 얼마나 존귀하신 분인지, 그의 말씀을 붙들고 살 때 얼마나 놀라운 축복의 삶을 살 수 있는지를 알려고 하지도 않고 사모하여 구하고 찾고 두드리지도 않았습니다.

소중한 것의 가치를 모르고 별거 아닌 것, 지나고 보면 너무 시시한 것에 시간과 정력을 탕진하여, '첫째된 자가 나중된 자' 가 된 것입니다.

사울은 어떤 면에서는 대단히 훌륭한 사람입니다. 많은 공을 세웠지요. 그러나 그는 결국 왕위를 빼앗기고 하나님께 버림을 받았습니다.

블레셋과 전쟁을 할 때 상황이 급하게 되자 사울은 선지자 사무엘이 올 때까지 기다리지 못하고 자기 멋대로 제사를 드렸습니다. 그리고 하나님의 명령에 불순종했습니다. 이에 사울은 하나님께 버림을 받았습니다.

우리도 하나님의 뜻을 헤아리지 못하고 기다리지 못함으로 죄를 범할 때가 많이 있습니다. 그 죄를 생각하면 책망받아 마땅하지요. 그러나 감사하게도 하나님께서 오래 참으시사 우리를 기다려 주십니다. 하나님이 나를 기다려 주신다는 것, 얼마나 고마운 일인지 모릅니다.

우리도 기다림을 배워야 합니다. 인생은 기다림입니다. 때로 견디기 힘든 환난이 오기도 합니다. 다 포기하고 싶고 주저앉고 싶기도 하지요. 그러나 우리는 좌절하거나 포기하면 안 됩니다. 오래 참고 소망 중에 기다려야 합니다.

모든 고난을 끈기있게 참고 기다린 욥에게 하나님께서 어떤 축복을 베푸십니까?

"여호와께서 욥의 말년에 욥에게 처음보다 더 복을 주시니." (욥 42:12)

그런 축복이 여러분에게도 임할 줄 믿습니다.

나에게 임한 고난이 지날 때까지 믿음을 굳건히 함으로 기다리는 여러분이 되시기 바랍니다. 주님이 오실 때까지 믿음의 경주에서 승리하는 여러분이 되시기 바랍니다.

실패와 약함, 그 역설적 은총

"… 그러므로 내가 그리스도를 위하여 약한 것들과 능욕과 궁핍과 박해와 곤고를 기뻐하노니 이는 내가 약한 그때에 강함이라" (고후 12:1-10)

미국의 존슨 대통령은 각료를 뽑을 때 좀 특별한 기준을 가지고 뽑았습니다. 그가 자신의 인생에서 큰 실패를 경험한 적이 있는가를 보았다고 합니다. 왜 그랬을까요? 실패해본 사람이 큰 어려움이 닥칠 때 인내심을 가지고 극복해낼 수 있으며, 남의 아픔을 이해할 줄 알고, 폭넓게 의견을 조율하는 가운데 효율적으로 정책을 집행할 수 있으리라는 판단에서였습니다.

우리가 하는 일은 어차피 사람이 하는 일이며, 사람들과 함께 하는 일입니다. 아무리 옳아도 자기확신이 너무 강하면, 다른 사람에게 소외감을 주거나 상처를 주기 쉽습니다. 일을 못해서가 아니라 너무 잘 해서 일을 그르치는 경우도 왕왕 있습니다. 그러므로 적절히 실패해볼 필요가 있습니다. 너무 심한 것만 아니라면 적절히 실패해보고, 적절히 약하고 부족한 점이 있음으로 해서 우리는 훨씬 더 아름다운 삶을 살 수가 있는 것입니다.

성경에서도 하나님에게 귀하게 쓰임받은 종들의 공통점을 찾아보면 뜻밖에도 모두가 부족하고 허물이 많고 실패의 경험이 있는 사람들임을 발견하게 됩니다.

모세를 생각해보십시오. 그는 그의 이름 그대로 실패 가운데서 "건짐"을 받은 인생입니다. 그가 젊은 혈기로 모든 것을 다 할 수 있을 것처럼 자신만만해 있을 때 하나님은 그냥 지켜보실 수밖에 없었습니다. 하나님이 모세를 다시 부른 것은 그가 처참하게 실패하고 도망자 신세가 되어 미디안 광야에서 양치기 생활을 하고 있을 때였습니다.

"나는 잘 났습니다. 이만큼 배웠고, 이만큼 판단력이 있습니다. 나는 모든 것을 할 수 있습니다" 하고 말할 때가 아니라, "저는 못 합니다. 이제는 늙고 말주변도 없고, 저 같은 무능력자가 뭘 하겠습니까?" 하고 겸손해진 바로 그때였습니다.

다윗을 생각해보십시오. 이스라엘의 온 백성이 나와서 그를 왕으로 추대하였고, 30세에 왕이 되어 40년 동안 나라를 다스렸습니다. 그가 나라를 다스리는 동안에 정치 불안이 아주 없지는 않았지만, 이 긴 시간 동안 그는 많은 일들을 하였고, 안정적으로 나라를 이끌었습니다. 그런 의미에서 다윗은 성공한 왕이었습니다.

그러나 이것은 피상적인 이해입니다. 다윗은 역대 어느 왕보다도 고생을 많이 하고 실패의 쓰라림을 뼈저리게 겪은 사람입니다. 일취월장 출세가도를 겪던 시절도 있지만 그 시간은 길지 않았습니다.

어렸을 때부터 고생을 많이 한 사람인데다가, 사울왕의 시기 질투 속에서 그는 망명자가 되어야 했고, 아둘람이라는 곳에서 그 시대 밑바닥 인생들과 함께 뒹굴어야 했으며, 머리 둘 곳 없이 고생하는 날이 오랫동안 계속되었습니다.

그런데 그 모든 것이 나중에 그의 인생의 큰 자산이 되었습니다. 그는 고난을 탓하기보다 그 고난을 통해 오히려 무게중심을 잡아나가면서 하나님 앞에 기도하였고, 많은 시를 썼으며, 거기서 얻은 영감과 열정으로 위대한 통일왕국의 대업을 이룰 수가 있었습니다. 쓰라린 실패와 인생의 온갖 고난을 겪으면서 다져진 깊은 내면성이 없었더라면, 그는 그 다양하고 거칠며 이해관계가 상충하는 사람들을 하나로 묶어낼 수 없었을 것이며, 왕이 된 이후에라도 그것을 지켜낼 수가 없었을 것입니다. 그가 많이 아팠던 만큼 백성들은 편안한 생활을 할 수 있었던 것입니다.

모세와 다윗만이 아닙니다. 따지고 보면 그 어느 누구도 이 세상을 사는 동안 완전하게 강하고 흠이 없는 사람은 없습니다. 다들 나름대로 약점이 있으며 고통을 겪으며 삽니다. 약함과 고통이야말로 인간성의 본질에 속합니다. 약함과 고통은 우리가 나 홀로 살 수 있는 존재가 아니라 이웃과 함께 살아가는 존재임을 일깨워주는 인생의 귀중한 스승입니다.

내가 강하고, 모든 것이 잘 나갈 때는 모든 것을 내 기분대로만 생각하며 살아가다가, 원치 않는 실패와 질병에 부딪히면서 비로소 내가 창조주 하나님과 이웃의 도움이 없이는 한 순간도 살아갈 수 없는 존재인 것을 깨닫고, 진실되고 따뜻한 눈으로 이웃을 바라보는 안목을 얻게 되는 것입니다.

그러므로 약함과 고통은 불행과 저주가 아니라 우리를 거듭나게 하고 성숙케 만드는 축복이요 은총이라고 말할 수 있습니다. 그러므로 시편 기자는 이렇게 말하였습니다.

"고난 당한 것이 내게 유익이라 이로 말미암아 내가 주의 율례들을 배우게 되었나이다."(시 119:71)

이것을 가장 모범적으로 보여주신 분은 예수님이십니다. 예수님이 세상을 구원하는 구세주가 되신 것은 무엇 때문입니까? 머리가 좋고, 비범한 능력이 있어서입니까? 아닙니다. 오히려 그 반대입니다.

예수님은 태어나서 죽을 때까지 단 한 순간도 이 세상 민초들의 생활에 비해 특권적인 자리에서 우아하고 화려하게 생활을 해본 적이 없습니다. 태어날 때도 마굿간에서 태어났으며, 낳자마자 생존의 위협 속에서 피난을 가야 했으며, 가난이 떠나지 않았습니다. 부양가족은 왜 그리 많습니까? 덕분에 늘 일을 해야 했습니다. 특별한 사교육의 혜택을 누린 적도 없었습니다. "새도 둥지가 있고, 여우도 굴이 있건만, 인자는 머리둘 곳이 없도다"라고 말씀하신 것처럼, 일평생 가난과 약함과 질고를 면치 못한 분이 바로 우리 주님이십니다.

사도 바울의 경우도 마찬가지입니다. 바울의 가장 큰 공로는 유대 지역에 머물러 있던 기독교가 그 경계를 넘어서서 세계적인 종교로 뻗어나가도록 이방선교에 헌신한 것입니다. 그러나 이것도 곰곰이 생각해보면 그의 실패를 자산으로 삼은 것입니다.

그는 예루살렘을 중심으로 한 초대교회의 교권주의자들의 완강한 벽에 가로막혀 유대지역에서의 선교에 실패하였습니다. 그런데 그것이 그에게 오히려 약이 되었습니다. 그는 복음이 이미 뿌려져있는 터전 위에 집을 짓는 대신에 새로운 개척지를 향하여 나아갔습니다.

아시아에서 유럽으로 나아가게 된 과정도 마찬가지였습니다. 자세한 사정은 알지 못하지만 성령께서 아시아로 가는 길을 가로막았다고 누가는 술회하였습니다(행 16:6). 말하자면 자기 뜻대로 안 되고 실패하였습니다. 그런데 그것이 오히려 유럽지역으로 방향을 선회하는 계기가 되었습니다(행16:9-10).

그리고 이 모든 과정에서 우리가 잊어서는 안 되는 중요한 게 있습니다. 어느 한쪽 방향에서 그의 선교가 실패함으로 인해서 다른 쪽 방향으로 매진하여 성공하였다는 것뿐 아니라, 이 모든 과정에서 그는 원치 않는 질병을 달고 살았다는 것입니다.

그는 주님께 이 병을 고쳐달라고 세 번씩이나 간구하였지만, 주님은 병을 고쳐주시는 대신에 "내 은혜가 네게 족하도다 이는 내 능력이 약한 데서 온전하여짐이라"(고후 12:9)고 응답하셨습니다.

그는 처음에는 자신의 약함이 하나님의 영광을 가리는 것 같고, 자기 자신도 건강하면 더욱 주의 일을 많이 할 것 같아서 병을 고쳐달라고 간구하였지만, 거듭되는 간구에도 하나님이 고쳐 주지 않으시자 '이 질병은 모든 걸 다 들어주시면 내가 교만할까봐 남겨두신 가시구나' 하고 깨달 았습니다.

사도 바울에게 있어서 실패와 약함은 주의 일을 하는데 장애가 되지 않 았습니다. 오히려 실패와 약함 때문에 더 깊이 더 근본적으로 생각하며 일을 할 수 있었습니다. 더 많은 사람들을 사랑하고, 세계를 품는 세계선 교사의 길을 걸을 수 있게 되었습니다. 무엇보다도 그는 실패와 약함 덕 분에 오만과 독선에 빠지지 않고 언제나 겸손하게 주님을 의지하면서, 자기보다 남을 낮게 여기는 화해와 일치의 일꾼이 되었습니다.
사도 바울이 많이 아팠기 때문에 교회는 넓어지고 깊어지고 풍성해진 것입니다. 얼마나 귀한 역설적 은총입니까?

생각해보면 우리에게도 이러한 실패와 약함의 가시가 늘 존재합니다. 언제나 내 뜻대로 모든 것이 척척 잘 되는 것이 아닙니다. 여러분 가운데 한 번도 실패하지 않고 언제나 성공만 한 사람이 있습니까?아무리 봐도 없는 것 같습니다. 모두가 실패의 경험을 가지고 있으며 원치 않는 가시 로 인하여 고통을 겪고 있을 것입니다.
어떤 사람은 건강문제로, 어떤 사람은 자식문제로, 어떤 사람은 사업문 제로 힘들어합니다. 그러나 다시 한번 생각하십시오. 내가 원하는 대로 되지 않는다고 해서 그것이 꼭 잘못되는 것은 아닙니다. 지금 내가 원하 는 대로 금방 되지 않는 것이 실은 나를 잘 되게 하기 위함일 수 있다는 것을 기억하십시오.

송명희라는 시인은 태어날 때 의사의 실수로 뇌성마비 장애인이 되었습니다. 신체의 운동기능을 조절하는 소뇌가 손상됨으로 인해서 일생동안 뇌성마비 장애인으로 살게 된 것입니다.

어렸을 때에 집이 너무 가난해서 분유 한 병 제대로 먹을 수 없었습니다. 일곱 살 때 까지는 누워서 지내야만 했습니다. 열 살이 넘어서야 겨우 밥 숟가락을 스스로 쥘 수 있었습니다. 설상가상으로 아버지는 결핵으로 시달렸습니다.

모든 것이 절망스러운 나머지 자기가 태어난 것을 저주하고 사춘기 때는 자살을 기도하기도 했습니다. 하지만 어려서부터 하나님을 믿었던 그녀는 17살 때 큰 결단을 했습니다. 이제 죽더라도 하나님을 만나고 죽어야겠다며 하루에 몇 시간씩 목숨을 걸고 기도를 드렸습니다.

자신을 왜 뇌성마비 장애인으로 세상에 태어나게 했는가? 하나님의 뜻을 절규하면서 찾았습니다. 그러는 가운데 그녀는 하나님을 만났습니다. 어둠 속에서 빛이 보였습니다. 그리고 빛 가운데 〈하나님을 믿으라. 네가 하나님을 믿지 않으면 죽으리라〉는 글을 보았습니다.

그녀는 거듭났습니다. 자기가 살아야 할 이유가 생겼습니다. "내가 너를 버리지 않겠노라"고 말씀하신 하나님을 신뢰하기 시작했습니다. 담대함이 생겼습니다. 그 후 시간을 정해 놓고 계속 기도하는 가운데 어느 날 갑자기 시가 터져 나왔습니다.

사실 그녀는 학교 근처에도 가보지 못했습니다. 또한 특별하게 문학적인 재능을 타고 난 것도 아니었습니다. 그런데 신기하게도 시가 떠올랐습니다. 그녀는 알았습니다. 시는 다름 아닌 예술가 중에 예술가이신 하나님께서 주신 선물임을 깨달았습니다.

그래서 그녀는 온몸을 뒤틀며 시를 썼습니다. 비록 몸의 움직임을 조절하는 소뇌는 손상됐지만, 사고와 감각을 담당하는 대뇌는 더욱 왕성하게 활동한 것입니다. 바로 이때 쓴 시가 "나" 였습니다.

나, 가진 재물 없으나

나, 남이 가진 지식 없으나

나, 남에게 있는 건강 있지 않으나

나, 남이 갖고 있지 않은 것 가졌으니

나, 남이 보지 못한 것을 보았고

나, 남이 듣지 못한 음성 들었고

나, 남이 받지 못한 사랑 받았고

나, 남이 모르는 것 깨달았네.

공평하신 하나님이

나, 남이 가진 것 나 없지만

나, 남이 없는 것 갖게 하셨네.

시상은 계속 떠올랐습니다. 그녀는 시를 써서 극동방송에 보냈습니다. 그리고 그녀의 시에 곡이 붙여졌습니다. 그녀의 시에 곡을 붙여 '그 이름' 이라는 음반이 만들어졌습니다. 또한 그녀의 시를 묶어 시집을 펴냈습니다. 시집과 음반은 폭발적인 인기를 끌었습니다.

전국 각지의 교회에서 장애를 극복하고 하나님을 찬미하는 송명희씨를 초청했습니다. 그녀는 뒤틀린 입으로 살아 계신 하나님을 간증했습니다. 절망에 빠진 사람들에게 희망의 메시지를 전했습니다. 지금까지 1,500여 회의 국내·외 집회에 참석했고, 종합 예술 선교단인 "함께 선교단"을 만들어 문화 선교 활동도 벌였습니다.

머리도 제대로 가눌 수 없었던 어린 뇌성마비 장애인 소녀가 하나님의 은혜로 세계를 돌며 살아 계신 하나님을 찬양하는 선교사가 되었습니다. 진정 모든 것이 은혜였습니다. 그를 취재한 기자는 송명희 시인에 대해 다음과 같은 글로 결론을 내리고 있습니다.

"이 세상의 어느 누가 송명희 시인보다 더 불행하다고 말할 수 있을까? 동시에 누가 과연 송명희 시인보다 더 행복하다고 자신 있게 말할 수 있는가?"

인생은 참 알 수 없습니다. 신비한 게 인생입니다. 일취월장 모든 일에 성공하는 것이 꼭 좋은 일만은 아닌 게 인생이며, 실패와 낙심, 약함과 수치가 때로는 크나큰 축복의 계기가 될 수도 있는 것이 인생입니다. 고난과 아픔, 실패와 약함은 우리를 성숙케하고 구원의 길로 인도하는 축복의 다른 이름입니다.

그러므로 사랑하는 교우 여러분, 낙심하지 말아야 합니다. 포기하지 않아야 합니다. 오늘 나를 힘들게 하는 열악한 환경과 연약함이 진정한 성공을 위한 밑거름이 될 수 있다는 것을 기억하십시오.

물론 그 환경과 연약함이 내가 노력해서 변경될 수 있는 것이라면 당연
히 그렇게 해야 합니다. 그렇게 함으로써 우리는 자신감을 키워갈 수 있
습니다. 그러나 혹, 내가 아무리 노력해도 변경될 수 없는 문제라면 낙심
하지 말고 그것은 하나님이 내게 주신 귀중한 선물이라고 생각하고 담
대히 나아가는 여러분이 되시기 바랍니다.

오순절에 내리신 성령

"오순절 날이 이미 이르매 그들이 다같이 한 곳에 모였더니
홀연히 하늘로부터 급하고 강한 바람 같은 소리가 있어 그
들이 앉은 온 집에 가득하며 … 그들이 다 성령의 충만함을
받고 성령이 말하게 하심을 따라 다른 언어들로 말하기를
시작하니라" (행 2:1-4)

모든 생명의 공통점 가운데 한 가지는 "성장"한다는 것입니다. 그리고 그 성장의 정점에서 열매를 맺습니다. 성장은 모든 생명체가 생명으로 출발할 때부터 가지게 되는 숙명과도 같은 것입니다. 성장하지 않으면 도태되고 죽게 되어 있습니다.

그런 의미에서 성장은 축복이면서 동시에 숙제이고, 기쁨이면서 동시에 고통의 요소를 안고 있는 것입니다. 고치 안의 애벌레가 때가 되었는데도 고치를 뚫고 나와 나비가 되지 못한다고 생각해보십시오. 알 속의 병아리가 때가 되었는데도 알을 깨고 나오지 못한다고 생각해보십시오. 때가 되면 성장하고, 때가 되면 나와야 되는 것입니다.

마마보이라는 말이 있습니다. 성인이 되었는데도 유아적 의존상태를 벗지 못하고 있는 청년을 가리키는 말이지요. 신체적으로는 성장을 했지만 정신적으로는 성장이 정지되었거나 지체현상을 보이는 경우입니다. 때로는 고통스럽더라도 뚫고 나와야 합니다. 성장해야 합니다.

예수님이 예루살렘에 입성하여 성전을 둘러보신 후에 나오시다가 무화과나무를 보셨습니다. 배가 고파서 열매가 달려있나 찾기 위함이었습니다. 그러나 유감스럽게도, 잎사귀는 무성한데 열매는 없었습니다. 예루살렘 성전처럼 말입니다.

예수님은 그 무화과나무를 저주하셨습니다. 겉모습만 번지르르하고 마땅히 맺어야 할 아무런 열매도 맺지 못하고 백성들에게 무거운 짐만 안겨주고 있는 성전 중심의 종교집단에 대한 예수님의 진노를 엿볼 수 있게 하는 대목입니다만, 이 말씀은 오늘 우리 자신을 돌아보게 하는 말씀이기도 합니다.

나는 지금 어떤 열매를 맺고 있나? 하나님께서 나에게 그토록 귀한 은사를 주셨고, 많은 시간과 물질을 허락하셨고, 많은 배움의 기회를 허락하셨고, 또 그토록 많은 사랑 베풀어주셨고, 그토록 많은 축복을 하셨건만 나는 과연 그에 합당한 열매를 맺어가고 있는가? 혹시 아직도 잎사귀만 무성할 뿐, 맺어야 할 열매는 찾아보기 어려운 삶은 아닌가? 혹시 자리만 차지하고, 시간과 물질만 축내고 사는 건 아닌가? 하고 말입니다.

그렇다고 너무 걱정할 필요는 없습니다. 그리고 서두를 필요도 없습니다. 씨앗이 바로 열매 맺는 경우는 없습니다. 따스한 햇볕과 촉촉한 단비를 받는가 하면, 세찬 눈보라와 뜨거운 뙤약볕을 견뎌야 합니다.

그 모든 것을 자기동력으로 삼으면서 꾸준히 인내하는 가운데, 어느 시점이 되면 어떻게 그렇게 되는지도 모르게 탐스런 열매가 맺혀지는 것이 바로 결실의 신비입니다. 그것이 생명의 원리입니다.

지금 나에게 열매가 없다고 하여 낙심하지 말고 하나님의 말씀을 묵상하고 지키며 하나님의 뜻대로 살고자 꾸준히 노력하시기 바랍니다. 그러다보면 하나님께서 기뻐하시는 열매를 맺게 될 것입니다.

본문을 보면 오순절이 되었을 때에 성령이 강림하셨습니다. 이것은 대단히 중요한 영적 진리를 내포하고 있는데, 오순절은 생명의 성장과 관계되는 날이기 때문입니다. 오순절이 일정한 성숙과정의 정점에서 곡식을 추수하는 절기이듯이, 성령의 강림 또한 신앙적 성숙과정의 정점에서 맺혀지는 열매라는 뜻이기 때문입니다.

오순절은 구약시대에 하나님께서 이끌어가시는 구원역사의 절기 가운데서 특별한 위치를 차지하는 절기입니다. 이 날은 유월절 안식일 다음 날인 초실절(初實節: 보리의 첫이삭을 바치는 축제)로부터 50일째 되는 날에 온 백성이 노동을 쉬면서 제사를 드리는 날인데, 밀을 수확하는 절기와 일치합니다. 그러니까 이때는 본격적인 결실의 때가 되었음을 상징하는 날입니다. 이때 수확한 곡식을 하나님께 드리며 감사하는 것입니다.

이스라엘 백성의 3대 절기 가운데 하나가 바로 오순절인데, 이 오순절은 유월절과 성격이 완전히 다릅니다. 유월절은 양의 피로 인하여 하나님의 심판의 재앙이 물러간 것을 기념하는 절기, 다시 말해서 하나님의 일방적인 은혜에 의해 생명을 구속받은 것을 기념하는 절기입니다.

그러나 오순절은 그렇게 구속받은 받은 백성이 약속의 땅에 들어가 씨 뿌리고 노동하는 과정을 통해서 얻은 결실을 감사하면서 하나님께 드리는 예배입니다. 즉 오순절은 그 안에 성장 혹은 성숙이라고 하는 의미가 내포되어 있는 절기라는 것입니다.

좀더 구체적으로 말하면, 성령이 내려오신 사건은 예수님의 제자들에게 있어서 그들이 제자로 부름받자 마자 바로 이루어진 일이 아니었습니다. 공생애 3년의 정규시즌 학습과정을 다 거치고, 부활하신 주님으로부터 다시 40일 동안 특별심화 학습과정을 거친 뒤에, 예수님이 승천하시자 간절한 마음으로 성령을 사모하여 기도하는 과정에서 얻어진 결실의 사건이 바로 오순절 성령강림이라는 것입니다.

예수의 제자로 택함받은 것은 유월절의 경우처럼 예수의 일방적인 은혜로 말미암아 새로운 생명을 얻은 것이지만, 그것은 어디까지나 첫출발일 뿐이었습니다. 그 첫출발과 함께 성장이라고 하는 과제를 안고 가는 것이었지요.

그 과정은 때로는 흥미진진하였지만, 때로는 고통스럽기도 하였습니다. 힘든 시련과 깊은 좌절도 겪어야 했습니다. 그러나 그들은 그 모든 어려움을 통과하였습니다. 결국 그것도 예수님의 은혜를 힘입어 된 것이지만, 어쨌든 그들은 꾸준히 성장하였습니다. 깨달음이 깊어지고 소원이 간절해졌습니다.

얼마만큼 간절해졌느냐? 어떻게든 예수님의 말씀대로 살고 싶은 마음, 자신의 인생의 최우선 과제로 생각하는 마음, 그러나 그렇게 생각하고 노력하면 할수록 그렇게 안 살아지는 자신의 모습을 보면서 슬퍼하고 '주여, 도와주소서' 하면서 매달리는 간절한 심정이 되었습니다.

그때 어떻게 된 일인지 그들이 그렇게 간절하게 구하던 예수님의 마음과 그의 능력이 제자들의 심령 속으로 강력하게 쏟아져 들어왔습니다. 그것이 바로 오순절 성령강림 사건입니다. 요컨대 이미 예수님과의 특별하신 은총의 만남을 통해 새로운 생명관계에 들어선 사람들이 말씀을 따라 정진하는 과정에서 얻어진 열매가 바로 제자들에게 성령이 강림하신 사건, 즉 제자들이 성령을 받은 사건입니다.

물론 성령강림은 인격이신 성령의 자유로운 의지에 의해서 이루어진 일입니다. 제자들의 공로로 된 것은 아닙니다. 그러나 그렇다고 해서 그것이 제자들의 노력과는 아무런 상관없이 어느 날 갑자기 하늘에서 뚝 떨어진 것이라는 의미는 아닙니다.

공로는 아니지만 꾸준히 말씀을 듣고 믿고 따르고, 간절한 마음으로 사모하고 구하고 찾고 두드리는 가운데, 그러한 영적 성장이 어느 정도 이루어졌을 때 성령께서 당신의 자유로운 의지에 의해서 제자들의 마음의 단단한 껍질을 깨고 들어오심으로, 제자들의 심령과 성령 사이에 소통의 기적이 일어난 것입니다.

물론 꾸준히 말씀을 듣고 믿고 따르고, 간절한 마음으로 사모하고 구하고 찾고 두드리는 과정 역시 성령의 도우심으로 되는 일입니다. 우리가 예수 앞에 나오는 것 자체가 성령의 인도하심으로 된 일이요, 우리가 예수와의 새로운 생명관계(믿음으로 의롭다 함을 얻음) 속에서 성장하는 모든 과정이 성령의 보이지 않는 돌보심과 감화감동으로 되는 일이지만, 그것으로 충분치 않습니다. 그것은 과정일 뿐입니다.

결실의 때가 옵니다. 우리의 영혼이 예수님의 심정으로 살기를 갈망하며 간절하게 부르짖을 때, 그때가 오기를 간절히 기다리시던 성령께서 부르짖는 우리 영혼과 호응하여 우리의 자아의 껍질을 밖으로부터 안으로 깨고 들어오셔서 우리 안에 온전히 들어오시고, 우리와 성령 사이에 소통의 기적이 일어나는 것이 바로 성령이 임하는 사건인 것입니다.

여러분 모두가 믿음이 성장하여 단단한 자아의 껍질을 깨고 밖으로 나와 안에서는 상상도 못했던 그 놀라운 세계를 마음껏 활보하고, 저 하늘을 비상하는 독수리처럼 탁 트인 자유를 경험하면서 살아갈 수 있었으면 좋겠습니다.

생각해보면 이것은 결코 어려운 일이 아닙니다. 우리가 예수님의 사람으로 부름받아 새로운 생명체가 되면서부터 그것은 이미 예정되어 있는 것이라고 볼 수 있습니다.

저 애굽땅의 소망없던 인생들이 유월절의 은혜를 통해 구속함을 얻고 새 생명을 얻은 뒤, 약속의 땅에 들어가 땀흘려 일하는 가운데 알찬 결실을 거둬 하나님께 감사예배를 드렸듯이, 오늘 우리 역시도 예수 그리스도 안에서 꾸준히 정진해 나갈 때 그 정진의 아름다운 결실로서 빈부귀천 차별없이 누구든지 성령을 받을 수 있다고 하는 것을 믿으시기 바랍니다. 당신을 믿고 따르는 제자들에게 주시는 예수님의 멋진 선물이 바로 성령이십니다.

초대교회 성도들은 예외 없이 성령을 받았습니다. 그들이 무슨 특별한 능력을 지닌 사람들이어서 성령을 받은 것은 아닙니다. 그들은 오히려 세상적 의미의 지식이나 문벌이나 능력이나 건강에서 자랑할 것이 없는 사람들이 대부분이었습니다. 그러나 그들은 요엘이 예언하였듯이, 남녀노소 빈부귀천 차별없이 성령을 받았습니다(행 2:17-18).
그들 모두가 듣고 믿고 따르며, 말씀대로 살기 위해 성심껏 노력하는 가운데 꾸준히 성장하였기 때문입니다.

이것은 오늘 우리들에게도 적용되는 말씀입니다. 성령은 어떤 특별한 사람들만 받는 것이 아닙니다. 예수를 믿음으로 그와 연합된 관계에 있는 사람(롬 6:5), 곧 예수의 생명을 자기 안에 모셔들인 사람은 누구나 성령을 받을 수 있습니다.
꾸준히 말씀을 듣고 믿고 따르면서 기도에 힘쓰다보면 생명의 원리에 따라 자연스럽게 성장하는 가운데 어느 시점에서 간절한 마음으로 예수의 말씀대로 살기를 갈망할 때에, 신비롭게 예수의 마음과 뜨겁고 통쾌하게 소통의 기적이 일어나는 때가 옵니다. 그게 바로 성령받는 것입니다.
성령은 곧 예수의 마음이요 예수의 영입니다. 여러분 모두 소망을 가지고 꾸준한 열심을 가지고 정진하시기 바랍니다. 힘써 노력하다 보면 우리의 중심을 아시고 우리를 사랑하시는 성령께서 친히 도와주십니다. 줄탁동시(啐啄同時)이지요. 알을 품고 있는 어미닭이 밖에서 쪼아서 안에 있는 병아리를 도와주듯이, 성령께서 밖에서 도와주십니다. 그리고 마침내 우리 안으로 들어오십니다.

성령이 오시고 나면 우리의 삶은 차원이 확 달라집니다. 우리 마음 안에 예수의 영이 들어오셔서 활동하게 되니 비로소 우리가 예수 사람, 예수 같은 사람, 예수 마음을 가진 사람이 되는 것입니다. 마음의 소원이 달라지고, 취미가 달라지고, 언어습관이 달라지고, 삶의 우선순위가 달라집니다. 몸은 세상 속에 살지만, 세상을 이기신 예수의 영이 북돋아주시고 영감을 주시니 세상을 이기는 사람, 세상보다 더 큰 사람이 됩니다. 히브리서 기자가 말하는 대로 세상이 감당치 못하는 사람이 되는 것입니다 (히 11:38).

신앙생활에도 분명히 이런 차원이 있습니다. 여러분 모두가 그러한 차원을 경험하면서 예수님을 믿으시기 바랍니다. 그것은 여러분 모두에게 열려져 있는 가능성입니다.

물론 우리들에게 각자 능력의 차이가 있는 것도 사실입니다. 받은 달란트가 다릅니다. 그러나 그것은 그리 중요하지 않습니다. 각자 받은 달란트를 가지고 최선을 다해 노력하면 됩니다. 하나님은 우리가 얼마나 많은 업적을 쌓았느냐를 보는 것이 아니라 우리가 얼마나 주어진 조건에서 성심껏 노력하고 있는가 하는 것을, 우리의 중심을 보십니다.

그 중심을 보시고 성령께서 당신의 자유로운 의지로 때가 되면 우리 안에 들어오셔서 우리의 주인이 되어주시는 것입니다.

여러분, 예수님의 말씀대로 살기를 열망하고 예수님의 마음으로 살기를 간절히 구하십시오. 주님이 보실 때는 삐약거리는 수준에 불과할지 모르지만, 그래도 상관없습니다. 노력하는 모습이 아름답습니다. 그렇게 간절히 구할 때에, 구하는 대로 예수님의 마음이 임하시게 됩니다.

왜냐하면 그분은 사랑이시고, 우리 안에 들어오셔서 우리와 함께 동거하시고, 우리와 친구가 되어 사시는 것을 가장 큰 기쁨으로 여기시는 분이기 때문입니다.

미지근한 신앙생활을 청산하십시오. 더욱 열렬한 마음으로 주님을 사랑하십시오. 예수님은 여러분을 위해 오셨습니다. 성령도 여러분을 위해 오셨습니다. 오늘 성경말씀은 이 기쁜 소식을 우리에게 전해주고 있습니다.

사모하십시오. 열망하십시오. 겸손한 마음으로 배우기를 즐겨하고, 간절한 마음으로 구하고 찾고 두드리십시오. 여러분에게 성령이 임할 것입니다.

기다리는 기쁨

"… 이 묵시는 정한 때가 있나니 그 종말이 속히 이르겠고
결코 거짓되지 아니하리라 비록 더딜지라도 기다리라 지체
되지 않고 반드시 응하리라" (합 2:1–3)

모든 소중한 것은 기다림을 통해서만 얻을 수 있습니다. 곡식이 익고 과일이 무르익는 것은 기다림의 결과입니다. 하나의 명품이 탄생하기 위해서는 오랜 시간 동안 장인들의 노력과 열정이 필요하고, 깊은 장맛이 우러나오기 위해서는 몇 년간의 숙성과정이 필요합니다.

강원도 고랭지 배추가 왜 비싸고 맛이 좋은지 아십니까? 배추가 성장하기 열악한 조건에서 자라다보니 더디 자라는데, 그렇기 때문에 오히려 속이 단단해지고 힘이 좋아져 김장을 담가도 쉽게 흐물흐물해지지 않고 맛이 오래 간다고 합니다.

한국의 산삼이 미국산삼보다 약효가 탁월한 것도 마찬가지랍니다. 우리 나라에 비해 미국은 땅이 원체 기름져서 뭐든지 심으면 잘 되고, 인삼 역 시 지천으로 널려있지만, 그게 도리어 약효를 떨어지게 하는 요인이라 고 합니다.

반면에 한국의 산삼은 땅이 별로 기름지지 않은 고생대토지에서 자라 고, 기후 역시 춘하추동 변화가 심한 통에 성장이 무척 더디답니다. 그런 데 바로 그것이 한국산삼의 약효를 좋게 하는 이유가 된다고 합니다.

더디 자라면서 대지의 기운과 햇살, 바람 등 우주의 기운을 오랫동안 충 분히 받아들이기 때문에 약재로써 탁월한 효과를 발휘한다는 것입니다. 그만큼 기다림이 중요합니다.

사람도 마찬가지입니다. 대기만성(大器晩成)이라고 하였습니다. 또한 사람 키우는 것을 백년지계(百年之計)라고 하였습니다. 곡식을 키우는 것은 일년지계, 나무를 심는 것은 십년지계, 사람을 키우는 것은 백년지 계. 그만큼 공이 들고, 키워놓으면 귀한 역할을 합니다.

사람이야말로 하나님의 모든 창조과정에서 명품으로 빚어진 존재 아닌 가요? 그만큼 하나님이 오랫동안 생각하시고 기다리심 끝에 창조하셨습 니다.

그러니 인간사 내 맘과 뜻대로 금새 이루어지지 않는다고 슬퍼하거나 노여워하지 말고, 이게 다 더 잘 되려고 그러는구나, 명품 인생 되려고 그러는구나 생각하면서 기다리는 법을 배울 일입니다.

그런데 예나 지금이나 이러한 하나님의 뜻과는 달리 사람들은 마음이 급합니다. 마땅히 진득하게 기다려야 하는 일에 있어서도 급하게 서두르다가 일을 그르치는 경우가 너무도 많습니다.

한자어에 조장(助長)이라는 말이 있는데, 이 말의 유래가 참 재미있습니다. 옛날 중국 송나라에 어떤 사람이 논에 벼를 심었는데 자라는건지 자라지 않는건지 보이지 않으니 답답하기만 했습니다. 그래서 그는 밤중에 논으로 가서 심은 벼를 조금씩 잡아 뺐다고 합니다.

그렇게 하면 빨리 자랄 것 같았지만 오히려 그 벼는 제대로 자라지 못하고 죽어버렸습니다.

복음서를 보면 예수님의 제자들 역시 무척 성질이 급했습니다. 한번은 예수님이 예루살렘으로 가는 도중 제자들과 함께 사마리아 지방에 들어가셨습니다. 그런데 그곳 사람들이 예수님이 예루살렘으로 간다는 걸 알고는 예수님을 받아들이지 않았습니다. 그러자 제자들 중 두 사람, 요한과 야고보가 나서서 "주여 우리가 불을 명하여 하늘로부터 내려 저들을 멸하라 하기를 원하시나이까"(눅 9:54)라고 말했습니다.

마음속에 어떤 의분이 일어나서 한 말이겠습니다만, 그 성정이 어지간히도 급하고 거칠구나 하는 생각을 하게 합니다.

예수님의 제자들 가운데 성급하지 않고 충분히 기다린 사람은 아무도 없었던 것 같습니다. 예수님이 십자가에서 고난당하시자 모두들 낙심하고 도망가 버렸습니다. 사흘만에 부활하리라고 분명히 여러 번 말씀하셨는데도 불구하고 끝까지 기다리지 못했습니다. 열두 제자 모두.

만약에 예수님마저 성급했더라면 어떻게 되었을까요? 제자들의 모습을 보고 도저히 구제불능이라 생각하시고 하늘로 훌쩍 올라가버리셨다면 어떻게 되었겠습니까?

그러나 감사하게도 예수님은 그렇게 하지 않으셨습니다. 제자들은 기다리지 못했으나 예수님은 기다리셨습니다. 기다리되 끝까지 기다리셨습니다. 믿음없고 연약한 제자들은 흩어져버렸지만 포기하지 않으시고 일일이 찾아다니시며 다시 모으셔서 하나님나라에 관해 가르치시고 때가 되매 하늘로 올라가셨습니다.

예수님의 이 정성어린 기다리심이 실패한 제자들로 하여금 다시 마음을 추스르고 새 출발을 할 수 있도록 한 힘이었던 것입니다.

그런데 이 부분을 더 생각해보면, 주님의 기다리심으로 다시 모인 제자들이었지만, 그들은 여전히 마음이 급했습니다. 사도들은 이렇게 물었습니다.

"주께서 이스라엘 나라를 회복하심이 이 때니이까." (행 1:6)

여기에 대해서 예수님은 "때와 시기는 아버지께서 자기의 권한에 두셨으니 너희가 알 바 아니요 오직 성령이 너희에게 임하시면 너희가 권능을 받고 예루살렘과 온 유대와 사마리아와 땅 끝까지 이르러 내 증인이 되리라"(행 1:7-8)고 말씀하셨습니다.

분명한 말씀이 자칫 또 조급해질 수 있는 제자들의 마음을 차분히 하나로 모으고 안정시켰던 것 같습니다. 이것이 바로 지도력입니다. 아닌 것

에 대해서는 단호하게 아니라고 말하고, 어느 방향으로 집중해야 하는
지 분명한 비전을 보여주는 것.

제자들은 그제서야 모든 조급하고 허황된 생각을 버리고 한마음 한 뜻
이 되어 정진, 또 정진하였습니다. 그랬을 때 그들에게 성령이 임하였고
그들은 힘을 받아서 지치지 않고 이곳저곳을 누비며 예수님의 증인된
사명을 감당케 되었습니다.

가만히 보면 게으른 사람들이 무슨 일을 시작도 하기 전에 말이 많습니
다. 어렵겠다, 예산이 부족하다, 뭐 쉽고 빠른 길 없느냐? 꼭 그렇게 고지
식하게 해야겠느냐? 등등.

그러나 예수님은 분명히 말씀하셨습니다. "때와 시기"에 집착하기보다
바른 몸가짐으로 정진, 오직 정진하라는 것입니다. 좌로나 우로나 치우
지지 아니하고 오직 정진하는 것을 하나님은 가장 기뻐하십니다.

오래 걸리더라도 바른 방법으로 나아가야 합니다. 빨리 가려고 편법을
쓰거나 서두르면 안됩니다.

사람이 무슨 일을 계획할지라도 그것을 이루시는 분은 하나님이십니다.
그러므로 우리는 최선을 다하며 하나님께서 이루실 때까지 기다려야 합
니다. 하나님께서 우리의 길을 예비하시고 좋은 길로 인도해 주실 것입
니다.

희망 리포트

설교준비를 한답시고 몇 날 며칠 성경본문을 읽고 또 읽었지만
딱 뿌러지게 제목이 잡히지 않았습니다.
그냥, 어떤 느낌으로 기도만 하였습니다.
그래도 새해 첫 예배인데, 좀 잘 해야 할 텐데 싶었으나
웬걸, 일주일이 지나고 토요일 자정이 다가와도
느낌은 있는데, 글은 영 안 써졌습니다.
이런 때는 어찌하나?
방법이 있나요?
일단 잤지요.

일어나 보니 4시 45분,
이제는 새벽
어둠이 걷히고 말씀이 가장 영롱하게 들려오는
결정적인 마지막 시간,
세수를 하고 면도를 하고 머리를 감고 조용히 앉았습니다.
그러나 어쩌나요,
아무리 귀기울여도 들려오는 소리는 없으니….

하얀 종이 위에 아무것도 채우지 못하고
시간만 흘러가고 있어 안타까운데,
어디선가 뜬금없이 생뚱맞게 스치는 질문,
무슨 설교를 꼭 그렇게 어렵게 준비하려고 그래?
그냥 보고 들은 대로만 전해!
??!!#*!?

답답한지 아득한지 대책없이 태평해진건지
분간이 잘 안 되는 중에,
우연인지 필연인지 책상 위, 몇 권의 책 밑에서
못 보던 엽서 한 귀퉁이가 눈에 띄었습니다.
이게 뭐야?
보니까, 어느 목사님이 보낸 연하엽서인데,
찬란하게 해가 떠오르는 그림이었습니다.
그림 좋네!
빛은 이렇게 비쳐오는거구나 !

어둡고 막연하고 막히고 딱한 순간에 저쪽에서 나타나
나도 모르게 희망을 예감하며 세상근심을 잊게 하는
기다리는 자에게 주어지는 무상의 은총,
놀라운 계시라도 되는 양
순간, 모든 염려는 어디론가 사라져버렸습니다.

그래! 이럴 때는 산에 올라보는 거야,
새해 첫날이잖아!
뜻밖의 충동에 이끌려
어느새 옷을 챙겨입고 집을 나섰습니다.
길은 어두웠습니다.
여기저기, 정체성이 모호한 조명간판이
모호한 빛을 발하며 아직 남아있는 거리를 지나,
그것이 모호하게 느껴지도록
저만치 어둠속에서도 깊고 고요한 숨을 쉬고 있는
산을 향하여 걸어갔습니다.

산 입구에 오니, 이 사람들이 다 누구입니까?
어디서 온 사람들입니까?
깊은 밤에 혼자만 씨름하는 줄 알았던 것이
혼자만의 착각이었다는 것을 기분좋게 알아차리게 하는
새벽을 깨우는 사람들이
여기저기서 걸어오고 있지 않겠습니까?
갑자기 기운이 났습니다.
설교준비 같은 건 어린애처럼 다 잊어버리고
치악산 뒤쪽에서 훤하게 비쳐올
해를 바라보고 싶은 설레임에 걷는 속도가 빨라졌습니다.
걷는 도중에 서서히 산은 밝아졌습니다.
새벽이 오기도 전에 벌써 새벽은 온 것인가
"아직 아니"가 "이미 벌써"로 바뀌는
종말론적 진리를 몸으로 느끼면서 걷다 보니,
어느새 봉화산 꼭대기!

아, 그런데, 이게 웬 일입니까? 또 한번의 놀라움!
이 많은 사람들이 정말 다 어디서 온 사람들입니까?
정상에는 벌써 수많은 사람들이 꽉 들어차 있었고,

저쪽 앞에서 단계동 주민차치위원장 하던
조아무개씨가 나타나 반갑게 인사를 하였습니다.
안녕하세요. 새 해 복 많이 받으세요.
어이구, 이게 누구십니까,
반갑네요, 새 해 복 많이 받으세요.
이 모두가 희망을 찾아,
어둠을 헤치고 나온 사람들임을 생각하니
괜히 가슴이 뭉클하였습니다.
바라보니, 모두가 동쪽,
치악산 정상쪽을 바라보고 있었습니다.
거기서 찬란한 해가 떠오르는 순간을
기다리고 있는 거겠지요.

그러나, 오늘따라 날이 흐렸습니다.
해가 떠오르는 찬란한 하늘을 바라보기는
어려울 것 같았습니다.
한참을 서있다가
그냥 이것으로도 충분하지 싶었습니다.
구름 위의 찬란한 햇살을 믿어 의심치 않게 하는
구름 아래의 여명을 헤치며 산을 오른 것만으로도
볼 것을 다 본 것이라는 뿌듯함에
입가에는 오히려 미소가 감돌았습니다.

바로 그때, 한쪽에서 젊은 남녀 10여명이
뭐라고 소리를 지르면서
새벽이 온 것을 기정사실화하듯
새벽같은 하얀 종이에 써온 글씨를 한 사람씩 소리내어 읽으면서
희망맞이 축제를 벌이기 시작했습니다.
서로 아껴줍시다
먼저 인사합시다
서로 칭찬합시다
더욱 건강합시다
자기인생의 주인으로서
성공을 위해 뭐든지 열심히 배웁시다
고객 앞에서 솔직하고 경쟁업체 앞에서 겸손합시다
힘들수록 웃읍시다

여러분 사랑합니다….

무슨 회사의 직원들 같았는데,
아직 해는 떠오를 기미가 보이지 않았지만
한 목소리로 메기고 받는 그들의 합창 속에서
새벽은 이미 벌써 그렇게 와있었습니다.
아직도 동쪽을 쳐다보고 서있는 사람들이나
그렇게 축제를 벌이는 사람들이나
그 모든 것을 보며 씩 웃고 산을 내려가는 사람들이나
이미 천지간에 가득해져버린 새벽을
가득히 안은 새벽의 사람들이었습니다.
가슴마다 눈빛마다 표정마다

뭘 그렇게 어렵게 준비하려고 해,
그냥 보고 겪은 대로 전하면 되지!

아, 이 시간, 산에 오길 잘했다 싶었습니다.
아무 준비도 못한 채
엽서 한 장을 통해 전해져온 계시를 따라
어린아이처럼 산에 오르길 정말 잘했습니다.
내가 잠에서 깨어나 이렇게 산을 오르기 전부터
새벽은 저쪽에서 이쪽으로 걸어와
이렇게 공로없는 자에게도 무상으로
바라보고 누릴 수 있는 기쁨이 허락되었다는 사실이
참으로 고마웠습니다.
이사야도, 시므온도, 안나도
그렇게 은총으로 다가오는 새벽을 보았겠지.
날마다 날마다 조금씩 그 여명을 보다가
마침내 그 찬란한 새벽을 맞이했을거야.
그 벅찬 감격이야 어둠을 견디며
간절히 새벽을 기다려온 사람만이 누릴 수 있는 축복이겠지만
이제 온 세상은 빛의 천지
정체성이 모호한 조명간판들은 모두 힘을 잃고
저 찬란한 빛을 받아 온 누리가 새롭게 탄생하는
이 은총의 시간,
그 복된 은총 아래서

만민에게 차별없이 그 빛 비췰터이니

이전 것은 지나갔으니, 보라 새 것이 되었도다
누구든지 그리스도 안에 있으면 새로운 피조물이라

아무것도 한 것 없이 없지만,
뜻밖에 아름다운 새벽을 보았습니다.
책상에서는 볼 수 없었던,
살아서 움직이는,
나보다 먼저 일어나 나보다 먼저 먼 길을 헤쳐 다가오는,
사람들 사이에서 아직 아니가 이미 벌써로 바뀌어가는,
생동하는
은혜롭고 역동적인 종말론적 새벽!

저는 오늘 정말 아무것도 한 것이 없습니다.
그저 보고 느낀 것만 전합니다.

지금까지 희망리포터 김아무개였습니다.

"나 곧 내 영혼은 여호와를 기다리며 나는 주의 말씀을 바라는도다 파수꾼이 아침을 기다
림보다 내 영혼이 주를 더 기다리나니 참으로 파수꾼이 아침을 기다림보다 더하도다."

(시 130:5-6)

정금같은 믿음으로 나아가는

3

정금같은 믿음
으로 나아가는

내려놓기

"… 땅의 모든 끝이 여호와를 기억하고 돌아오며 모든 나라
의 모든 족속이 주의 앞에 예배하리니 나라는 여호와의 것
이요 여호와는 모든 나라의 주재심이로다 …" (시 22:1-31)

들판은 황금빛, 산은 울긋불긋 단풍으로 물들었고, 여기저
기 낙엽이 흩날리고 있습니다. 가을은 참 아름다운
계절입니다. 추수의 계절이기 때문이기도 하지만 또 한 가지 이유는 한
해의 열심을 뒤로 하고, 자신의 소중한 것을 내려놓은 겸손함이 있는 계
절이기 때문입니다. 내려놓음을 통해서 다른 생명을 살찌우며, 자신도
새로운 미래를 향해 떠나는 모습이 그렇게 아름다운 것입니다.

이제 곧 날씨가 추워질텐데, 만약 내려놓아야 할 것을 내려놓지 않으면
어떻게 될까요? 혹시 바람이라도 불면, 또 그 위에 눈이라도 내리면 그
무거운 걸 몸에 지니고 견뎌낼 수 있겠습니까? 가지가 부러지든지, 그 무

거운 것들을 지탱하느라고 에너지를 온통 소비하다가 그만 말라 비틀어
져 죽고 말것입니다.

다시 말하지만 내려놓을 때 내려놓아야 추해지지 않고 아름다운 생을
살 수가 있습니다. 그러나 때로 우리는 어리석게도 그저 잔뜩 움켜쥐기
만 하면 되는 줄 알고 고집을 피울 때도 있습니다.

원숭이가 그렇습니다. 민첩하기 이를 데 없습니다. 그런데 이런 원숭이
가 어처구니없이 잡힌다는 것입니다. 중간이 잘룩하게 들어간 호리병
에 쌀을 집어넣어 원숭이가 있을만한 곳에 놓고 기다리면 원숭이가 와
서 그 안에 손을 쓱 집어넣습니다. 그리고 한 움큼 집습니다. 바로 그때
사람들이 가서 원숭이를 덮칩니다. 평소 같으면 잽싸게 도망가련만, 쌀
을 움켜쥔 주먹 때문에 호리병에서 손을 뺄 수가 없습니다. 쌀을 놓으
면, 손을 펴면 손을 뺄 수 있을텐데 쌀을 내려 놓지 못해서 잡히고 마는
것입니다.

사람들도 이처럼 어리석기는 마찬가지입니다. 어떤 사람이 죽었는데 벽
장 속에, 베갯속에, 침대밑에 돈이 잔뜩 들어있더라는 이야기가 종종 들
려 옵니다. 돈을 모으고 소유할 줄만 알았지 쓸 줄을 몰랐던 것입니다.
유언 한 마디 하지 못하고, 이 돈을 어떻게 써라 그런 소리는커녕, 졸지
에 어처구니없이 죽는 목숨 꽤 있습니다. 그러면서 생전에 얼마나 많은
사람들한테 인색하다는 소리를 듣는지요. 모두 내려놓지 못해서 생기는
안타까운 이야기들입니다.

성경에도 이런 인물들이 많이 나옵니다. 아니 성경에서 말하는 인간의 근원적인 문제가 바로 이것입니다. 하나님 안에 있으면 부족함이 없는데, 마귀가 자꾸 부추기잖아요. "선악과를 따먹어라. 저걸 먹으면 눈이 밝아진다."

마귀의 말을 듣다 보면, 하나님만으로는 부족한 것처럼 느껴집니다. 저 선악과를 움켜쥐고 따먹어야만 자유가 있을 것 같고 만족이 있을 것 같습니다. 그래서 저 어리석은 원숭이처럼 움켜쥐고는 놓지를 못합니다. 네가 먹는 날에는 정녕 죽으리라 하였지만, 그 순간에는 오직 마귀의 달콤한 유혹소리만 들립니다. 그 결과 어떻게 됩니까? 죽게 되었습니다. 이게 인간의 근원적인 문제입니다. 내려놓아야 할 것을 내려놓지 못하는 것.

시편 22편 말씀을 생각해봅니다. 이 시는 다윗의 시인데 구체적으로 무슨 일인지는 몰라도, 아주 억울한 감정이 진솔하게 표현되어 있습니다. 고통스럽고 분하고 외롭고, 이러저러하게 받은 모욕과 상처로 인하여 탄식하고 절규하고 있습니다. 계속 이런 마음상태라면 못 살 것입니다. 다윗은 나름대로 정직하게 산 사람입니다. 열심히 살았습니다. 할 수 있는대로 남을 도우며 살았고, 희생하며 살았고, 옳은 일을 위해서 고생도 많이 하면서 살았습니다. 그러나 세상이 그걸 이해해주지 않습니다. 오히려 비난합니다. 수군수군 대더니, 믿었던 사람들이 작당하여 반란을 일으킵니다. 얼마나 고통스럽고 힘들었겠습니까?

그러나 고통 속에서 절규하던 다윗은 어느 순간에 평화를 얻습니다. 탄식과 울부짖음과 분노와 억울함 대신에 감사하고 찬송합니다. 믿기지 않는 변화가 그의 영혼 속에서 일어납니다.

어떻게 그런 변화가 일어난 것일까요? 내려놓을 것을 내려놓았기 때문입니다. 내려놓아야 할 부정적인 감정에 사로잡히지 않았기 때문입니다. 자신이 당하는 것, 억울하고 분하고 나 홀로 버려졌다고 생각되는 것들이 전부가 아니고, 그보다 더 귀한 것, 더 크신 사랑이 함께 하신다는 것을 믿었기 때문입니다. "그래 힘들지. 네 마음 내가 안다. 너무 상심하지 마라. 내가 있잖니?" 하고 위로하시는 하나님의 사랑과 그의 신실하신 약속과 성원이 함께하는 것을 발견하였기 때문입니다.

어떻게 그것을 발견하였느냐? 하나님이 함께해 주시니 발견하게 된 것입니다. 그는 탄식하고 절망하였으나 하나님을 떠나서 탄식하고 절망한 것은 아니었습니다.

"나의 하나님, 나의 하나님, 어찌하여 저를 버리십니까?" 하고 탄식하였지만, 그는 여전히 하나님 안에 있었습니다. 세상의 고통이 엄습할 때, 그로 인해 말할 수 없이 큰 상처를 받았지만, 그러나 그 고통으로부터 눈을 돌려 그와 함께하시는 하나님을 바라보았습니다.

그리고 고통의 한복판에서 하나님이 그와 함께 아파하시면서 그를 감싸주고 있는 것을 느낌으로 새로운 용기를 얻어 감사하고 찬양하게 된 것입니다.

다윗은 "우리 조상들은 믿음으로 구원을 얻었나이다"라고 고백했습니다. 저 믿음의 조상들처럼 그 고통스런 순간에, 다윗 역시도 하나님을 믿음으로 구원을 얻은 것입니다.

여기서 우리가 깊이 생각해야 할 것은 "하나님을 믿었다"는 말입니다. 믿었다는 말은 내려놓았다는 말과 통합니다. 세상에서 받은 상처와 억울함과 분노, 그리고 장래에 대한 모든 근심과 염려, 그 모든 부정적 감정의 찌꺼기들을 내려놓았다는 것입니다.

그것과는 비교할 수 없이 좋으신 하나님이 계신데, 그 찌꺼기들을 붙잡고 있을 이유가 어디 있겠습니까? 좋으신 하나님, 사랑의 하나님, 나를 위해 새로운 계획을 가지고 계시는 하나님은 내가 지난 날에 연연하는 것을 안타깝게 여기십니다. 내가 그것을 놓기를 바라시고, 당신과 함께 새출발하기를 바라십니다.

"자, 이제 그만 속상해하고, 이제 그만 잊어버리고, 나와 함께 가자"고 부르십니다. 그 초청에 따라나서자면 내려놓아야 합니다. 이전 것을 내려놓아야 합니다. 나름대로 잡고 있는 이유가 있는 것이라도 내려놓아야 합니다.

전능하신 하나님께서 이제 그만 나를 바라보고 나를 생각하고 나에게 집중하고 나를 택하라고 말씀하시며 기다리고 계시기 때문입니다.

우리에게 과거가 의미 없는 것은 아닙니다. 그러나 과거보다 더 중요한 것은 현재이고 미래입니다. 과거에 붙들려 있음으로 현재의 것과 미래의 것을 놓쳐서야 되겠습니까? 허황된 미래가 아니라면, 우리는 언제나 미래의 빛 속에서 현재를 살아가야 합니다. 미래의 빛 속에서 현재 속에서 이것을 선택하는가 하면 저것을 내려놓아야 합니다.

부자청년 이야기(막 10:17-22)를 생각해 보십시오. 그는 부자에다가 꽤 높은 자리에 있는 관원이었고, 지혜도 있었으니, 세상적 기준으로는 갖출 것을 웬만큼 갖춘 행복한 사람이었습니다. 그러나 이런 것만으로는 행복할 수 없었던 모양입니다.

그래서 예수님 앞에 와서 "어떻게 하여야 영원한 생명을 얻겠습니까?" 하고 물었습니다. 예수님이 "율법을 지켰는가?"고 묻자 '다 지켰습니다'고 대답했습니다.

그러자 예수님은 "그러나 네게 아직 한 가지 부족한 것이 있다. 네가 가진 것을 다 팔아서 가난한 자들에게 나누어주고 와서 나를 따르라"고 말씀하셨습니다. 이 말씀을 들은 청년은 슬픈 기색을 띠고 근심하면서 돌아갔습니다.

예수님을 얻기 위해서라면 그 모든 것을 버린다고 해도 아깝지 않을 만큼 존귀한 분이십니다. 그러나 이 부자 청년은 내려놓지를 못했습니다. 예수님도 귀하지만 자신이 쌓아놓은 모든 재산과 명성과 지위를 더 귀하게 여겼기 때문입니다.

그는 예수님도 원하였고, 또 세상 재물도 원하였습니다. 두 마리 토끼를 다 잡기를 원하였습니다. 그러나 예수님께서 재물을 팔아 가난한 자들에게 주라 하시니 슬픈 기색을 띠고 돌아간 것입니다.

인간적으로 이해는 갑니다만, 그는 정말로 중요한 것 한 가지를 몰랐습니다. 예수님은 그 모든 것보다 더 크신 분이며, 그 모든 것을 내려놓고 예수님을 따라갈 때에 도리어 그 모든 것을 다시 얻을 수도 있고 더 큰 것도 얻을 수 있다는 사실을 몰랐습니다.

예수님을 택하면 손해볼 것 같은 느낌, 예수님을 택하면 지금 누리고 있는 세상의 좋은 것들을 놓칠 것만 같은 미련과 집착으로 인해 결국에는 그 모든 것을 내려놓지 못한 것입니다. 그는 결국 재물을 내려놓지 못함으로 예수님을 따르지 못하고 세상으로 돌아갔습니다. 참으로 안타까운 얘기입니다.

사랑하는 교우 여러분! 예나 지금이나 세상은 여러 가지로 우리를 힘들게 합니다. 개인적으로나 가정적으로나 사회적으로나 국가적으로나 늘 시끄럽고, 원망과 짜증, 때로는 냉소와 분열과 분노와 억울함과 상처로 가득차 있습니다.

그러나 이 모든 것이 실은 지나가는 것입니다. 그건 생각보다 중요한 게 아닐 수 있습니다. 우리에게는 그 모든 것보다 더 중요한 것이 있습니다. 바로 하나님을 만나는 일입니다. 하나님 안에는 새로운 미래가 있고, 지금까지 겪어온 모든 상처와 고통을 보상하고도 남음이 있는 넉넉한 은총이 있습니다.

그 은총의 하나님이 우리 곁에 오셔서 우리가 당신을 바라보기를 원하시고, 당신을 택하는 우리에게 하늘의 복으로 충만히 채워주기를 원하십니다. 하나님을 바라보고, 하나님을 생각하고, 하나님을 택하고, 하나님께 집중하고, 하나님을 사랑하시기 바랍니다. 지금은 그것이 가장 중요합니다.

이제 그만 내려놓아야 할 모든 무거운 것들을 내려놓으십시오. 세상염려와 근심을 내려놓으십시오. 불안과 분노와 억울함, 그리고 내 방식대로 모든 게 바뀌어야 한다고 생각하는 그 조급함과 경직성을 내려놓으십시오.

만유의 주인은 하나님이십니다. 우리는 그의 자녀요, 사명에 있어서 그를 섬기는 종일 뿐입니다. 자녀답게, 종답게, 내려놓음으로 평화를 누리시기 바랍니다.

때가 되매 겸손하게 열매며 잎사귀며 모든 것을 조용히 내려놓고 붉게 물들어가는 저 가을나무들처럼 말입니다.

중심을 보시는 하나님

"… 여호와께서 사무엘에게 이르시되 그의 용모와 키를 보지 말라 내가 이미 그를 버렸노라 내가 보는 것은 사람과 같지 아니하니 사람은 외모를 보거니와 나 여호와는 중심을 보느니라 하시더라" (삼상 16:6-7)

우리가 무엇을 볼 때 어떤 각도, 어떤 마음으로 보느냐에 따라서 보이는 내용이 전혀 달라질 수 있습니다.

문예부흥시대의 위대한 미술가 미켈란젤로가 어느 날 저녁 몇몇 친구들과 함께 이야기하며 한가롭게 시간을 보내고 있었습니다. 화제에 오른 이들의 인격은 난도질당하고 그들 중 어느 누구도 전혀 상처를 입지 않고 그 환담의 테두리에서 벗어날 수 없었습니다.

밤이 깊어짐에 따라 친구들은 미켈란젤로가 조용히 침묵을 지키면서 농담에 끼어들지 않고 있다는 사실을 알아차렸습니다. 그들은 미켈란젤로가 왜 그러는지 의아해서 물었습니다.

그러자 그는 이렇게 대답했습니다. "나는 그림에 대해서만 생각하고 있다네."

그리고는 흰 물감으로 화폭을 가득 칠했습니다. 그리고는 한가운데다 조그맣게 까만 점 하나를 찍었습니다. 친구들을 향하여 "자네들은 지금 내 캔버스에서 무엇을 보나?"라고 물었습니다.

친구들은 한참 진지한 눈빛으로 쳐다보더니 모두가 한 입으로 "까만 점만 보고 있네"라고 말했습니다. 그러자 미켈란젤로는 "나는 자네들이 그것을 보리라고 짐작했었지. 그러나 내가 보는 것은 하얗고 넓은 부분이라네"하고 말했습니다.

우리들에게도 마찬가지입니다. 인생의 오점이 있기도 하지만, 더 많은 부분의 여백이 있는 것도 사실입니다. 중요한 것은 어떠한 시선으로 보느냐입니다. 우리들도 미켈란젤로의 친구들처럼 세상이나 자신의 하잘 것없는 어두운 부분이나 조그만 약점만을 크게 바라보는 경향이 있습니다.

그러나 창조적인 예술가는 그 여백을 자신의 아름다운 상상력으로 가득 채울 미래의 가능성을 봅니다. 하물며 예술가도 그러할진대, 우리를 창조하신 하나님의 시선은 어떠하시겠습니까?

하나님의 시선의 특징은 사람의 중심을 보신다는 것입니다. 그분은 인간의 허울좋은 모든 치장들을 투과해서 내면 깊은 곳을 보십니다. 마치 엑스레이와 같이 눈에 보이지 않는 속을 보시는 것입니다.

본문 7절에 "내가 보는 것은 사람과 같지 아니하니 사람은 외모를 보거니와 나 여호와는 중심을 보느니라"고 말씀하셨습니다.

선지자 사무엘은 이스라엘 역사에서 최초의 예언자이며, 사울을 왕으로 세운 하나님의 사자입니다. 사무엘은 사실 사울 왕의 외모에 반했던 사람입니다. 사무엘상 9장 2절에 "기스에게 아들이 있으니 그의 이름은 사울이요 준수한 소년이라 이스라엘 자손 중에 그보다 더 준수한 자가 없고 키는 모든 백성보다 어깨 위만큼 더 컸더라"고 말씀하셨습니다.

많은 이스라엘 사람들이 사울에 대한 사무엘의 평가를 듣고 만세를 불렀습니다. 그러나 불행하게도 외모가 준수했던 사울은 그 영이 강건하지 못했습니다. 영이 허약한 사람, 내면의 중심이 허약했던 사람이었습니다.

결국 그는 하나님께 불순종함으로 버림을 받게 됩니다. 이런 일이 있은 뒤 사무엘은 슬픔에 괴로워합니다. 그런데 놀라운 것은 이렇게 외모로 사람을 평가한 것에 대해 쓴 맛을 본 뒤에도 사무엘은 외모를 보는 버릇을 고치지 못합니다.

하나님께서 사울을 대신해서 새로 왕이 될 사람을 찾아 이새의 집으로 가라고 사무엘을 보냈을 때 사무엘은 이새의 집에서 첫째 아들인 엘리압의 외모만 보고 탄복하며 그를 하나님이 택한 사람이라고 생각합니다.

그 순간 하나님께서 막으신 내용이 본문의 7절 말씀입니다. 이렇듯 인간은 아무리 경건하고 풍부한 경험을 지니고 있어도, 인간으로서의 시선

의 한계를 벗어나지 못합니다. 노련한 선지자도 사람의 마음속 깊은 곳
까지 보기는 어려운 모양입니다.

이런 점을 알기 때문에 사람들은 어떻게든지 다른 사람에게 잘 보이려
고 겉치장에 지나친 관심을 기울입니다. 그러나 정작 속사람은 어떻습
니까? 여러분의 내면, 영적인 능력은 어떤 모습입니까? 영이 허약하고,
더럽고, 하나님 앞에 혹시 뼈만 앙상한 모습은 아닙니까? 중요한 점은 사
람들의 시선이 사람의 성공과 실패를 결정하지 못한다는 것입니다.
"무릇 높이는 일이 동쪽에서나 서쪽에서 말미암지 아니하며 남쪽에서
도 말미암지 아니하고 오직 재판장이신 하나님이 이를 낮추시고 저를
높이시느니라."(시 75:6-7)
결정권은 하나님께 있습니다. 우리는 사람에게 잘 보이는 것이 아니라
하나님의 눈에 들도록 마음을 하나님께로 바로 향하고 있어야 합니다.

그렇다면 하나님은 어떤 사람을 선택하실까요? 이새의 아들인 엘리압이
지나가고 아비나답이 지나가고 삼마가 지나갔습니다. 그리고 나머지 아
들들도 지나갔습니다. 그러나 하나님은 고개를 저으셨습니다. 누구의
시선도 끌지 못했던 막내를 하나님은 기다리셨습니다.
양을 치던 다윗이 도착하자 "바로 이 아이다. 어서 이 아이에게 기름을
부어라"고 말씀하셨습니다.
그가 바로 이스라엘 역사에서 가장 위대한 임금 다윗이었습니다. 사람
들의 시선이 닿지 않는 외진 곳에서 양을 치던 목동의 마음속을 하나님

은 보고 계셨던 것입니다. 작은 몸 속에 간직되어 있던 그의 진실된 믿음을 하나님은 보셨습니다.

사람들은 겉을 보지만 하나님은 그의 중심을 보십니다. 다윗은 형들의 멸시와 아버지의 무관심에도 불구하고 그 영혼이 진실하게 하나님을 찾고 있었고, 하나님을 만나고 있었던 것입니다. 험한 들에서 양을 치면서 누구보다도 깊이 하나님과 관계를 맺으면서 살아온 것입니다.

그는 비록 형들이나 다른 사람보다 키가 작고, 남자답게 강하게 생긴 것은 아니지만, 이 세상에서 가장 강하게 살아간 사람입니다. 그의 영혼은 늘 하나님과 교통하고 있었고, 그의 하루하루는 언제나 하나님과 함께 하나님 안에서 살아가는 삶이었기 때문입니다. 하나님은 그의 중심을 보시고 그를 택하셨던 것입니다.

선물의 포장지를 보고 그 크기나 화려함으로 물건을 고르는 일은 어리석은 일입니다. 중요한 것은 속에 있는 알맹이입니다. 우리도 우리의 알맹이, 우리의 속사람을 중요하게 여겨야 합니다. 중요한 것은 외모가 아닙니다. 겉사람의 조건이 아닙니다. 사람의 시선이 아닙니다. 하나님의 마음에 드는 사람이 되느냐, 못되느냐 그것이 중요합니다.

하나님의 시선을 의식하면서 살아가십시오. 마음의 때는 하나님 앞에 가릴 수 없습니다. 어떻게든 말씀을 읽고 기도하고 찬양하면서 영혼관리를 깨끗하게 잘 하여, 중심을 강하게 만들어야 합니다.

약한 영혼, 중심이 허약한 내면, 하나로 모아지지 않고 여러 갈래로 갈라진 마음으로는 하나님 나라의 일꾼이 될 수 없습니다. 하나님은 중심이 확고한 사람, 중심이 깨끗한 사람, 중심이 하나님을 향하여 있으며 언제나 그 앞에서 성실하게 하루하루를 살아가고 있는 사람을 찾고 계십니다. 하나님의 눈은 세상 사람들의 눈과는 다릅니다. 지난 날 나의 허물이나 내 힘으로 어찌할 수 없는 외적 조건과 결부시켜 나를 보지 아니하시고 당신의 그 크신 사랑과 능력 안에서 오직 중심의 진실함 하나만 있어도 그것을 보고 기뻐하시고 다가와 구원하시고 축복하십니다.

사도 베드로는 본래 어부였습니다. 그는 세상적으로 볼 때 그다지 아는 것이 많지 않았습니다. 성격적으로도 그렇게 완벽한 사람이 못 되었습니다. 행위가 완전한 사람도 아니었습니다. 실수가 많고 여러 차례 넘어졌습니다. 그러나 예수님은 그런 그를 내치지 않으셨습니다. 어떻게든 배우고 고치고 예수님을 따르려는 그의 중심을 깊이 사랑하셨기 때문입니다. 예수님의 변함없는 사랑에 베드로는 사랑으로 응답하였습니다. 그리고 스승 예수님의 뒤를 따르는 충성스러운 제자가 되었습니다.

그러나 그런 그였지만, 그의 마음속에 있는 편향된 시선이 예수님의 그것으로 바뀌기까지는 좀 더 시간이 걸려야 했습니다. 베드로가 욥바라는 곳에 머물면서 기도하기 위해 옥상에 올라가 있을 때였습니다. 좀 배가 고파 뭘 좀 먹었으면 하는 생각을 하는 중에 그는 신비한 환상을 보게 되었습니다.

하늘이 열리고 큰 보자기와 같은 그릇이 네 귀퉁이에 끈이 달려서 땅으로 내려오는 것이 보였습니다. 그 속에는 온갖 네 발 가진 짐승과 땅을 기어다니는 짐승과 하늘의 날짐승들이 들어 있었습니다.

그때 "베드로야, 어서 잡아먹어라" 하는 소리가 들려왔습니다. 그러나 베드로는 "절대로 안 됩니다. 주님, 저는 일찍이 속된 것이나 더러운 것은 한 번도 입에 대어본 적이 없습니다" 하고 대답했습니다.

그러자 다시 하늘에서 소리가 들려오기를 "하나님께서 깨끗하게 만드신 것을 속되다고 하지 마라"는 말씀이었습니다. 이와 같은 말이 세 번 오고 간 뒤에 그 그릇은 갑자기 하늘로 들려 올라갔습니다.

베드로는 자기가 본 환상이 도대체 무슨 뜻일까 하고 생각하고 있는 중에 이방인인 고넬료가 보낸 사람들이 문 밖에서 베드로를 찾고 있었습니다. 그때 성령께서 일러 주십니다.

"지금 사람들이 와서 너를 찾고 있으니 … 주저하지 말고 그들과 함께 가거라. 그들은 내가 보낸 사람들이다."

이 음성을 들은 베드로는 옥상에서 내려와 그들에게 가서 "어떻게 오셨습니까?" 하고 물었습니다. 그들은 "고넬료라는 백인대장의 심부름으로 왔습니다. 그는 의로운 사람이며 하나님을 공경하며 모든 유다인에게 존경을 받고 있습니다. 그는 거룩한 천사에게서 선생님을 집에 모셔다가 말씀을 들으라는 지시를 받고 우리를 보냈습니다"라고 대답하였습니다.

이튿날 베드로는 그들과 함께 길을 떠납니다. 가보니 그곳은 로마인들이 황제를 위해 세운 도시 가이사랴인데, 그곳에는 백인대장 고넬료는 물론 그의 친척들과 친구들이 모여 있었습니다.

그런데 어찌나 베드로를 귀하게 대접하는지, 베드로가 들어온다는 소리를 듣고 급히 마중을 나와 그 앞에 무릎을 꿇고 절까지 하였습니다. 베드로는 이러지 마시라고, 나도 역시 사람이라고 하면서 무슨 일로 나를 불렀느냐고 물었습니다.

그러자 고넬료는 "나흘 전 이맘때쯤 나는 집에서 오후 세시 기도를 드리고 있었습니다. 그때 갑자기 눈부신 옷을 입은 사람이 앞에 나타나 '고넬료야, 하나님께서 네 기도를 들어주셨고 네 자선을 기억하고 계신다. 그러니 욥바로 사람을 보내어 베드로라는 시몬을 불러오도록 하여라. 그 사람은 바닷가에 있는 피장이 시몬의 집에 머물고 있다' 하고 말씀하셨습니다. 그래서 저는 곧 선생님께 사람을 보냈던 것인데 참 잘 와주셨습니다. 지금 우리는 주께서 선생님께 지시하신 모든 말씀을 들으려고 다 같이 하나님 앞에 모였습니다"라고 말했습니다.

이 말을 듣고 베드로가 마음에 큰 감동을 받아 "내가 참으로 하나님은 사람의 외모를 보지 아니하시고, 각 나라 중 하나님을 경외하며 의를 행하는 사람은 다 받으시는 줄 깨달았도다"라고 말했습니다. 바로 오늘 읽은 말씀과 통하는 말씀입니다.

하나님은 사람의 외모를 취하지 아니하십니다. "사람은 외모를 보거니와 나 여호와는 중심을 보느니라." 언제 들어도 우리에게 소망을 주는 든든한 말씀입니다. 이 말씀에 잇대어 이 한 주간도 승리하는 여러분이 되시기를 주님의 이름으로 축원합니다.

이 보배를 질그릇에 가졌으니

"우리가 이 보배를 질그릇에 가졌으니 이는 심히 큰 능력은
하나님께 있고 우리에게 있지 아니함을 알게 하려 함이라
우리가 사방으로 우겨쌈을 당하여도 싸이지 아니하며 답답
한 일을 당하여도 낙심하지 아니하며 …" (고후 4:7-10)

질그릇 이란 진흙으로 만든 그릇을 말하는데, 그릇 가운데 가장 볼품없고 흔하며 또 약한 것이 이 질그릇입니다. 그러나 이렇게 볼품없고 약하고 무가치한 질그릇이 존귀한 그릇이 될 수 있는 방법이 있습니다.

그것은 바로 그 안에 보배를 담는 것입니다. 같은 질그릇이라도 그 안에 술이 있으면 술단지가 되고 오줌이 담기면 요강단지가 되지만, 금덩어리를 담으면 금단지가 될 수도 있는 것입니다.

질그릇이라는 말은 우리 인간을 상징하는 말이기도 합니다. 우리 인간

은 본시 진흙으로 만들어진 존재입니다. 그래서 인간의 몸은 다른 피조물과 전혀 다르지 않을 뿐 아니라 대단히 약합니다. 어찌 보면 가장 약한 것이 인간의 몸일 거예요.

이렇게 진흙으로 만들어진 몸에 하나님이 당신의 생기를 불어넣으셨습니다. 우리를 당신의 형상대로 창조하셨습니다. 비록 몸은 진흙으로 지어졌지만, 하나님의 생기로 만들어진 영적 존재인 까닭에, 인간은 하나님과의 관계 속에서 사는 특별한 존재가 되었다고 성경은 말합니다.

이 말은 우리 인간의 이중적 가능성을 말해주고 있습니다. 진흙으로 만들어진 인간이기에 한없이 약한 존재이지만 그와 동시에 하나님의 형상으로 지어지고, 그 안에 하나님의 생기를 불어넣어 창조된 영적 존재인 까닭에, 인간은 자신이 어떻게 노력하느냐 따라 놀라우리만큼 위대한 삶을 살 수도 있다는 말입니다.

흔히 생각할 때 사도 바울은 위대한 사람이다, 슈퍼맨이다, 그렇게 생각하기 쉽지만, 실제로는 그렇지 않았습니다. 인간적으로 바울은 지극히 나약하고 내세울만한 것이 없었습니다. 그는 건강이 무척 약했습니다. 매부리코에다 대머리로 얼굴이 못생긴데다 키도 작았습니다. 글은 잘 썼지만, 언변은 신통치 않았습니다. 성격도 그렇게 원만한 사람이 못되었습니다. 독선적인 면이 있어서 동료들과 심하게 다투는 일도 있었습니다.

이렇게 약점이 많은 사람이었지만, 바울은 여기에 굴복하지 않고, 그 힘겨운 역경을 딛고 놀라우리만치 역동적인 삶을 살았습니다. 수많은 사람에게 전도했고, 엄청난 거리를 여행했으며, 신약성경의 절반을 썼고, 많은 교회를 개척하였으며, 팔레스틴 지역에 머물러 있던 기독교를 세계적인 종교로 업그레이드시켰습니다.

오늘 말씀대로 그는 사방으로부터 우겨쌈을 당하였으나 싸이지 아니하고, 답답한 일을 당하여도 낙심하지 않았으며, 박해를 받아도 버린 바 되지 아니하며, 거꾸러뜨림을 당하여도 망하지 아니하였습니다.

어떻게 그럴 수가 있었을까요? 질그릇처럼 약하디 약한 신체적 조건을 타고 났지만, 주 예수 그리스도라는 보배를 늘 모시고 살았기 때문입니다. 그는 철저하게 예수 그리스도에 집중해서 산 사람입니다. 비록 연약한 존재였지만, 철저하게 예수에게 집중하고 예수 안에서 삶을 살므로써 그는 자신의 온갖 시련과 역경을 이기고 예수의 꿈으로 세계를 품고 살았으며 세계를 예수의 꿈으로 변화시키는 위대한 삶을 살았습니다.

바울의 경우에서 살펴볼 수 있는 것처럼 문제는 우리의 외적 조건이 아니라 내면입니다. 내 속에 무슨 꿈, 무슨 비전, 무슨 아이디어, 무슨 사상, 무슨 믿음이 있느냐가 중요합니다. 인생은 돈이나 학력, 인물에 의해 결정되는 것이 아니라 믿음의 크기에 따라 결정이 됩니다.

흔히 사람들은 환경을 중요시하고 돈을 중요시하며 사주팔자나 관상을 중요시합니다. 어떤 대기업에서는 직원을 뽑을 때 관상을 볼 줄 아는 사람을 면접관으로 두어 점수를 메기게 했다고 하지요. 그러나 이러한 것들로 사람을 판단해서는 안 됩니다.

백범 김구선생의 집안은 조선 말기에 양반축에도 못끼는 아주 가난한 집안이었습니다. 그는 과거 시험을 쳤지만 낙방하였고 이에 낙심하고 있었습니다. 나라가 온통 썩어서 정상적으로는 출세할 길도 없는 처지였습니다.

김구선생의 아버지는 아들에게 뭘 어떻게 가르쳐 밥이라도 굶지 않게 할까 궁리하다가, 지관이라도 시킬 요량으로 풍수와 관상을 공부하게 했습니다. 그래서 관상을 공부하였는데 이 공부를 하다가, 김구선생은 오히려 더 크게 낙심하였습니다. 관상이론에 의하면 김구선생은 어떻게 보든지 흉상이었고 비전이 없었기 때문입니다.

그런데 관상을 공부하던 중에 한 구절에서 위로를 받는 대목이 있었습니다. 그때 김구선생(당시 이름 김창수)이 읽던 책이 마의상서라는 책이었는데, 그 책 말미에 이런 글귀가 있더랍니다. "얼굴 좋음이 몸 좋음만 못하고 몸 좋음이 마음 좋음만 못하다"(相好不如身好 身好不如心好).

이 말에서 한가닥 희망을 발견하고, 그러면 어떻게 하여야 마음 좋은 사람이 될 수 있을까 고민하던 중에, 아하, 성현들의 위대한 가르침을 열심히 배우면 되겠구나 생각하고는 처음에는 동학에 입문하여 공부를 하다가 그 뒤로 사서삼경을 비롯하여 동서양의 위대한 성현들의 가르침을 열심히 공부하였습니다.

그리고 나중에는 성경을 읽게 되었습니다. 그는 성경을 읽으면서 믿음이 생겨 예수님의 말씀을 자신의 지표로 삼으며 자신을 도야하였습니다. 이에 그는 후세에 길이 남는 위대한 인물이 되었음을 역사는 가르쳐 주고 있습니다.(백범일지 참고)

다시 말하지만 중요한 것은 외적 조건이나 생김새가 아니라 내 속 사람이 무엇을 믿느냐는 믿음입니다.

성경 속의 많은 위인들을 생각해보세요. 그들 가운데 외적 조건이 남들보다 더 좋아서 성공한 사람이 있습니까?

아브라함, 야곱, 요셉, 다윗 모두 다 외적 조건은 지극히 안 좋았습니다. 늙었거나, 가정이 불우했거나, 몸이 약했거나, 제일 나이가 어린 사람이었습니다.

또 다니엘은 어떻습니까? 그는 국권을 잃은 나라에서 강대국 바벨론으로 잡혀간 가련한 포로신세에 불과했습니다. 객관적 조건으로 보자면 그는 아무리 잘해봤자 남의 나라 왕의 하수인밖에 될 수 없는 처지였습니다. 그러나 그는 그 모든 절대불리의 여건을 이겨내고 멋진 성취를 통하여 세상을 놀라게 하고 하나님께 영광을 돌리는 삶을 살았습니다.

비결이 무엇입니까? 다니엘 속에 확고하게 살아있던 믿음이었습니다. 몸은 우상을 섬기는 세속주의적 세계관이 지배하는 바벨론제국 아래에서 살아도 그의 영혼은 언제나 우주만물을 창조하시고 인생의 생사화복과 역사를 주관하고 섭리하시는 하나님을 바라보고 그의 말씀에 철저하게 순종하는 삶을 살았습니다. 그랬기에 그는 바벨론의 모든 술사와 학자들보다 지혜가 승할 수 있었고, 세상에 큰 영향력을 미치는 삶을 살았던 것입니다.

우리 몸은 질그릇과 같아서 한없이 연약하고 깨어지기 쉽지만, 그 속에 하나님의 말씀이 들어가고 그 속에 예수 그리스도의 복음이 역사할 때에 얼마나 아름답고 향기나는 삶을 살 수 있는가를 보여주는 이야기입니다.

모름지기 그리스도인은 환경탓을 하는 사람이 되어서는 안됩니다.

하나님의 말씀은 살아있고 운동력이 있습니다. 하나님은 환경과 운명에 종속되어 있는 분이 아니라 환경과 운명을 창조하신 분이며, 지금도 살아계셔서 당신의 자유로운 의지에 따라 새로운 역사를 창조해가시는 분입니다.

하나님과 함께 창조적 인생을 살아가는 것이 그의 형상을 따라 그의 생기를 받아 창조된 우리들의 신분에 어울리는 삶인 줄 믿습니다. 질그릇같이 약하지만 하늘의 보화를 담은 귀한 존재, 여러분이 바로 그런 존재인 것을 잊지 마시기 바랍니다.

본 고로 믿느냐?

"… 예수께서 이르시되 너는 나를 본 고로 믿느냐 보지 못
하고 믿는 자들은 복되도다 하시니라" (요 20:24-29)

"**본 고로** 믿느냐?" 이 말은 부활하신 예수님이 도마
에게 하신 질문입니다.

흔히 의심 많은 사람이라고 일컬어지는 도마는 예수님의 부활을 믿지
못했습니다. 여러분은 도마와는 다르게 부활을 의심치 않고 믿습니까?
아니면 도마처럼 봐야 믿겠다고 하며 믿지 못하십니까?

신앙의 길에서 모범답안은 보지 않고도 믿는 믿음입니다. 꼭 모든 걸 다
확인하지 못하였어도, 미루어서 믿고, 믿음으로 또 믿는 것입니다. 이런
믿음을 가진 사람이 있다면 그는 참으로 복된 사람입니다.

예수님의 어머니 마리아가 그런 믿음의 여인이었고, 백부장의 믿음이 또한 그러한 믿음이었습니다. 그래서 마리아는 모든 여자들 가운데서 가장 복된 여자로 칭송받게 되었으며(눅 1:42), 백부장은 예수님으로부터 "이스라엘 중 아무에게서도 이만한 믿음을 보지 못하였노라"(마 8:10)는 칭찬을 받았습니다.

그러나 실증적 증거를 중요하게 생각하는 과학적 사고에 익숙한 현대인들 중에는 아마도 도마처럼 봐야 믿겠다고 하는 사람들이 많을 것입니다. 과연 우리들 가운데 보지 않고 온전히 믿을 수 있는 사람이 얼마나 되겠습니까?

그것은 예수님의 다른 제자들의 경우도 마찬가지였습니다. 예수님의 제자들 가운데 부활하신 예수님을 보지 않고 믿었던 사람이 있었습니까?

요한복음 20장 1절 - 10절을 보면 수제자 베드로와 다른 제자가 안식일 다음날 새벽에 보였던 반응에 대해 알려주고 있습니다.

맨 먼저 무덤으로 가 본 사람은 막달라 마리아였습니다. 마리아가 가 보니 무덤을 막았던 돌이 이미 치워져 있어서 놀란 나머지 달음질하여 시몬 베드로와 예수께서 사랑하시던 다른 제자에게 가서 무덤이 텅 비었다고 말했습니다.

그때 베드로와 다른 제자는 어떤 반응을 보였습니까? "정말이야? 삼일만에 다시 살아나시겠다고 하시더니 말씀 그대로 부활하셨구나. 할렐루야!' 그렇게 했습니까?

아닙니다.

베드로와 다른 제자는 무덤으로 가서 세마포가 놓였고 또 머리를 쌌던 수건을 보고도 예수님의 부활을 알지 못했습니다.

본문을 보면 부활의 증거는 세 가지나 있습니다. 옮겨진 돌이 첫 번째 증거고, 흩어진 수의가 두 번째 증거고, 개켜져 있는 수건이 세 번째 증거입니다.

그런데 이 세 가지의 증거를 보고도 베드로와 다른 제자는 예수의 부활을 믿지 못하였습니다. 도대체 이게 어떻게 된 일인가 놀랐을 뿐입니다. 8절에 "그 때에야 무덤에 먼저 갔던 그 다른 제자도 들어가 보고 믿더라"고 되어 있어서 자칫 이들이 부활을 그때 믿은 것으로 착각하기 쉽지만, 사실은 그렇지 않습니다. 그들이 믿은 것은 예수님의 부활이 아니라 막달라 마리아가 한 말대로, 누군가 주님을 무덤에서 꺼내갔다는 것을 믿은 것입니다.

9절 - 10절이 그것을 뒷받침합니다. "그들은 성경에 그가 죽은 자 가운데서 다시 살아나야 하리라 하신 말씀을 아직 알지 못하더라 이에 두 제자가 자기들의 집으로 돌아가니라."

만약에 그때 그들이 예수님의 부활을 믿었더라면 그냥 그렇게 자기 집으로 돌아갔겠습니까?

또 19절을 보면 "이 날 곧 안식 후 첫날 저녁 때에 제자들이 유대인들을 두려워하여 모인 곳의 문들을 닫았더니"라고 말씀하셨습니다.

이것은 도무지 부활을 믿은 제자들의 반응이라고는 볼 수 없습니다. 이것은 안식일 다음날 저녁, 그러니까 마리아와 두 제자가 빈 무덤을 확인한 날 저녁 때의 일입니다.

더 상세히 그날 있었던 일을 살펴보면 베드로와 다른 제자가 숙소로 떠난 뒤 마리아가 울다가 부활하신 주님을 보고 그의 음성을 직접 들었습니다. 그리고는 제자들에게 가서 자기가 주님을 만나 뵌 일과 주님께서 자기에게 일러주신 말씀을 전하였습니다.

그런데도 그날 저녁에 제자들이 유대인들을 무서워하여 어떤 집에서 문을 닫아건 채 떨고 있었습니다.

도마 뿐만 아니라 다른 제자들도 예수님을 보고서야 부활을 믿은 건 마찬가지입니다. 도마 혼자만 의심했던 것이 아닙니다.

그러면 왜, 유독 도마만 예수님에게서 이런 말을 들어야 했을까요? 분명 다른 제자들과 도마 사이에는 중요한 차이가 있어서 그런 말씀을 하셨을텐데, 그 차이가 무엇이었을까요?

이 질문에 대한 답변의 단서는 24절입니다.

"열두 제자 중 하나로서 디두모라 불리는 도마는 예수께서 오셨을 때에 함께 있지 아니한지라."

즉 다른 제자들은 어려울 때 함께 있음으로 인해서 부활의 주님을 보게 되었고, 얼른 깨닫게 되었는데, 도마는 어려울 때 그 자리에서 벗어나 나 홀로 신앙만을 고집함으로 인해서 다른 제자들보다 모든 게 늦었다는 것입니다.

부활과 관련한 성경의 이야기들을 종합적으로 살펴보면 제자들이 부활하신 주님을 만난 것은 대부분 그들이 함께 있을 때였습니다. 오늘 본문 이야기가 그렇고, 누가복음 24장에 기록된 엠마오로 가는 두 제자 이야기가 그렇고, 요한복음 21장에 기록된 디베랴 호숫가에서 예수님을 만난 이야기가 그렇습니다.

힘든 가운데서도 흩어지지 않고, 서로 함께 어려움을 극복하려고 애쓰는 현장에 주님께서 나타나셔서 그들에게 말씀을 풀어주시고, 음식을 나누시고, 대화하고, 그러는 가운데 그들의 눈이 열려 살아계신 주님을 보게 되었고, 냉냉하던 그들의 가슴이 다시 뜨거워지는 역사가 일어났습니다.

신앙적 진리는 도서관에서 책만 열심히 읽는다고 해서 깨달아지는 것이 아닙니다. 공동체 안에서의 나눔과 섬김을 통해 서로 사랑하고 힘을 합쳐서 주님의 가르침을 실천하려고 노력하는 것이 중요합니다.

혹 우리도 도마처럼 지적으로는 제법 우수하고 똑똑하지만 다른 사람들과 함께하는 일은 귀찮게 생각하여 중요한 때, 이웃이 나를 절실히 필요로 할 때마다 그 필요를 무시하고 자기 혼자서만 뭘 해보겠다는 완고한 태도를 고집하지는 않는지요?

그런데 그러다 보면 어김없이 이상하게 가슴에 뜨거운 감동이 없어지고, 영적 성장이 더딥니다. 부활의 감동이 없습니다. 관념적 신앙은 있지만 뜨거운 가슴의 신앙은 없습니다. 왜냐하면 그러한 사람은 자신의 지식, 자신의 고정관념에 묶여서 거기서 빠져나오지 못하게 되고, 결과적으로 위로부터 임하시는 생명의 소통으로부터 단절되기 때문입니다.

우리가 새로운 생명으로 부활하는데, 사랑의 나눔이 이렇게 중요합니다. 좀 어렵다고 그 어려운 현장에서 뛰쳐나가 자기 혼자만의 틀 속에서 따지고 의심하는 데 골몰하기보다, 주님이 우리 마음에 뿌려주신 희망의 불씨를 꺼뜨리지 말고 서로 함께 격려하고 마음을 합하여 그 불씨를 되살리려고 노력하는 것이 중요합니다.

바로 그 자리에 부활의 주님이 찾아오시기 때문입니다. 사랑의 나눔 있는 곳에 부활의 주님이 계십니다.

우리 역시 지금은 도마처럼 따지고 의심하는 습관에 묶여 있지만, 속히 자신의 곤고함을 깨닫고 거기서 나와 자기가 있어야 할 자리로 돌아가 힘을 합하기 위해 노력해야겠습니다. 하나님이 맺어주신 모든 벗들과의 깊은 사랑의 나눔과 신뢰어린 교감을 통해, 보아야만 믿는 믿음에서 한 걸음 더 나아가, 보지 않고도 믿는 믿음, 보다 온전한 믿음으로 나아갈 수 있기를 바랍니다.

포지티브(Positive)의 하나님

"… 내가 너를 모태에 짓기 전에 너를 알았고 네가 배에서
나오기 전에 너를 성별하였고 너를 여러나라의 선지자로
세웠노라 하시기로 … 너는 아이라 말하지 말고 내가 너를
누구에게 보내든지 너는 가며 내가 네게 무엇을 명령하든
지 너는 말할지니라 너는 그들 때문에 두려워하지 말라 …"
(렘 1:4-10)

기독교에 대해 흔히 하는 오해가 있습니다. 기독교는 소극
적인 사람들이 찾는 종교라는 것입니다. 열심히 살
면 되지 모든 걸 신에게 의존하고, 걸핏하면 죄인이라고 하고, 현실에 어
려운 문제가 있으면 적극적으로 맞서서 해결하는 것이 아니라 나약하게
신에게 도피하여 신의 이름으로 뭘 어떻게 해보려는 의존적이고 피안적
인 종교가 아니냐는 것입니다. "행위로가 아니라 믿음으로"라는 말도 오
해하기 딱 좋습니다. 그러면 윤리적 책임의식이 그만큼 약화되는 것 아
니냐는 것입니다.

아닌 게 아니라, 그런 빌미를 제공한 사람들도 많이 있어왔습니다. 인간

의 내면에서 일어나는 욕구를 무조건 죄악시하여 고행과 금욕을 일삼고 세속의 삶에서 떠나 광야나 산속에서 수도함으로써 구원과 성화를 이루려고 하는 수많은 은둔수도사, 은총을 강조하는 나머지 성화하는데 인간의 노력은 전혀 필요없다고 주장하는 정적주의자(靜寂主義者), 시한부종말론자들이 그 대표적인 사람들입니다.

그리고 이러한 부류에 들지는 않지만, 이곳저곳에서 "주여, 주여" 하면서 목소리를 높이기는 하지만, 당면한 현실에 대해서 아무런 대안은 제시하지 않고 무조건 회개하라고 목소리를 외치거나 기도하면 된다고 습관적으로 말하는 사람들이 있습니다. 달려들어 문제와 씨름하기보다, "주여, 주여" 하면서 슬그머니 종교의 세계로 도피하는 그 소극적이고 음울한 패배주의가 문제입니다.

그러나 결론부터 말하면 이것은 성서적 신앙과는 거리가 먼 것입니다. 전적으로 다 틀린 것은 아니지만, 아주 중요한 점을 소홀히 함으로써 전체적으로 균형을 상실한 기독교신앙의 변종이거나 이단에 불과합니다. 그들의 치명적인 오류는 하나님에 대한 오해에서 비롯된 것입니다. 하나님은 창조주 하나님이시며, 사랑의 하나님이시며, 구원의 하나님이십니다. 이 세상은 우리가 버리고 떠나야 할 장망성(將亡城)이 아니라, 하나님의 궁극적 관심의 대상입니다. 우리는 이 세상을 버리고 떠남으로써가 아니라 내가 부름받는 성소에서 나의 직업과 노동을 통하여 하나님의 영광을 드러내도록 부름받았습니다. 말하자면 적극적 사명을 부여받은 존재요, 문화창조의 사명을 받은 존재입니다.

하나님께서 사람을 지으시고 그러셨잖아요. "생육하고 번성하고 땅 위에 충만하라 땅을 정복하라." 기본적으로 소극적이고 부정적인 하나님이 아니라 적극적이고 긍정적인 하나님, 네거티브(Negative)의 하나님이 아니라 포지티브(Positive)의 하나님이십니다.

이건 현실에 비추어볼 때도 대단히 중요한 얘기입니다. 우리가 다 생명으로 살고, 생명을 키우며 살지만, 모든 생명은 사랑을 먹고 삽니다. 포지티브예요. 때로 네거티브가 필요하기도 하지만, 그때도 그것만 가지고는 안 됩니다. 네거티브만 해서는 죽습니다. 생명은 사랑을 먹어야 하고, 사랑해야 합니다. 사랑으로 제공된 음식을 먹어야 하고, 자유롭게 움직여야 하고, 활개치며 창조해야 합니다. 그래야 제 빛깔을 드러냅니다. 왜 그럴까요? 만물은 본질적으로 하나님의 사랑으로 창조되었고, 특별히 인간은 본질적으로 창조주 하나님의 성품을 닮은 창조적 존재이기 때문입니다.

본문에서 하나님은 예레미야에게 뭐라고 말씀하십니까? "너는 아이라 말하지 말고 내가 너를 누구에게 보내든지 너는 가며 내가 네게 무엇을 명령하든지 말할지니라 너는 그들 때문에 두려워하지 말라"(렘 1:7-8)고 말씀하셨습니다. "보라 내가 오늘 너를 여러 나라와 여러 왕국 위에 세워 네가 그것들을 뽑고 파괴하며 파멸하고 넘어뜨리며 건설하고 심게 하였느니라"(렘 1:10)고 말씀하십니다. 얼마나 놀라운 격려의 말씀입니까?

우상숭배로 인하여 스스로의 존재가치를 떨어뜨리고, 돈과 쾌락과 권력의 노예가 되어버린 저 어두운 세상을 향하여, "두려워하지 말라. 더 소중한 가치가 있다는 걸 보여주어라. 네가 나가서 세상을 변화시켜라. 내가 도와주겠다"고 말씀하신 것입니다. 하나님이 어떤 분인지를 여실히 알 수 있게 하는 말씀입니다. 하나님께서 당신의 백성에게 원하는 삶이 어떤 것인지를 분명하게 보여주는 말씀입니다.

예수님의 말씀과 삶을 생각해보면 그것은 더욱 더 분명해집니다. 예수님의 일생은 일하시는 일생이었습니다. 아버지께서 일하시니 나도 일한다고 하셨습니다. 비판보다 당신 스스로 모범을 보이시면서 실천하셨고, 그렇게 제자들을 가르치셨습니다.

"너희는 세상의 소금이니 소금이 만일 그 맛을 잃으면 무엇으로 짜게 하리요 … 너희는 세상의 빛이라 … 이같이 너희 빛이 사람 앞에 비치게 하여 그들로 너희 착한 행실을 보고 하늘에 계신 너희 아버지께 영광을 돌리게 하라." (마 5:13-16)

"무엇이든지 남에게 대접을 받고자 하는 대로 너희도 남을 대접하라 이것이 율법이요 선지자니라." (마 7:12)

"천국은 마치 사람이 자기 밭에 갖다 심은 겨자씨 한 알 같으니 이는 모든 씨보다 작은 것이로되 자란 후에는 풀보다 커서 나무가 되매 공중의 새들이 와서 그 가지에 깃들이느니라." (마 13:31-32)

이 모두 얼마나 적극적인 가르침입니까? 뭘 하지 말라는 금지명령이 아니라 적극적으로 뭘 하라고 하는 가르침입니다. 그 안에 사랑이 있고, 소망이 있잖습니까? 그런 점에서 예수님의 가르침은 이 세상 그 어떤 사람의 가르침보다 탁월한 가르침이지요.

흔히 예수님은 죽기 위해 오셨다고 하지만, 이 말도 수정되어야 합니다. 예수님은 죽기 위해 오신 분이 아니라 참 삶을 살아 보여주러 오셨고, 생명의 길을 가르쳐주러 오셨으며, 인류를 구원하려는 적극적 사명을 이루기 위해 오셨습니다. 그 사명을 위하여 오래 기다리셨고, 때가 되었을 때 그 사명의 길에 나서서 최선을 다해 일하셨고, 죽으심으로 그 사명을 완성하셨습니다. 그리고 부활하셨습니다.

요컨대 예수님의 삶은 하나님의 구원의 역사를 이루기 위한 적극적 순종의 삶이었습니다. 적극적 순종의 삶이 없었다면 십자가의 죽음도 없었을 것이요, 십자가 없이는 부활도 없었을 것입니다. 예수님의 삶은 포지티브의 삶이셨습니다.

이것을 아주 극명하게 드러내주는 일화가 누가복음 13장 10절 - 17절에 기록되어 있습니다. 안식일이 되어 회당에 많은 사람들이 모여 있었고, 거기서 예수께서 가르치시는데, 그 자리에 "열여덟 해 동안이나 귀신 들려 앓으며 꼬부라져 조금도 펴지 못하는 한 여자"가 있었습니다. 예수께서는 그 여자를 보시고 불러서 "여자여 네가 네 병에서 놓였다" 하시고 안수하셨습니다. 그러자 여자가 곧 펴고 하나님께 영광을 돌렸습니다. 그런데 이때 회당장이 화를 내면서 무리에게 "일할 날이 엿새가 있으니 그 동안에 와서 고침을 받을 것이요 안식일에는 하지 말 것이니라"고 하였습니다. 분위기가 썰렁해졌겠지요? 그때 예수님이 뭐라고 대답하셨습니까?

"외식하는 자들아 너희가 각각 안식일에 자기의 소나 나귀를 외양간에서 풀어내어 이끌고 가서 물을 먹이지 아니하느냐 그러면 열여덟 해 동안 사탄에게 매인 바 된 이 아브라함의 딸을 안식일에 이 매임에서 푸는 것이 합당하지 아니하냐."

예수님께서 이 말씀을 하시매 모든 반대하는 자들은 부끄러워하고 온 무리는 그가 하시는 모든 영광스러운 일을 기뻐하였습니다. 예수님이 어떤 삶을 사셨는지, 또 그의 삶에 대해 동시대인들이 어떻게 반응하였는지를 여실히 보여주는 대목이 아닐 수 없습니다.

이 시간 안식일의 의미에 대해서 좀 더 살펴보십시다. 하나님이 안식일을 제정해주신 본 뜻이 무엇이었습니까? "안식일이 사람을 위하여 있는 것이요 사람이 안식일을 위하여 있는 것이 아니니"(막 2:27)라는 말씀에서도 알 수 있는 바와 같이, 안식일의 의미는 포지티브입니다.

하나님 자신을 위하여 이 날에 너희는 이런 이런 일을 해서는 안 된다, 그러면 벌을 내릴 것이다, 그런 네거티브 개념으로 이해해서는 안 됩니다. 일하지 말라고 하신 것도 맞는 말이긴 한데, 왜 그렇게 말씀하셨나요?

"일에 지친 내 백성들아, 모두 내 앞에 나와 쉬어라. 남녀노소 빈부귀천 차별없이 모두 나와서 마음껏 찬양하고 함께 식사도 하며 놀아라. 이날 만큼은 흩어졌던 가족들이 다 같이 모이되, 차별이 없게 하라. 주인만 쉬고 종은 쉬지 못하는 일이 없게 하라. 남자만 쉬고 여자는 쉬지 못하는 일이 없게 하라. 심지어 사람만 쉬고 짐승은 쉬지 못하게 하는 일도 없게 하라. 짐승도 쉬고, 땅도 쉬고, 모두 쉬어라. 쉬면서 너희 모두가 내 백성인 걸 기억하고, 서로가 소중한 존재라는 사실을 새롭게 하여라. 나는 너희가 이루는 그 어떤 성취보다도 너희들이 서로 내 안에서 사랑하는 것을 원한다. 명심하여라." 그런 의미 아니겠습니까?

그렇기에 하나님의 창조과정은 안식일을 향해 있으며, 이 날에 하나님도 안식하시며 모든 날 중의 날로 삼으사 복되게 하고 거룩하게 하셨음을 성경은 분명하게 가르쳐주고 있습니다(창 2:3). 요컨대 안식일은 ~하지 말라는 Negative의 날이 아니라, 예배하는 날이요, 사랑하는 날이요, 쉬고 회복하게 하여 살리는 날이며, 기쁘고 좋은 날, 아름답고 복되고 거룩한 날, 모든 날 중의 날, Positive의 날입니다.

그러므로 이러한 하나님의 뜻에 합당하게 우리의 인생관을 바로 해야겠습니다. ~하지 말라는 율법도 좋고, 죄, 회개, 죄성 다 필요하고 중요한 얘기지만, 하나님께서 적극적인 사랑과 비전 속에서 우주만물을 창조하시고 사람을 지으셨으며 여러분 각자를 여전히 그런 따뜻한 눈으로 바라보고 계시다는 것을 잊어서는 안 되겠습니다.

여러분 모두 하나님께 소중한 사람들입니다. 하나님은 여러분을 통해 일하기 원하십니다. 여러분이 스스로를 어떻게 생각할지 모르지만, 하나님께는 여러분의 꼼지락거리는 손가락 하나도, 어눌한 발음 한 마디도 의미가 있다는 것을 기억하시기 바랍니다. 하나님은 사랑이시며, 바로 당신을 사랑하시기 때문입니다.

스스로를 소중히 여기십시오. 작은 씨앗이라도 소중히 여기고, 그 안에 깃들어 있는 큰 나무를 바라보면서 정성껏 씨뿌리고, 꾸준히 성심껏 살아보십시오. 믿고, 사랑하고, 봉사하고, 베풀고, 용서하고….

기도할 수 있는데 왜 낙심하십니까? 하나님이 나를 위하시는데, 왜 실망하십니까? 할 수 있습니다. 해보십시오. 가능성이 있습니다. 도전해보십시오. 끝나기 전에는 끝난 게 아닙니다. 마지막까지 최선을 다하십시오. 모든 게 다 끝났어도, 여전히 하나님은 당신 곁에 계십니다. 하나님은 언제나 우리 인생의 새로운 가능성입니다. 끝난 곳에서 새로운 시작이 되시는 분, 길이 끝난 곳에서 새로운 길이 되시는 분, 모든 게 닫힌 곳에서 열린 문이 되시는 분! 네거티브에 빠져 살기에는 이 세상이 너무도 신비하고, 하나님은 너무도 크고 위대하십니다. 그리고 그분 안에 있는 내 인생은 너무도 소중합니다. 잊지 마십시오. 생각을 바꾸십시오. 포지티브! 생각을 바꾸면 새로운 세상이 열립니다.

삼위일체의 하나님

"… 주 예수 그리스도의 은혜와 하나님의 사랑과 성령의 교
통하심이 너희 무리와 함께 있을지어다" (고후 13:11–13)

사도신경은 창조주 하나님, 성자 예수 그리스도, 성령에 대한 고백을 차례로 하고 있습니다. 하나님 한 분에 대한 고백을 하면 될 것을 왜 성부, 성자, 성령 삼위일체 하나님에 대하여 고백하는 것일까요?

본문에도 "주 예수 그리스도의 은혜과 하나님의 사랑과 성령의 교통하심이"라고 말씀하셨습니다. 우리는 왜 꼭 이런 식으로 축복기도를 하는 걸까요?

삼위일체 하나님에 대한 고백은 기독교의 독특한 신앙고백입니다. 유대

교는 창조주 하나님에 대한 고백은 같지만, 예수 그리스도에 대한 고백에서 기독교와 입장을 달리합니다. 유대교는 예수를 하나님에 대해 알려준 예언자 정도로 여기고 있습니다. 그것은 마호멧교나 힌두교도 마찬가지입니다.

사도바울이 사도행전 17장에서 말했듯이 모든 민족의 경계와 문화는 하나님이 정하신 것으로 나름대로의 존재이유가 있는 것입니다. 마찬가지 논리로 기독교는 기독교의 특별한 존재이유가 있는 것입니다. 유대교로 충분하다면 하나님이 왜 예수를 보내셨겠습니까?

기독교의 독특성은 창조주 하나님을 신앙의 대상으로 섬기듯이 예수 그리스도를 신앙의 대상으로 섬긴다는 것입니다. 그것은 예수 그리스도의 십자가와 부활에 대한 특별한 고백이기도 합니다.

즉 예수 그리스도의 십자가와 부활에서 하나님이 어떤 분인지가 가장 명확하고 완전하게 나타났으며, 예수 그리스도의 십자가와 부활을 빼버리면 하나님의 가장 본질적인 부분이 빠져버리게 되므로 결코 이것을 양보할 수 없다는 고백 위에 기독교는 서있습니다.

흔히 구약성서에서 말하는 하나님, 그러면 갖게 되는 이미지가 있습니다. 세상을 창조하신 창조주, 심판자, 역사의 주관자, 전쟁의 신 … 대체로 이러한 하나님입니다. 물론 다른 측면이 없는 것이 아니지만, 이러한 하나님은 대체로 인간보다 우월한 위치에서 내려다보면서 명령하고 주관하고 구원하고 심판하며, 자기 외의 다른 어떤 신도 용납하지 않는 제왕적 이미지의 신, 이런 것입니다.

이러한 신 앞에서 인간은 한갓 미천한 존재일 뿐이며, 그 앞에서 인간은 언제나 두려워 떨 수밖에 없습니다.

그러나 예수 그리스도의 십자가는 이러한 신관을 근본적으로 바꿔놓았습니다. 십자가에 달리신 하나님의 아들 예수는 저 높은 곳에서 인간의 잘못을 책망하고 호령하고 군림하고 지배하고 심판하는 제왕적 하나님이 아니라, 인간과 함께 고통당하고 짐을 나누어지며, 스스로 피흘리며 자기를 내어주는 사랑의 종이셨습니다.

예수님은 교만으로 인하여 죽음에 떨어진 인간을 구원하기 위해 친히 인간이 되시고 철저하게 자신을 비우는 섬김의 길을 걸으셨습니다.

그런데 바로 이러한 예수님의 삶 속에 하나님이 어떤 분인지가 가장 완전하게 나타났다는 것이 바로 삼위일체론의 핵심입니다.

기독교의 이단 가운데 종속론(subordinationism)이라는 게 있는데, 이 입장에 따르면 하나님이 전체집합이라면 예수는 부분집합입니다. 성자 예수를 성부 하나님께 종속시키기 때문입니다.

그러나 삼위일체론은 이러한 입장을 거부합니다. 예수는 부분집합이 아닙니다. 만약에 예수님의 십자가와 부활이 빠지면 하나님이 다른 신이 되어버리는 생명이요 온집합입니다. 예수님 자신이 말씀하신대로, 우리가 성경에서 구원얻는 줄로 알고 성경을 상고하거니와, 성경은 바로 예수 그리스도에 관해 말하고 있는 것입니다(요 5:39).

이것을 쉬운 말로 하면 이렇습니다. 하나님과 예수님 중에서 누가 더 친근하게 느껴지시나요? 당연히 예수님이시지요. 그는 우리와 똑같은 사람이고, 우리와 대화하시고, 존중하시고, 사랑하시며, 또한 우리의 사랑을 구하시고, 우리의 참여와 협력을 구하시는 분이십니다.

그런데 삼위일체론은 이분이 바로 하나님의 가장 완전한 모습이라는 겁니다. 구약에서 증거하는 바, 우주만물을 창조하시고 섭리하시는 전능하신 하나님과 당신을 비우시고 사랑하시고 내어주시는 예수 그리스도는 어느 한 분이 다른 한 분을 포섭하고, 어느 한 분이 다른 한 분에게 종속되는 그런 관계가 아니라 근본적으로 본질이 같은 한 하나님이라는 것입니다.

기독교에서 가르치는 하나님은 군림의 신이 아니라 은혜의 신이십니다. 당신의 힘을 동원해 억지로 굴복하게 만드는 신이 아니라, 조건 없는 사랑과 용서를 통해 스스로 마음에서부터 우러나오는 존경심을 가지고 그 앞에 옷깃을 여미고 마음과 뜻을 다해 헌신하고 싶은 마음이 들게 하는 사랑의 신이 바로 하나님이라는 말입니다.

이 사랑이 우리를 철들게 하고, 이 사랑이 우리 영혼의 눈을 뜨게 합니다. 사랑을 하면 모든 것이 다르게 보인다는 말처럼, 예수 그리스도를 통해서 경험한 은혜의 체험은 우리로 하여금 주변 모든 사람들과 사물들에 대해 새로운 감성을 가지고 느끼고 반응하도록 만들어줍니다.

은혜를 깨닫고 난 뒤, 세상 만물을 보면 은혜 아닌 것이 없습니다. 사랑하는 사람의 눈에는 모든 것이 사랑으로 느껴지듯이, 예수 그리스도를 통해서 값없이 주는 하나님의 은혜를 체험한 사람의 눈에는 여기에도 하나님의 은혜요 저기에도 하나님의 은혜입니다.

성부 하나님이 지으신 모든 우주만물에 우리를 위하여 대속의 십자가를 지신 예수 그리스도의 사랑이 이 모양, 저 모양으로 다 깃들어 있습니다. 이처럼 우주만물을 은혜의 눈으로 바라볼 수 있도록 우리의 눈과 마음을 열어주는 것이 또한 삼위일체론입니다.

삼위일체론을 말할 때 또 한 분 빼어놓을 수 없는 분이 바로 성령이십니다. 성령은 하나님의 영으로 알려져 있기도 하고, 그리스도의 영으로 알려져 있기도 한 분입니다. 하나님이 만물을 창조하실 때 성령이 참여하셨으며(창 1:2), 사사들이나 선지자들을 불러 쓰실 때도 성령을 통해서 그렇게 하셨습니다.

성령은 돕는 분이시지만 그분이 없으면 우리 인간이 하나님의 깊은 생각을 알 수도 없고 관계 맺을 수도 없는 절대적인 인격이시기도 합니다. 성령은 성부와 성자가 하신 일과 그분들의 뜻을 인간에게 전달하고 깨닫게 하며 소통하게 하시는 분이십니다. 성령을 통하여, 하나님이 이 우주만물을 지으신 뜻과 예수 그리스도가 말씀하시고 행하신 그 모든 일들의 의미가 오늘 우리에게 살아있는 말씀으로 깨달아집니다.

깨닫게 하시는 성령의 역사하심이 없이는 성경의 모든 기록도, 역사 속의 모든 사건도, 죽어있는 화석에 불과할 것입니다. 오직 성령의 소통케 하시는 역사가 있음으로 인해서 우리가 말씀을 읽고 역사를 대할 때 깨닫고 감동하며, 거기서 하나님의 음성을 듣게 되는 것입니다. 간단히 말하면 성령은 소통의 영이십니다.

그런데 삼위일체론은 이 성령을 또한 성부 하나님, 성자 예수님과 본질을 같이하는 하나님의 다른 위격이라고 말합니다. 성자 예수를 성부 하나님에게 종속시키지 않는 것이 삼위일체론이듯이, 성령을 또한 종속시키지 않는 것이 삼위일체론입니다.

삼위일체론은 그만큼 소통을 중시하고, 대화와 사귐을 중요하게 생각합니다. "사랑의 나눔 있는 곳에 하나님께서 계시도다."

사랑의 나눔, 참여와 대화 없이는 하나님도 없고 그리스도도 없다는 것입니다. 기독교신앙은 본질적으로 저 높은 곳에 계신 제왕적 신에 대한 나홀로만의 경건이나 그가 행한 일에 대한 과거지향적 회상으로 사는 것이 아니라, 그것을 자양분으로 삼아, 그것을 넘어서서, "지금 여기"(now and here), 내 곁에 있는 사람들과 사랑하는 것이요 대화하는 것이요 나누는 것이요 그러한 과정에 마음을 모아서 참여하는 것이라는 뜻입니다.

요즘의 추세는 성령을 강조하는 것이 흐름입니다. 그 동안 성령을 우리가 달라고 하면 받을 수 있는 무슨 물질처럼 생각하는 경향이 있었으나, 성령은 물질이 아니라 우리의 예배의 대상이 되는 하나님이십니다.

이 말은 가령, 성령을 무엇을 이루기 위한 방편으로 이용하지 말라는 것입니다. 찬양이든지, 기도든지, 성도의 교제든지 그 어느 것도 더 가치있는 그 무엇을 위한 수단으로 여겨 가볍게 생각하지 말라는 것입니다. 왜냐하면 그 속에 하나님이신 성령이 계시기 때문입니다.

그 모든 것은 그 자체로 거룩한 것입니다. 말과 행실이 일치하고, 깨달음이 사랑의 나눔이나 실천과 분리되지 않도록 하는 것, 그래서 모든 일을 주께 하듯 하라는 것입니다(골 3:23). 그리고 궁극적으로 우리 자신의 몸이 성령의 전이므로(고전 3:16, 고후 6:16) 우리의 모든 생활에서 우리 몸을 거룩한 산제사로 드리는 것이 바른 신앙이라는 것입니다(롬 12:1).

삼위일체론은 우리 이성으로는 완전하게 이해할 수 없는 어려운 것이지만, 그것을 우리의 현실과 관련시켜 생각하면 자칫 편향적으로 흐르기 쉬운 우리의 삶을 균형있게 바로잡아주는 아주 중요한 교리입니다.
삼위일체론은 "하나님의 사랑의 역사"를 설명하고, 그것을 지금 여기 우리의 삶의 현장에서 생동하는 역사가 되도록 하기 위한 교리입니다. 그리고 인간의 오류로 점철된 복잡한 역사현실 속에서 신앙의 본질을 지켜내고 교회를 교회되게 하고 이 역사 속에서 주님이 명령하신 사랑의 역사를 감당키 위한 치열한 영적 싸움의 결과물입니다.
모쪼록 아버지, 아들, 성령이 서로가 연결되고 하나가 되고 서로 통하면서 존재하였듯이, 우리의 삶 역시 이 하나님의 신비하신 교통 가운데서 서로가 연결되고 하나가 되어서 점점 퇴색되어져가는 이 시대의 정의, 평화, 생명 공동체를 바로 세우고 부활시키는 창조적 노력으로 이어질 수 있기를 간절히 기원합니다.

침묵과 부재의 은총

"예수께서 즉시 제자들을 재촉하사 자기가 무리를 보내는 동안에 배를 타고 앞서 건너편으로 가게 하시고 무리를 보내신 후에 기도하러 따로 산에 올라가시니라 저물매 거기 혼자 계시더니 배가 이미 육지에서 수 리나 떠나서 바람이 거스르므로 물결로 말미암아 고난을 당하더라 …" (마 14:22-33)

모든 일이 잘 풀리고 행복한 상황이 펼쳐질 때 하나님을 예배하는 것은 쉽습니다. 하지만 상황이 언제나 좋을 수만은 없는 게 현실입니다. 가장 깊은 경지의 신앙은 고통 속에서도 예배하고, 시련 속에서도 여전히 하나님께 감사하며, 시험을 당할 때에도 하나님을 신뢰하는 것입니다. 하나님이 멀게 느껴질 때에도 하나님을 사랑하는 것입니다.

성경을 보면 위대한 신앙의 인물들도 하나님이 멀리 계시거나 아예 당신의 얼굴을 숨기심으로 인해서 겪는 답답함을 토로한 적이 종종 있습니다. 다윗은 예수님을 제외하면 아마도 하나님과 가장 가까운 관계를 유지한 사람일 것입니다. 하나님은 그를 "내 마음에 합한 사람"이라고 부르실 정도였습니다.

그런 그도 종종 하나님의 멀리 계심, 혹은 부재에 불만을 표시하곤 했습니다.

"여호와여 어찌하여 멀리 서시며 어찌하여 환난 때에 숨으시나이까."(시 10:1)

"내 하나님이여 내 하나님이여 어찌 나를 버리셨나이까 어찌 나를 멀리하여 돕지 아니하시오며 내 신음 소리를 듣지 아니하시나이까."(시 22:1) 물론 하나님은 다윗을 떠나지 않으셨고, 또한 우리를 떠나지 않으십니다.

신명기 31장 8절에 "여호와 그가 네 앞에서 가시며 너와 함께 하사 너를 떠나지 아니하시며 버리지 아니하시리니 너는 두려워하지 말라 놀라지 말라"고 말씀하셨습니다.

그러나 우리가 기억해야 할 것은 하나님이 늘 우리와 함께 하시겠다고 하셨지, "네가 항상 가까이 나의 임재함을 느낄 것이라"고 약속하지는 않으셨다는 것입니다. 하나님은 자주 우리에게서 얼굴을 숨기십니다. 그럴 때 우리는 고통을 느낍니다.

다윗이 지은 시편의 시들과 욥의 탄식에서 우리는 그러한 고통을 느낄 수 있습니다. 홀로이드 맥클렁(Floyd McClung)은 이렇게 묘사합니다.

"어느 날 아침 눈을 뜨니 모든 영적인 느낌이 사라졌다. 기도하지만 아무 일도 일어나지 않는다. 악마를 꾸짖지만 아무런 변화도 일어나지 않는다. 영적인 행동을 한다. 친구에게 기도를 부탁하거나 생각할 수 있는 모든 죄를 고백하고 모든 사람들에게 용서를 구하고 다닌다. 그리고 금식을 한다. 하지만 여전히 아무 일도 일어나지 않는다. 이 영적인 슬럼프가 얼마나 오래 갈지 궁금해지기 시작한다. 며칠? 몇 주? 몇 달? 끝은 날까? 마치 기도가 천장에서 튕겨져 떨어지는 것 같다. 절망 속에서 '도대체 내 문제가 무엇인가? 라고 소리친다."

하나님이 이렇게 멀게 느껴지는 것은 우리의 죄 때문인 경우도 있습니다. 죄를 지을 때 하나님의 영을 슬프게 하며, 하나님과의 관계가 소원해질 수 있습니다. 그러나 때로는 죄와는 아무런 관계 없이도 하나님이 멀게 느껴질 수 있다는 것을 성경 속의 인물들은 말해줍니다.

하나님께서는 때로 우리의 믿음을 시험하기 위하여 우리로부터 멀리 계시며 당신의 얼굴을 숨기십니다. 내가 그분의 임재를 느끼지 못하거나 내 삶 속에서 그분의 가시적인 증거를 보지 못할 때에도 나는 계속 하나님을 사랑하고 신뢰하며 하나님께 순종하고 예배드릴 수 있는가를 보시기 위한 시험인 것입니다. 욥이 겪은 시험이 바로 그러한 것이었습니다.

신앙의 여정에서 우리 크리스천들이 저지르는 가장 흔한 실수는 우리가 하나님 자신보다 경험을 추구한다는 것입니다. 물론 초신자일 때 하나님은 많은 감정의 확신을 주시고, 아주 미성숙하고 자기중심적인 기도에도 응답해주십니다. 그분이 존재하신다는 사실을 이러저러한 경험을 통해서 알도록 해 주십니다.

하지만 우리의 믿음이 자라면서 하나님은 우리를 그러한 의존물로부터 떼어놓으시려 하십니다.

(릭 워렌, 〈목적이 이끄는 삶〉, 도서출판 디모데, 14장, "하나님이 멀게 느껴질 때", 145-148면)

요셉이 걸었던 인생여정을 생각해보십시다. 그는 하루아침에 사랑하는 가족을 잃어버리고 어처구니없는 절망의 구덩이에 내던져졌습니다. 이스마엘 상인들에게 넘겨졌고, 애굽의 경비대장에게 팔리웠습니다.

여러 해 동안, 기약도 없이, 원치 않는 감옥살이를 해야 했습니다. 아무런 잘못도 없는데 말입니다. 얼마나 고통스러운 시간이었겠습니까? 참으로 절망적인 것은 이 모든 과정에 하나님이 침묵하셨다는 것입니다.

이와 같이 상황이 갑자기 캄캄해져, 우리의 삶에서 일어나고 있는 일들을 이해하지 못하거나 그 모든 일에 하나님의 침묵이 계속될 때, 도대체 우리는 어떻게 하나님을 예배해야 할까요? 의사소통이 전혀 이루어지는 것 같지 않는 위기의 때에 어떻게 계속 하나님과의 관계를 유지할 수 있을까요?

요셉에게서 배울 수 있는 것은 이 캄캄한 위기의 순간에도 그는 여전히 하나님을 신뢰하였다는 것입니다. 눈 앞에 아무 것도 보이지 않아도 하나님을 신뢰하였고, 하나님이 보시는 것처럼 정직하고 성실한 삶을 통해 신의를 지켰습니다. 얼마나 아름다운 삶입니까? 얼마나 깊은 믿음의 경지입니까?

야곱은 벧엘에서 하나님이 자기에게 나타나 말씀하시자 이렇게 서원합니다.

"하나님이 나와 함께 계셔서 내가 가는 이 길에서 나를 지키시고 먹을 떡과 입을 옷을 주시어 내가 평안히 아버지 집으로 돌아가게 하시오면 여호와께서 나의 하나님이 되실 것이요 내가 기둥으로 세운 이 돌이 하나님의 집이 될 것이요 하나님께서 내게 주신 모든 것에서 십분의 일을 내가 반드시 하나님께 드리겠나이다."(창 28:20-22)

조건부 신앙이고, 어떤 가시적 증거에 집착하는 수준의 신앙입니다.

그러나 요셉에게는 전혀 이러한 조건부의 서원이나 가시적 증거에 대한 집착의 모습을 찾아볼 수 없습니다. 그는 무조건 믿습니다. 무엇무엇 "때문에" 믿는 게 아니라, 무엇 무엇에도 "불구하고" 믿는 믿음입니다. 온전히 하나님만을 바라보며 바라고 믿고 참았습니다.

예수님의 제자들도 비슷한 시험을 치러야 했습니다. 예수님이 그들을 재촉하여 배를 타고 건너편으로 가도록 하시고 자신은 산으로 떠나셨습니다. 예수님이 없는 동안에 제자들은 역풍을 만나 밤새도록 시달려야 했는데, 예수님은 나타나지 않았습니다.

예수님이 의도적으로 그렇게 하신 것입니다. 배를 타고 가도록 재촉하신 분도 예수님이시요, 그들을 떠나 산에 홀로 남아 기도하신 분도 예수님이시며, 제자들이 역풍을 만나 시달리는 것을 알면서도 밤새 그들을 내버려둔 것도 예수님이십니다.

그리고 마가복음을 보면 새벽 네 시쯤 되어서 예수님이 물위를 걸어서 그들에게 오실 때에도 마치 그들을 지나쳐서 가려는 것 같았다고 합니다(막 6:48). 이 모든 기록들이 의미하는 것이 무엇일까요?

그것은 예수님이 당신의 침묵과 부재를 통해 뭔가를 가르쳐 주시기 위한 특별한 훈련의 과정이 아니었을까요? 바로 "하나님이 멀게 느껴질 때에도 변함없이 하나님을 신뢰하기", "가시적 경험보다 하나님만 바라보기" 말입니다.

제자들이 풍랑 가운데서 고통을 당한 것은 이번이 처음은 아니었습니다. 마태복음 8장 23절-27절(막 4:35-41; 눅 8:22-25)에도 이 비슷한 일이 있었습니다. 이때도 바다에서 거센 풍랑이 일어나 배가 물결에 뒤덮이게 될 지경이 되었는데, 이런 상황에서도 예수님은 주무시고 계셨습니다. 그러자 제자들은 예수님을 깨우며 부르짖습니다.

"주님, 살려주십시오. 우리가 죽게 되었습니다."

이에 예수님은 "그렇게도 믿음이 없느냐? 왜 그렇게도 겁이 많으냐?" 하시며 일어나서 바람과 바다를 꾸짖으시니 사방이 아주 고요해졌습니다. 그런데 이번에는 상황이 좀 다릅니다. 풍랑이 일어난 것은 같지만, 상황의 어려움은 전보다 더 심각하였습니다. 그때에는 그래도 예수님이 배 안에 계셨지만, 이번에는 예수님이 자리에 안 계시고 그들만 있었기 때문입니다. 시간도 길었습니다. 그때에는 주무시다가 바로 깼지만, 이번에는 저녁부터 새벽까지, 그 긴 시간 동안 예수님은 나타나지 않으셨습니다.

우리가 또한 눈여겨 보아야 할 것은 그 긴 시간 동안 제자들이 보여준 태도입니다. 우왕좌왕 아우성치거나 "주님은 어디 가서 안 돌아오시는 거야. 우리를 죽게 하려고 재촉하여 배를 타고 건너편으로 가라고 하셨나?" 하면서 불평하지 않았습니다.

물론 예수님이 그 자리에 없었으니까 아우성쳐봐야 소용도 없었지만, 이것은 전에 비교할 때 확실히 진일보한 것입니다. 역풍 때문에 앞으로 많이 나아가지 못했지만, 그래도 마음을 합하여 앞으로 나아가기 위하여 계속 노력했다는 것, 그렇게 노력하다가 새벽을 맞이했다는 것, 그 끝에서 주님을 만났다는 것입니다.

그뿐입니까? 베드로는 그렇게 하는 과정에서 자신감을 얻었는지 예수님을 보자 마자 감히 이렇게 말합니다.

"주님이십니까? 그러시다면 저더러 물 위로 걸어오라고 하십시오."

예수님이 "오너라" 하시자 베드로는 배에서 내려 물위를 밟고 걸어갔습니다. 비록 중간에 빠지기는 했지만, 얼마나 놀라운 일입니까?

그리고 예수님이 풍랑을 대하시는 태도도 달라졌습니다. 전에는 풍랑을 꾸짖으셨는데, 이번에는 아무 말씀도 안 하십니다. 그냥 배에 오르니 풍랑이 잠잠해졌습니다. 무슨 뜻일까요?

예수님이 풍랑을 꾸짖으실 때, 풍랑이 무슨 잘못이 있어서 꾸짖으시겠습니까? 제자들이 아직 믿음이 부족하고 정신적으로 어리니, 그렇게라도 해서 안심을 시키고 믿음을 돕기 위해서였겠지요.

그러나 이번에는 그렇게 하지 않으셨습니다. 그만큼 제자들이 성숙해졌다는 말입니다. 그만큼 예수님이 제자들을 수준높게 대접해주셨다는 말입니다.

요컨대 이 말씀의 초점은 예수님이 물 위를 걸으셨다는 기적이 아니라 주님의 침묵과 부재(不在, absence)가 계속되는 그 험한 바다 위에서도 제자들이 믿음을 잃지 않고 그 캄캄한 밤을 잘 이겨냈다는 것으로 이해해야 합니다.

그것은 말하자면 주님이 의도적으로 그들을 떠나 홀로 두시고 침묵하시고 자리를 비우심으로 그들의 믿음과 위기상황에서 대처하는 능력을 키워주신 사랑의 연단이었다는 말입니다.

우리가 어떤 상황 가운데 처하더라도 그것이 우리가 주님의 사랑 밖에 버리워졌다거나 주님이 도우실 수 없는 절망적인 상황이 있다는 것을 뜻하는 것은 아니라는 것을 가르쳐주는 생생한 체험이었을 것입니다.

그리고 이러한 경험은 제자들이 그 뒤로 혹독한 시련을 견뎌내는 큰 힘이 되었을 것입니다. 실제로 제자들은 말할 수 없는 환난 가운데서도 낙심하지 않고 이겨냈습니다. 감옥에 갇히고 매맞고 주리고 목마르고 모든 상황이 뒤틀려, 이제 끝났구나, 이제 모든 희망이 사라졌구나 싶을 때에도 희망을 포기하지 않을 수 있었습니다.

사랑하는 교우 여러분, 혹시 생활이 좀 어렵고 답답하여도 하나님은 나를 버렸다든지, 하나님은 안 계시다든지, 이렇게 속단하지 말기를 바랍니다.

어떤 경우에라도 우리가 이 세상에 고아처럼 홀로 버림받는 상황은 없다는 것이 주님의 약속입니다(요 14:18). 어떤 감정적 경험이 화끈하게 주어지지 않는다 하더라도 너무 거기에 집착하지 말고, 변함없이 하나님의 말씀을 묵상하고 그를 신뢰하는 가운데 차분하게 맡은 일에 정진할 수 있기를 바랍니다.

어떤 처지에서든지 근심하지 마십시오. 항상 기뻐하고 쉬지 말고 기도하고 범사에 감사하십시오. 하나님은 변함없이 살아계시고, 지극한 관심을 가지고 여러분을 지켜보고 계십니다. 우리가 그 어떤 어둠, 그 어떤 풍랑 속에 있다 할지라도, 우리는 그 모든 어둠과 풍랑보다 크시고 그것을 지배하고 계시는 주님의 변함없는 사랑과 은총 속에 있다는 것을 기억하십시오.

순풍이 불든 역풍이 불든 우리는 주님 안에 있는 것이며, 변함없이 주님께서 가라 하신 목표지점을 향하여 믿고 열심히 나아갈 때에 틀림없이 그 한복판으로 찾아오실 주님을 뵙는 찬란한 새벽을 맞이하게 될 것입니다.

꼭 필요한 만큼만으로 걷는 여행

"… 여호와께서 이같이 명령하시기를 너희 각 사람은 먹을
만큼만 이것을 거둘지니 곧 너희 사람 수효대로 한 사람에
한 오멜씩 거두되 … 오멜로 되어 본즉 많이 거둔 자도 남
음이 없고 적게 거둔 자도 부족함이 없이 각 사람은 먹을만
큼만 거두었더라 …" (출 16:1-31)

하나님께서는 이스라엘 백성들이 출애굽할 때 가지온 양식을 다 먹어 먹을 것이 없어지자 만나와 메추라기로 이스라엘 백성들의 배고픔을 해결해주셨습니다.

해질 때에는 메추라기를, 아침에는 만나를 주셨습니다. 백성들의 필요를 채워주시되, 흥청망청 먹고 마시고 남기고 버릴만큼 채워주시지 않고 꼭 필요한 것만큼만 거두어 먹도록 하셨습니다.

많은 사람이 이 말씀에 순종하였는데, 일부 몇 사람들은 말씀을 어기고 하루 먹을 분량보다 더 많이 거두었습니다. 그러자 모두 썩어서 악취가 나게 되었습니다. 모세는 이에 몹시 화를 내었는데 이 말씀이 주는 영적

교훈은 무엇일까요?

꼭 필요한 만큼만 거두어 먹지 않고, 더 많이 거두어 그 이튿날까지 남긴 것은 그들의 필요를 자상하게 채워주시는 하나님 없이 살아가던 시절의 습관입니다. 지금 그들은 하나님과 함께 하나님 안에서 약속의 땅을 향하여 여행하고 있는 것입니다. 모든 지각에 뛰어나시고 당신 자녀에게 언제나 후하게 채워주시는 하나님께서 알맞게 채워주실 것을 믿고 나가야 하는 것입니다.

그런데 혹시 내일은 없으면 어쩌나 하는 생각에 욕심을 내어 많이 거두어 놓은 것입니다. 정상적인 사랑의 돌봄을 받지 못하고 궁색하게 자라면 어떤 면에서 후하게 자란 사람보다 더 인색하고 탐욕스러워질 수도 있는 것과 비슷한 이치입니다.

이 모습을 보고 하나님께서는 어떻게 하셨습니까? 그들의 모습이 지난날의 찌든 생활에서 비롯된 것임을 아시는 까닭에 벌을 내리시기보다 그들이 직접 그 결과를 체험케 하심으로 스스로 그 찌든 땟국물을 씻어 내도록 하십니다.

말씀을 어기고 더 많이 모아놓은 것은 모조리 썩어 악취가 남으로 욕심을 내봐야 소용없구나 하고 깨닫게 된 것입니다.

사람들이 다 무서워 하는 암이라는 병. 그 암을 한자로 쓰면 癌, 이렇게 되는데, 이 글자를 보면 참 의미가 깊습니다. 口가 셋입니다. 즉 너무 많이 먹는 것과 관계가 있는 병이라는 겁니다. 필요 이상으로 많이 먹으면 건강해지는 것이 아니라 오히려 암에 걸려 죽게 됩니다.

너무 많이 먹는 거나, 돈을 많이 모으고 쌓아놓으려고 하는 거나 그 근본 뿌리는 다 마찬가지인데, 이게 다 고쳐야 할 불신앙적인 생활습관입니다.

우리는 이미 하나님과 함께 하고 있습니다. 하늘과 땅을 지으신 하나님, 모든 지각에 뛰어나시고 사랑과 자비로 우리의 모든 필요를 헤아리셔서 때를 따라 채워주시는 하나님의 사랑과 능력 안에서 살고 있으니 걱정하지 마십시오.

하나님의 말씀을 따라 그분과 함께 편안한 마음으로 한걸음 한 걸음 걸어가면 될 것을 무엇 때문에 쓸 데 없는 걱정을 합니까? 우리가 먹고 자고 입는 것, 이건 우리의 주님 되시는 하나님이 신경 쓰시고 책임져주실 일이지 그의 자녀인 우리가 걱정할 일이 아닙니다.

자식이 부모의 의중을 헤아려 열심히 맡은 일을 하면 나머지는 부모가 책임져주는 것이 순리이지, 자식이 제 할 일은 하지 않고 먹고 자고 입는 걱정만 한다고 해서야 제대로 된 관계라고 할 수 있겠습니까?

베드로가 예수님께 묻습니다. "우리가 모든 것을 버리고 주를 따랐사온대 그런즉 우리가 무엇을 얻으리이까"(마 19:27) 이미 모든 것을 버리고 주님을 따랐다면, 주님 안에서 모든 것을 부족함 없이 얻게 되었다는 것을 의미하는데 무엇 때문에 새삼 이런 질문을 하는 것입니까?

이걸 욕심이라고 해야 할까요, 아니면 믿음 없음이라고 해야 할까요? 저는 욕심보다는 믿음 없음의 증거라고 보고 싶습니다.

버려야 할 것을 버렸으면 그게 곧 위대한 성공인 것입니다. 버려야 할 것을 버리고 주님을 따르게 되었다면 모든 것을 다 얻은 셈인데, 뭘 더 얻겠다는 말입니까? 주님을 따랐다면, 주님과 바른 관계만 유지하면 되는 겁니다. 주님의 뜻을 따라 열심히 일하면 되는 겁니다. 그러면 필요한 것은 주님이 해결해주십니다.

무엇을 먹을까, 무엇을 마실까, 무엇을 입을까, 이 모든 것은 주인이 걱정해야 하는 사항이지 종이 걱정해야 할 사항이 아닙니다.

우리는 하나님과 함께 약속의 땅을 향하여 걷는 여정 가운데 있습니다. 하나님과 함께 가는 여정에서 가장 중요한 것은 믿고 성실하게 말씀을 따라 한 걸음씩 순종하여 걷는 것입니다. 그러면 나머지 우리에게 필요한 모든 것은 하나님이 때를 따라 채워주신다고 하는 것이 하나님의 변함없는 약속입니다.

그러므로 많은 것을 소유하고 쌓아놓으려는 생각, 그것은 근본적으로 때를 따라 채워주시는 하나님의 사랑을 온전히 믿지 못하는 불신앙에서 비롯된 것입니다. 쓸 데 없이 많은 것을 쌓아두려는 것, 그것은 어디까지나 하나님 없이 자기 혼자 모든 것을 책임져야 한다고 생각하던 시절에나 어울리는 생활방식입니다.

가끔 돈냄새, 이집트의 고깃국물 냄새에 잠시 정신이 아찔해지는 때가 없지 않지만, 그리고 이렇게 예수만 믿고 살다가 내 인생만 초라해지는 것은 아닌가 하는 불안감이 찾아들 때가 있을 수 있겠지만 그러나 그때 헷갈리지 말고 정신을 차리십시오.

우리가 지금 어떤 사람이요 어디를 향해 걷고 있는지를 상기하십시오. 우리는 전능하사 천지를 만드신 하나님의 백성이요 그의 기르시는 양이며 그의 자녀입니다. 또한 우리는 그 하나님과 함께 약속의 땅을 향해 걷고 있는 중입니다.

사랑받는 자녀답게, 걱정하지 말고, 온전히 주님께 맡기고, 주님이 인도하시는대로 한 걸음씩만 걸어가십시오. 가능한 한 최소한의 것만으로 여장을 다시 꾸리고 걸어보십시오.

주님이 계시는데 왜 걱정하십니까? 주님이 알아서 우리가 필요한 것을 때를 따라 채워주시겠다는데, 주님의 말씀을 어기면서까지 쓸 데 없이 짐을 불려야 할 이유가 어디에 있습니까?

우리의 정체성(Identity)은 소유하는 사람이 아니라 믿고 일하는 사람입니다. 오늘 말씀과 관련하여 좋은 시 하나가 생각이 나서 이 시를 함께 나누고자 합니다.

가난한 새의 기도

이해인

꼭 필요한 만큼만 먹고

필요한 만큼만 둥지를 틀며

욕심을 부리지 않는 새처럼

당신의 하늘을 날게 해주십시오.

가진 것 없어도

맑고 밝은 웃음으로

기쁨의 깃을 치며

오늘을 살게 해주십시오.

예측할 수 없는 위험을 무릅쓰고

먼 길을 떠나는 철새의 당당함으로

텅 빈 하늘을 나는

고독과 자유를 맛보게 해주십시오.

오직 사랑 하나로

눈물 속에도 기쁨이 넘쳐날

서원의 삶에

햇살이 넘쳐오는 축복

나의 선택은

가난을 위한 가난이 아니라

사랑을 위한 가난이기에

모든 것 버리고도

넉넉할 수 있음이니

내 삶의 하늘에 떠다니는

흰 구름의 평화여

날마다 새가 되어

새로이 떠나려는 내게

더 이상

무게가 주는 슬픔은 없습니다.

주님을 모시고 사는 기쁨

"… 사람이 나를 사랑하면 내 말을 지키리니 내 아버지께서 그를 사랑하실 것이요 우리가 그에게 가서 거처를 그와 함께 하리라" (요 14:23)

자식으로서 누릴 수 있는 가장 큰 기쁨과 영광이 있다면 그것은 부모를 모시고 사는 것입니다. 전통적으로 우리 민족은 그렇게 살아왔습니다.

부모 공경의 구체적인 방법이 부모를 기쁨으로 모시고 사는 것입니다. 그러나 요즘은 부모와 함께 사는 가정이 많지 않습니다. 핵가족 제도가 보편화되어 있기 때문이기도 하지만 부모를 짐스러워 하며 자녀들이 서로 모시지 않으려고 하기 때문입니다.

그러나 우리는 부모님을 공경하고 잘 섬겨야 합니다. 그것이 축복의 통로입니다.

신명기 5장 16절에 "네 부모를 공경하라 그리하면 네 하나님 여호와가 네게 준 땅에서 네 생명이 길고 복을 누리리라"고 말씀하셨습니다.

우리는 육신의 부모를 잘 모시고 살고 공경해야 하며 영의 아버지인 하나님을 잘 모시고 살며 공경하고 순종해야 합니다.

어떤 사람은 하나님을 믿으면 하지 말아야 할 것도 많고 지켜야 할 것도 많아서 믿기 싫다고 하기도 합니다. 물론 하나님을 믿는 우리는 세상적인 즐거움이나 욕망을 버리고 새사람으로 거듭나야 합니다. 하지만 이것은 짐스러운 것이 아니라 축복의 통로로 가는 길임을 기억해야 합니다.

하나님 없이 살면 편할 것 같지만 아무런 보호도 받지 못하고 살아가는 고아의 삶과 같은 것입니다. 하나님을 모시고 사는 것이 축복이며 행복임을 기억하십시오.

요한복음 14장 23절에 "사람이 나를 사랑하면 내 말을 지키리니 내 아버지께서 그를 사랑하실 것이요 우리가 그에게 가서 거처를 그와 함께 하리라"고 말씀하셨습니다. 하나님과 예수님이 친히 우리와 함께 사시겠다고 약속하셨습니다.

사실 예수님에게는 특별하신 이름이 있습니다. 임마누엘입니다. 임마누엘은 "하나님이 우리와 함께 계신다"는 뜻입니다.

"하나님이 세상을 이처럼 사랑하사 독생자를 주셨으니 이는 그를 믿는 자마다 멸망하지 않고 영생을 얻게 하려 하심이라." (요 3:16)

세상을 이처럼 사랑하셔서, 아니 바로 나를 이처럼 사랑하셔서 친히 나와 똑같은 사람의 모습으로 내 곁에 오셔서 말씀하시고 사랑을 베풀어 주시고 마음 문을 두드리시며 더불어 함께 살기를 원하시는 분, 이분이 바로 임마누엘 우리 주 예수 그리스도이십니다.

예수님은 우리가 영접하기만 하면 함께 사시겠다고 하셨습니다.

학교 선생님이 우리 집에 방문해 주셔도 감사하고, 목사님이 우리 집에 오셔서 기도해 주셔도 감사하고, 만약 대통령이 우리 집을 방문해 주시기라도 한다면 얼마나 영광이겠습니까? 그런데 이런 분들하고는 비교도 할 수 없이 귀한 분이 우리를 찾아와 우리와 함께 사시겠다고 하십니다. 하나님과 그의 아들 예수 그리스도께서 말입니다. 이 얼마나 영광스럽고 복된 일입니까?

문제는 이 복을 차버리지 말아야 한다는 것입니다. 이 복을 사모하고, 차지하려는 열망이 있어야 합니다. 간절한 마음으로 예수님을 영접해야 합니다.

"영접하는 자 곧 그 이름을 믿는 자들에게는 하나님의 자녀가 되는 권세를 주셨으니 이는 혈통으로나 육정으로나 사람의 뜻으로 나지 아니하고 오직 하나님께로부터 난 자들이니라."(요 1:12-13)

여러분 모두 예수님을 영접하시기 바랍니다. 나에게 은혜 베풀러 오신 분이십니다. 나를 잘 되게 하러 오신 분이십니다. 나를 구원하고 새 생명 주시기 위하여 오신 분이십니다. 내가 정녕 누구인지를 알게 하고, 이 썩어 없어질 세상의 시민이 아니라 저 영원한 하늘나라의 시민이 되게 하시고, 하늘과 땅을 지으신 하나님의 자녀가 되게 하시고, 그 영광을 영원 무궁하게 누릴 수 있게 하기 위하여 나를 찾아오신 분이십니다. 이 존귀하신 예수님을 절대로 거절하지 마십시오.

누가복음 19장 1절-10절을 보면 삭개오가 나옵니다. 이 사람은 사람들로부터 멸시천대를 받는 세리였습니다. "세리와 창녀"라는 말이 말해주듯, 세리는 어디를 가도 사람 취급을 받지 못했습니다. 삭개오는 신분만 그런 것이 아니라 키도 작았습니다. 세상적으로 볼 때 그가 가지고 있는 조건은 좋은 것이 없었습니다.
그러나 이런 사람이 길이길이 사람들의 입에 이름다운 이름으로 기억되게 되었습니다. 어떻게 그렇게 되었습니까? 예수님을 그의 삶 속에 모셔들이고 평생 예수님과 함께 살았기 때문입니다.

삭개오는 예수님의 얼굴이라도 뵙기를 원하는 간절한 마음으로 뽕나무 위로 올라갔습니다. 그 때 예수님은 "삭개오야 속히 내려오라 내가 오늘 네 집에 유하여야 하겠다"고 말씀하셨습니다. 삭개오는 이 말씀을 듣고 얼른 나무에서 내려와 기쁜 마음으로 예수님을 자기 집에 모셨습니다.
예수님이 삭개오의 집에 들어가시니 그 집에 큰 복이 임했습니다.
"삭개오가 서서 주께 여짜오되 주여 보시옵소서 내 소유의 절반을 가난한 자들에게 주겠사오며 만일 누구의 것을 속여 빼앗은 일이 있으면 네 갑절이나 갚겠나이다 예수께서 이르시되 오늘 구원이 이 집에 이르렀으니 이 사람도 아브라함의 자손임이로다 인자가 온 것은 잃어버린 자를 찾아 구원하려 함이니라." (눅 19:8-10)

사도 바울 역시 예수님께서 그의 삶에 함께해 주심으로 놀라운 축복을 받은 대표적인 인물입니다. 만약에 그가 예수님을 만나지 못했더라면 어떻게 되었을까요? 집안 좋고, 학벌 좋고, 사회적 지위도 웬만큼은 되었겠지만, 그의 마음에 행복은 없었을 것입니다. 기껏해야 열심히 믿음으로 살아가던 기독교인들을 붙잡아 가두고 죽이는 일에 가담하면서, 사람을 살리는 일이 아니라 사람을 죽이는 일을 하면서 살았을 것입니다. 그런 그에게 예수님이 찾아오셨습니다. 예수님을 만났을 때 그 찬란한 빛으로 인하여 그는 쓰러지고 말았는데, 중요한 것은 그가 자신의 그 완강한 고집을 꺽고 예수님 앞에 항복하고 그를 온전하게 영접한 것입니다.

그랬을 때에 예수님은 기꺼이 바울의 삶속에 들어가서서 그와 함께 사셨습니다. 아버지께서 그를 사랑하시고 아버지와 아들 예수께서 바울의 삶속에서 바울과 함께 사셨습니다.

그러니 그의 삶이 어떻게 되었겠습니까? 이전과는 전혀 다른 삶을 살게 되었지요. 자신의 혈기와 정욕으로 사는 삶이 아니라 예수님의 사랑과 열정과 꿈으로 사는 삶이 되었습니다.

"내가 그리스도와 함께 십자가에 못 박혔나니 그런즉 이제는 내가 사는 것이 아니요 오직 내 안에 그리스도께서 사시는 것이라 이제 내가 육체 가운데 사는 것은 나를 사랑하사 나를 위하여 자기 자신을 버리신 하나

님의 아들을 믿는 믿음 안에서 사는 것이라.”(갈 2:20)

사도행전 16장 6절 - 15절 말씀은 그런 삶 속에서 이루어졌던 참으로 아름다운 이야기를 전해줍니다. 바울이 아시아 지방에서 동쪽으로 가기를 원했지만, 성령께서 그것을 막으시고 마게도냐쪽으로 방향을 바꾸도록 인도하십니다. 그래서 간 곳이 빌립보인데, 이 도시는 바울에게 아무런 연고가 없는 곳이었습니다. 그러나 성경을 보면 이 모든 어려운 문제들이 아주 순탄하게 풀려가는 것을 보게 됩니다.

바울이 기도할 곳을 찾으러 강가로 나갔다가, 거기서 자색 옷감 장수인 루디아라는 여인을 만나게 되었습니다. 그녀는 하나님을 공경하는 여자로서 복음을 받아들일 준비가 되어 있었습니다. 바울이 루디아와 기도처에 모인 다른 사람들에게 말씀을 전하니 그들이 주님을 영접하였을 뿐 아니라, 바울을 자기 집으로 초청하여 계속해서 말씀을 전할 수 있도록 해줌으로, 너무도 자연스럽게 물이 흐르듯이 빌립보 교회가 세워지게 되었습니다.

바울이 자신의 인간적인 생각만으로 했더라면 이런 일이 일어날 수 있었겠습니까? 성령님께서 함께 하심으로 된 일이요, 그것은 “사람이 나를 사랑하면 내 말을 지키리니 내 아버지께서 그를 사랑하실 것이요 우리가 그에게 가서 거처를 그와 함께 하리라”(요 14:23) 고 가르쳐주신 예수님의 말씀이 말씀 그대로 이루어져서 된 일인 것입니다.

이 모든 말씀들을 생각할 때 예수님의 제자들인 우리가 어떻게 살아야 하는지가 분명해집니다. 우리의 스승 예수님께서 가르쳐주신 그대로, 예수님을 사랑하되 입술로만이 사랑하는 것이 아니라 우리의 삶에서 예수님의 가르침을 지키려고 노력하고 실천하는 것입니다.

성공에는 왕도가 없다(There is no royal road to success)라는 말이 있듯이 예수의 제자로서 성공적인 생애를 사는 데 특별한 길은 없습니다. 그저 겸손하게, 그리고 기쁨으로 예수님의 말씀에 순종하면 됩니다. 예수님 안에 머물면 됩니다. 예수님의 말씀을 늘 마음속에 새기고 말씀대로 살아가면 됩니다. 예수님을 믿고 따라가기만 하면 됩니다.

꼭 무얼 얻기 위해서가 아닙니다. 꼭 내가 성공하기 위해서가 아닙니다. 그것이 옳고 아름다운 일이기 때문입니다. 그것이 나를 그토록 사랑하시는 주님의 사랑에 대한 예의이기 때문입니다. 그렇게 할 때에 이 세상 그 어떤 축복보다도 더 큰 축복, 바로 아버지 하나님과 성자 예수께서 친히 나와 함께 사시는 축복을 누리게 되는 것입니다.

일평생 저 천국에 이를 때까지, 주님을 모시고 주님의 사랑 안에서 주님과 벗하여 살아가는 기쁜 나날들이 되시기를 바랍니다.

주식회사원의 으뜸계명

"… 엘리야가 그에게 이르되 두려워하지 말고 가서 네 말대로 하려니와 먼저 그것으로 나를 위하여 작은 떡 한 개를 만들어 내개로 가져오고 그후에 너와 네 아들을 위하여 만들라 … 여호와께서 엘리야를 통하여 하신 말씀 같이 통의 가루가 떨어지지 아니하고 병의 기름이 없어지지 아니하니라" (왕상 17:8-16)

평소 존경하는 목사님이 계시는데 그가 섬기는 교회이름이 〈드림실험교회〉이고 그 교회 카페 이름이 〈드림주식회사〉입니다. 웬 주식회사? 들어가서 그 뜻을 알아보았더니, 株式會社가 아니라 主式會社였습니다.

주님의 가르침대로 살아가는 사람들의 모임이라는 뜻이지요. 참 기발하고, 의미심장한 말이라고 생각되었습니다.

모든 것이 돈으로 통하는 자본주의 시대에, 그 시대를 거슬러, 주님의 방식으로 살아보자는 용기와 더불어, 주식으로 상징되는 자본주의를 우습게 바라보는 해학이 돋보이는 말입니다.

말이 참 중요합니다. 언어는 존재의 집이라는 말이 있습니다. 어떤 말을 하느냐에 따라 그 사람의 삶이 달라지는 법입니다. 패배적인 말을 자꾸 하는 사람은 정말로 패배하고, 믿음의 언어로 자꾸 말하는 사람은 정말로 믿음의 역사를 이루는 사람이 됩니다.

말이 씨가 된다는 말도 있듯이 말하는 대로 이루어지는 법입니다. 主式회사라는 말로써 이미 자본주의를 넘어서는 하나님 나라의 새로운 현실이 창조되고 있는 줄 믿습니다.

본문 8절에 "여호와의 말씀이 엘리야에게 임하여"라고 하였는데, 이는 하나님의 말씀을 들었다는 뜻입니다. 하나님의 말씀을 직접 듣게 되었으니 엘리야는 얼마나 귀한 분입니까? 하나님께서 당신의 메신저로 택할 만큼 신뢰하였다는 뜻이지요. 만약에 그가 말씀을 듣고도 들은대로 행하지 않고 엉뚱한 짓을 일삼는 사람이었다면 하나님께서 그에게 말씀을 주시지 않았을 것입니다. 말하자면 그는 평소에 主式으로 살았다는 말입니다.

예나 지금이나 너무도 많은 사람들이 '하나님'과 '주여'를 입에 달고 살지만, 정작 하나님의 말씀대로 사는 사람은 적습니다. 그래서 예수님도 말씀하시기를 내 말을 듣고 그대로 행하는 사람은 반석 위에 집을 지은 사람과 같아서 비가 불고 바람이 불어도 안전하지만, 내 말을 듣고도 행하지 않는 사람은 모래 위에 집을 세운 사람과 같아서 비가 내려 큰물이 밀려오고 바람이 들이치면 여지없이 무너지고 만다고 하셨습니다.

오늘 말씀을 봅니다. 엘리야에게 말씀이 내렸을 때 엘리야는 어떻게 그 말씀대로 순종하였습니까? "너는 일어나 시돈에 속한 사르밧으로 가서 거기 머물라 내가 그 곳 과부에게 명령하여 네게 음식을 주게 하였느니라"(9절)고 하신 말씀을 듣자 마자 지체없이 그곳으로 갔습니다.

10절에 "그가 일어나 사르밧으로 가서"라고 하였습니다. 이것저것 복잡하게 따지지 않았습니다. 자기 계산을 앞세우지 않습니다.

여러분 사르밧이 어떤 마을인지 아십니까? 요즘 말로 물좋은 곳이 아닙니다. 양식이 풍부하고 인심이 좋고 좋은 대우가 예상되는 그런 곳이 아니었습니다.

엘리야는 그동안 고생을 많이 했습니다. 그릿 시냇가에서 숨어 지내며 까마귀가 날라다 주는 음식을 먹고 있었습니다. 그런데 이번에도 하나님은 우리가 생각하기에 좀 너무하시다 싶게 파격적인 명령을 하십니다. 시돈 지방의 사르밧으로 가라는 것입니다. 그곳은 당시 왕비였던 이세벨의 고향에서 가까운 곳, 그러니까 바알숭배의 본거지나 다름없는 곳입니다. 엘리야로서는 기댈 언덕이 전혀 없는 생면부지의 낯선 이방 땅이지요. 그런데도 엘리야는 순종합니다.

엘리야가 사르밧으로 갔을 때 거기에는 하나님께서 말씀하신대로 마음씨 고운 과부가 있었습니다. 그녀는 참으로 어려운 처지에 있는 과부였습니다. 하지만 엘리야를 성심을 다하여 대접했습니다. 먹을 것이 없어 마지막으로 먹고 죽으려고 했던 그 음식을 엘리야에게 드린 것입니다. 이러한 순종이 있었기에 엘리야는 사르밧 과부를 통하여 식량을 공급받고, 또 그 과부는 가뭄이 다할 때까지 통의 가루가 떨어지지 않고 병의 기름이 없어지지 않는 축복을 받았습니다.

하나님의 말씀대로 살면 걱정할 일이 없습니다. 主式대로 살면 안 될 것 같지만, 主式대로 살아야만 살 수 있습니다. 하나님께서 사르밧으로 가라고 한 것은 그를 붙잡으려고 혈안이 되어 있는 아합왕과 이세벨 왕비의 허를 찌르는 탁월한 선택이었습니다. 감히 엘리야가 이세벨의 고향으로 가서 숨어있으리라고 상상이나 할 수 있었겠습니까? 평소에 하나님을 가까이하고, 하나님의 음성 듣기를 즐겨하니까 하나님께서 그에게 인간의 지혜를 뛰어넘는 출중한 지혜를 주신 것입니다.

하나님이 귀하게 쓰시는 분들의 공통점이 있습니다. 하나님의 주되심을 절대적으로 신뢰한다는 것입니다. 절대적 신뢰와 순종을 통해서 만유의 주님이신 하나님의 명예를 소중히 여기고 하나님의 명예를 세워드렸습니다. 그랬을 때에 하나님께서도 그를 귀하게 여기시고 그를 세워주셨습니다.

야곱을 보십시오. 왜 에서가 아니고 야곱입니까? 장자권, 즉 하나님과 관련된 영적 축복을 귀하게 여겼기 때문입니다.

다윗을 보십시오. 왜 많은 형제들 가운데 유독 밖에서 양이나 치던 다윗을 택하셨습니까? 하나님을 의뢰하고 사랑하는 그의 중심을 귀하게 보셨기 때문입니다. 적장 골리앗이 하나님의 이름을 능멸하고 있을 때 그의 위세에 눌려 이스라엘 군사들은 모두 벌벌 떨고 있었습니다. 그러나 소년 다윗은 "네가 누구길래 만군의 여호와 하나님의 이름을 망령되게 일컫느냐? 너는 창과 칼의 힘을 믿고 까부느냐? 나는 만군의 여호와의 이름으로 네게 가노라!' 하는 담대함이 있었습니다. 다윗이 물맷돌을 던져서 골리앗의 이마를 정통으로 맞춰 쓰러뜨렸는데, 이것을 다윗이 한 것이겠습니까? 그의 담대한 믿음을 귀하게 여기시고 하나님이 맞혀 주신 것입니다. 이스라엘은 다윗을 통하여 승리를 거두었고, 하나님은 그런 다윗에게 기름 부으사 귀하게 쓰셨습니다.

요즘 한국기독교가 그 수에 비해 제 역할을 하고 있지 못하다는 비판을 많이 받고 있습니다. 가령 일제시대, 기독교인의 수가 훨씬 적었을 때보다도 시대를 이끌어가는 힘이 더 약하다는 것입니다.

왜 그럴까요? 수가 많아지고, 이것 저것 가진 것이 많아지다 보니 하나님을 믿기보다 눈에 보이는 것을 믿는 사실상의 우상숭배가 만연해졌기 때문입니다. 입으로는 주여 주여 하지만 실제 삶에서는 主式으로 살지 않고 柱式으로 사는 사람들이 너무 많습니다. 자본을 곧 하나님으로 섬기고 사는 사람들이 너무 많습니다.

요컨대 다시금 하나님의 말씀으로 돌아가야 합니다. 柱式에 의존하지 말고 主式으로 살아야겠습니다. 主式대로 하면 됩니다. 主式대로 해야 됩니다. 하나님은 만유의 주님, 우리는 주의 백성들입니다. 주의 말씀에 생명을 걸고 오직 主式대로 사는 것, 그것이 바로 主님이 다스리시는 主式會社의 일꾼들인 우리가 지켜가야 할 으뜸되는 계명입니다.

나는 알지

추워도 이상하게 춥지 않은 날,
깍 깍 짹 짹
까치가 운다.
주로 네 번인데, 다시 들어보니
세 번 울 때도 많구나.
우는 게 아닌가?
뭐라고 신호를 보내는 거 같기도 하고….
참새들이 조용히 듣는 걸 보니
뭔가 있기는 있는데
지네들은 이유를 안다는 건가?

그러나 야 인석들아,
누군 바본 줄 아니, 나도 안다
입춘이 지나고 설이 지났다는 거
이제 어차피 봄이 올거니까 추위가 알아서 긴 거라는 거
그 정도도 모를까 봐,
그래도 명색이 사람인데,
그래도 명색이 목사인데,

그러나 이유가 그것만 있는 게 아니란다.
또 있어,
비밀인데, 비밀로 할 수 없는
어차피 공공연한 사실로 알려질 수밖에 없는 비밀,
너한테만 먼저 살짝 가르쳐줄까?

사랑 때문이야!
마침내 터진 눈물 때문이야!

바다내음과 솔내음,
어느 강과 대지와 산을 휘돌아오는 동안,
수줍은듯 몽울져 고개드는 가슴아픈 희망들이
사랑으로 눈물로 몸을 섞어버렸어.
사랑으로 눈물로 몸을 섞은 바람이 어떻게 차가울 수가 있어?
따스하겠지

감촉은 부드럽겠지
어린아이의 젖내나는 볼 같기도 하고,
아, 몸은 세상을 견디느라고 울 줄을 모르게 단단해져버렸지만
마음 어디선가는 눈물이 난다던
그분의 외로운 마음도 들어있으니까

느낌으로 나는 알지
바람은 이제
그래서 더 이상 추울 수 없다는 걸
그것은 우리들의,
아아 벌써 몇 해런가,
외롭게 한숨쉬며 괴로와하며 안타까워하며
포기할래야 포기할 수 없었던 그리움으로,
그리운 만큼의 절망으로 하얗게 하얗게 변해버린
마른 뼈다귀들의
마침내 일어서서
그 오랜 아픔의 세월만큼이나 간절하게
나 이렇게 살아있다고 어깨동무하고 밀려오는
한맺힌 사랑이라는 걸

그래서 바람은 이제서야 일어서서 달려온
좀 부끄러운
그래도 푸른 희망이지.
아, 그래도,
비록 좀 부끄러워도,
얼마나 좋으냐?
희망인데!

이 바람이 얼마나 맛있고 달콤한지 느껴본 사람은 알지
따뜻해서 답답한 집 문을 확 열고
찬 바람 부는 바깥으로 나가서
까치와 참새가 깍깍짹짹 지저귀는
나무들을 올려다보다
그 사이로 깨끗하게 비어있고 깨끗하게 비어있어서
가득 차있는 푸른 하늘을 마시고
북원초등학교 운동장을 힘차게 달리다가

그 깊숙한 호흡으로 들어오는
저 아름다운 기다림과 눈물과 이 먼거리까지 달려온
저 청년 예수 같은 희망을
폐부 깊숙히 들이켜 본 사람은 알지.

자, 이제 여기,
누가 뭐래도,
새가 울고 바람이 분다.
골짜기, 능선, 골짜기, 또 능선, 바다와 강을
넘고 휘돌고 건너고 또 넘어서
안타까운 눈물과 목마른 사랑이 뒤섞여
향긋한 내음이 된
이제는 결코 춥지 않은
추울래야 추울 수 없는

까치도 그걸 아는 모양
그래서 재들의 소리는 어떤 때는 네 번, 어떤 때는 세 번
참새인들 왜 모를까
덩달아 지저귀며 춤추는 신명나는 몸짓

이상하게 추워도 춥지 않은 지금,
그게 왜 그런지
꼭 그것이 설이 지났기 때문만이 아니라는 걸
거기에는 바다와 산과 마을과 하늘이 섞여서 그렇다는 걸
거기에는 간절한 사랑과 희망이 눈물겨 있기 때문이란 걸
그리고 그 모든 게 무얼 말하는지
나는 알지
느낌으로
마음으로

나는 알지!

4 하나님의 사람이 되라

착하고 충성스러운 종

"… 그는 에브라임 산지 라마와 벧엘 사이 드보라의 종려나무 아래에 거주하였고 이스라엘 자손은 그에게 나아가 재판을 받더라 …" (삿 4:4-10)

흔히 기독교를 은혜의 종교라고 합니다만, 은혜로 구원 얻는다고 해서 스스로 노력하지 않고 언제나 공짜만 바란다면 그것은 은혜의 본질을 훼손하는 것입니다.

하나님께서는 모든 인간에게 노동을 명하셨고, 나가서 생육하고 번성하고 땅 위에 충만하라, 다시 말해서 나가서 자신의 일을 통해서 문화를 창조하라는 적극적 사명을 주셨습니다. 예수님께서는 "내 아버지께서 이제까지 일하시니 나도 일한다"(요 5:17)고 하셨고, 사도 바울은 "누구든지 일하기 싫어하거든 먹지도 말게 하라"(살후 3:10)고 하셨습니다.

또한 달란트 비유를 통해 우리가 받은 달란트를 가만히 땅에 묻어두지 말고 적극적으로 활용해서 남기라고 하시면서, 하늘나라가 바로 이와 같다고 말씀하십니다.

여기서 예수님 말씀의 초점은 꼭 많은 이윤을 내라는 것이 아닙니다. 많이 받은 사람은 많이 받은 대로, 적게 받은 사람은 적게 받은 대로, 각자 자기 처지에서 성실하게 일하라는 것입니다.

예수님은 지극히 작은 일일망정 받은 직분에 감사하며 성심껏 일하는 자에게는 더 큰 직분을 맡기겠지만, 작은 일이라고 해서 소홀히 하는 자에게는 엄하게 책임을 추궁하고 그 하던 일마저 빼앗을 것이라고 말씀하셨습니다.

마태복음 11장 12절에 따르면 하늘나라는 애써 힘쓰는 사람들이 차지한다고 했습니다. 누구를 막론하고 예외는 없습니다. 하나님께서는 모든 사람에게 많든 적든 나름대로 뭔가를 맡겨주셨습니다. 누구에게든 사명이 있습니다. 농부는 농부대로, 장사꾼은 장사꾼대로, 건축가는 건축가대로, 공무원은 공무원대로, 학자는 학자대로, 교사는 교사대로, 운동선수는 운동선수대로, 의사는 의사대로 각자 자신의 일에 최선을 다해야 합니다.

드보라는 여자판관(사사)이었습니다. 하지만 판관이 되기 전에는 랍비돗이라는 남자의 아내로서 평범한 가정주부였습니다.

당시 이스라엘 사회는 남성중심의 사회였기에 사회적 조건으로 따지면 별 역할을 할 수 없는 사람이었습니다. 유대인 랍비들은 아침에 일어나면 세 가지에 대하여 감사했다고 합니다. 이방인으로 태어나지 않은 것이 첫 번째 감사제목이요, 노예로 태어나지 않은 것이 두 번째 감사제목이며, 여자로 태어나지 않은 것이 세 번째 감사제목이었다고 합니다. 그만큼 남녀가 유별하였고, 사회적 차별 또한 심하였습니다.

그런 가운데 드보라는 하나님의 말씀을 백성들에게 전하고 가르치는 일, 선지자 역할을 하였습니다. 그리고 나중에 판관이 되었습니다. 어떻게 그런 일을 하게 되었을까요?

두 가지를 생각해볼 수 있습니다. 하나는 그녀의 이름을 통해서입니다. 드보라는 꿀벌이라는 뜻을 가지고 있습니다. 꿀벌이 상징하는 것은 부지런함이며 꿀벌은 열심히 일해서 남에게 유익을 주는 존재입니다.

부지런함이야말로 인간이 갖추어야 할 대단히 중요한 덕목입니다. 일찍 일어난 새가 벌레를 잡아먹는다는 속담이 있듯이, 맡은 바 일에 성실할 때 복이 임하는 것입니다.

하나님을 만나는 것도 마찬가지입니다. 하나님을 만난 사람들은 자신에게 주어진 일을 열심히 하는 사람들이었습니다. 모세는 양을 치다가 하나님을 만났고, 엘리사는 밭을 갈다가 만났으며, 아모스는 뽕나무를 치다가 만났고, 베드로는 물고기를 잡다가 예수님을 만났습니다. 드보라도 그러했던 것입니다. 열심히 꿀벌처럼 맡은 일에 성실하고, 특별히 꿀벌처럼 부지런하게 다른 사람들에게 봉사하는 여인이 바로 드보라였던 것입니다.

그리고 드보라의 종려나무라는 말을 깊이 생각해보십시오. 짐작컨대 드보라는 이곳에서 즐겨 기도했던 것 같습니다. 중동지방은 덥기 때문에 나무그늘이 소중합니다. 그곳은 그래서 조용히 묵상하며 하나님께 기도하는 장소가 되곤 하였습니다.

기도는 천국의 문을 여는 열쇠요 지옥의 권세가 들어오지 못하도록 하는 잠금장치입니다. 하나님과 함께 하루를 시작하여 하나님과 함께 마무리하는 것만큼 아름다운 삶이 어디 있겠습니까?

기도한다는 것은 그만큼 삶을 사랑하고 정성을 기울인다는 말입니다. 이런 자세로 일할 때 어찌 하늘의 축복이 임하지 않겠습니까? 결국 드보라는 기도하는 삶, 성실하게 일하는 삶, 기도와 노동이 일체가 된 삶을 통해 큰 축복을 받았고, 특별히 하늘의 지혜를 얻어 단순히 가정주부의 역할만 하는 것이 아니라 민족 전체에게 선한 영향력을 끼치는 큰 인물로 성장하게 된 것입니다.

같은 일이라도 어떻게 하느냐에 따라 천양지차의 결과를 가져옵니다. 같은 일을 해도 억지로 하는 사람은 열심히 하는 사람, 즐겁게 하는 사람, 거룩한 소원을 가지고 그 일에 최선을 다하는 사람을 당할 수 없습니다.

하나님은 같은 일을 해도 믿음을 가지고 최선을 다하며 최고의 목표의식을 가지고 일하는 사람을 기뻐하십니다. 하나님은 능력 많은 사람을 기뻐하는 것이 아니라 성실한 사람을 기뻐하십니다.

하나님은 우리 모두에게 일할 수 있는 손과 발을 주셨습니다. 열심히 일하는 것이 하나님을 기쁘시게 하는 것입니다. 손이 있고 발이 있고 머리가 있고 가슴이 있는데 아무것도 하지 않는 것이야말로 큰 죄라는 것을 알아야 합니다.

하비 콕스라는 사람은 "가장 근본적인 죄는 게으름"이라고 하였습니다. 할 일을 하지 않을 때 시험에 들고 죄를 짓게 되는 것입니다. 일할 수 있는 재능이 있는 사람이 일을 하지 않고 노는 것은 사탄이 못된 일을 꾸밀 수 있는 기회를 주고 사탄과 은연중 거래를 하는 것입니다.

그리고 같은 일을 하더라도 어떤 자세로 하느냐에 따라 다릅니다. 기독교는 직업을 소명이라고 합니다. Calling입니다. 우리는 일을 통해서 하나님과 관계를 맺고, 이웃과 관계를 맺습니다. 일을 통해서 하나님의 영광을 드러냅니다. 그러므로 같은 일을 해도 최선을 다해야 하고 차원높은 목적의식을 가지고 해야 합니다. 그러자면 매일매일 하나님과 만나 그에게서 지혜를 구하는 겸손과 부지런함이 필수적입니다.

이 시간, 사랑과 진실하심으로 언제나 한결같이 쉬지 않고 일하시는 예수님을 생각할 수 있기를 바랍니다. 목수의 아들로 태어나 이름도 없이 빛도 없이 일하신 그 겸손한 섬김의 생애를 생각해보십시오.

이곳저곳을 걸어다니시고, 새벽 미명에 일어나 기도하시며, 말씀으로 가르치시고, 병든 자를 고치느라고 미처 식사할 겨를도 없이 수고하신 예수님을 생각하시기 바랍니다. 또 제자들의 발을 씻어주시고, 고단에 못이겨 제자들이 잠들었을 때도 홀로 저만치 앞에서 나아가 피땀을 흘리며 기도하신 주님의 수고로운 삶을 생각하시기 바랍니다.

골고다 십자가 위에서 제자들은 도망치고, 로마 병정들은 "네가 유대인의 왕이냐, 그렇다면 내려와 봐라" 하면서 조롱할 때에도, 당신을 보내시고 그리스도의 직분을 맡겨주신 아버지 하나님의 신뢰를 저버리지 않고 끝까지 일하신 주님, 그래서 마지막 순간에 "이제 다 이루었다" 하신 주님의 그 온전한 순종의 삶을 생각하시기 바랍니다.

어떻게 하면 우리는 "다 이루었다" 하고 말할 수 있는 자리에 설 수 있을까요? 십자가는 일생을 아버지의 뜻을 따라 일하시고 당신의 생명에너지를 온전히 쏟아부으신 예수 그리스도의 충성스런 삶의 영원한 표지요, 부활은 그와 같이 충성한 당신의 아들에 대하여 하나님께서 입혀주신 찬란한 영광이라고 말할 수 있습니다.

예수님이 보여주신 이 모범을 따라 우리 모두도 착하고 충성되게 일할 수 있기를 원합니다. 그리고 보람과 기쁨, 부활의 영광에 이를 수 있기를 바랍니다.

노동은 하나님의 속성이며 인간의 본질에 속하는 것입니다. "맡은 자들에게 구할 것은 충성이니라"(고전 4:2)고 하였고, "네가 죽도록 충성하라 그리하면 내가 생명의 관을 네게 주리라"(계 2:10)고 하셨습니다.

열심히 당신 뜻을 구하고 일하는 자를 기뻐하시고 복주시는 하나님을 굳게 신뢰하면서 이 한 주간도 각자의 맡은 자리에서 최선을 다해 일하는 사랑스런 하나님의 백성들이 되시기를 바랍니다.

간절한 마음

"… 나아만이 이에 내려가서 하나님의 사람의 말대로 요단
강에 일곱 번 몸을 잠그니 그의 살이 어린 아이의 살 같이
회복되어 깨끗하게 되었더라" (왕하 5:1-14)

여우가 토끼를 잡으려고 하는데 결국은 잡지 못하였다고 합니다. 여우는 한 끼의 양식을 위해 달렸지만, 토끼는 목숨을 위하여 달렸기 때문입니다. 우리가 무슨 일을 하든지, "간절한 마음"이 얼마나 중요한가를 가르쳐주는 우화라고 하겠습니다.

요즈음 세태를 보면 매사에 "간절한 마음"이 없는 것 같습니다. 너무 쉽고 편하게 하려고만 합니다. 한 끼의 밥을 먹을 때 그다지 간절한 마음이 없습니다. 책을 볼 때도 별 간절함이 없습니다. 그저 쉽게 텔레비전 앞에 앉아서 리모컨으로 여기저기 눌러서 채널 바꾸는 식입니다. 심지어 하

나님께도 간절한 마음이 없습니다.

열왕기하 5장에는 나아만 장군이라는 나병환자가 나오고, 마가복음 1장에는 또 다른 나병환자가 나옵니다. 둘 다 불치병에 걸렸습니다. 그런데 병을 낫고자 하는 그 간절한 마음에 있어서 큰 차이가 있습니다. 그 차이 때문에 한 사람은 하마터면 기회를 영영 잃을 뻔했고, 한 사람은 즉시 고침을 받았습니다.

마가복음에 나오는 나병환자는 예수께 와서 꿇어 엎드려 깨끗하게 되기를 간절하게 청하였습니다. 예수님이 그 모습을 보시고 측은한 마음이 들어 바로 고쳐주셨습니다.

그런데 나아만 장군은 자기 운명을 결정하는 중요한 순간에 절박하지 않고, 조금은 교만한 마음이 있었기에 고침을 받을 수 있는 기회를 놓칠 뻔 했습니다.

만약 나아만이 자기가 섬기는 왕 앞에 나아갈 때였다면 그렇게 뻣뻣한 태도로 나아가서 자기 맘에 들지 않는다고 화를 내며 휙 돌아서서 발걸음을 옮겼을까요? 나아만이 화를 내며 돌아선 이유는 자신이 기대한 것만큼 엘리사가 예우를 해주지 않았기 때문이었습니다.

그만큼 그에게는 "자기 자신"이 컸고, 엘리사를 좀 작고 쉽게 생각했던 것입니다. 더 정확하게 말해서 하나님을 작고 쉽게 생각한 것입니다. 왕의 친서가 있으면 되겠지, 금과 은이 있으면 되겠지 하는 생각으로 수행원들을 잔뜩 대동하고 엘리사를 찾아간 것입니다.

그는 자기가 찾아가는 분이 얼마나 존귀한 분인지 몰랐습니다. 엘리사,

그리고 엘리사가 섬기는 하나님이 얼마나 존귀한 분인지 몰라도 너무 몰랐습니다. 세상의 권력과 돈과 명예와는 비교할 수 없는 하나님이 계시다는 것을 그는 알아야 했고, 그 앞에서 마땅히 갖추어야 할 예의를 갖추어야 했습니다.

진정 귀한 걸 귀한 줄 아는 사람이 되어야 합니다. 공자는 三人行이면 必有師矣라, 세 사람이 함께 길을 가면 반드시 그 가운데 스승이 있다고 했습니다. 그만큼 겸손하게 뭔가를 배우려는 자세로 일생을 살았다는 말입니다.

또한 삼국지에 보면 유비라는 사람이 나오는데, 이분은 제갈공명이라는 선생님을 모시기 위해 그가 머무는 초가집을 세 번씩이나 찾아뵈었다고 합니다. 그래서 삼고초려(三顧草廬)라는 말이 나온 것입니다.

귀한 것을 얻기 위해 우리가 얼마나 간절한 마음으로 겸손하게 구해야 하는지를 가르쳐주는 고사라고 하겠습니다.

여러분의 삶 속에서 하나님이 차지하는 비중이 얼마나 됩니까? 우리 인생에서 예수 그리스도, 그의 말씀, 그의 교회가 차지하는 비중이 얼마나 됩니까? 혹시 나아만 장군처럼 하나님 앞에 간절하고 겸손한 마음으로 나아가는 대신에 여전히 옛 사고방식과 뻣뻣한 자아에 묶여 건성으로 교회만 왔다 갔다 하는 분은 안 계십니까?

하나님은 이 세상 임금과는 다른 분입니다. 성경의 세계는 이 세상과는 차원이 다른 세계입니다. 그러므로 겸손하게, 이 세상에서의 지위나 명예나 권력, 습관, 고정관념, 이런 것들을 다 내려놓아야 합니다.

인생의 절박한 문제를 가지고 도움을 구하러 온 사람이 본질과는 아무런 상관이 없는 시시한 문제로 마음의 문을 닫고 화를 내며 발걸음을 옮기는 일은 없어야 합니다.

왜 이런 일이 생기느냐? 그게 다 교만에서 생기는 겁니다.

구원받기 위해 뭐는 못합니까? 존귀하신 하나님을 만나기 위해서라면 뭐는 못하겠습니까? 나아만 장군의 부하들이 말한 것처럼 깨끗이 낫는다고 하는데 그것쯤 못할 까닭이 무엇입니까?

우리 역시 좀 더 겸손해야겠습니다. 좀 더 열심을 내야겠습니다. 밥은 굶더라도, 돈을 좀 쓰고 혹 좀 못 버는 한이 있더라도 하나님 만나는 일, 그의 말씀을 듣고 배우는 일만은 거르지 않을 만큼 간절한 마음이 있어야겠습니다.

날마다 말씀을 읽으십시오. 쉬지 말고 기도하십시오. 작정하고 기도하고, 금식하며 기도하십시오. 우리에게도 두 명의 나병환자 못지않게, 내 힘으로 해결할 수 없는 고질적인 문제, 불치의 문제들이 있습니다. 하나님께 그 문제를 가지고 나아오십시오.

예수님 앞에 무릎을 꿇고 애원하며 간청한 나병환자처럼 "간절한 마음으로" 나아오시고, "간절한 마음으로" 성경을 읽으시고, "간절한 마음으로" 기도를 드리십시오.

성경을 읽다보면 달라집니다. 기도하다 보면 달라집니다. 간절한 마음으로 주님을 찾을 때, 어느새 주님을 만나고, 주님이 나를 가르치시고, 주님이 내 문제에 손을 대시고, 어느새 내 문제가 주님의 능력 가운데 해결됩니다.

만의 하나, 설령 그렇게 되지 않을지라도 주님께서 계획하고 계신 놀라운 뜻을 알고, 감사함으로 모든 어려움을 감당할 수 있는 은혜를 받게 됩니다.

문제는 나에게 그런 간절한 마음이 있느냐는 것입니다. 간절한 마음으로 우리를 사랑하시고 찾아오신 주님께서는 여러분 또한 간절한 소원을 가지고 나아오기를 기다리고 계십니다.

"너희가 내게 부르짖으며 내게 와서 기도하면 내가 너희들의 기도를 들을 것이요 너희가 온 마음으로 나를 구하면 나를 찾을 것이요 나를 만나리라." (렘 29:12-13)

이 간절한 주님의 사랑 앞에 간절한 마음으로 나아와, 듣고 믿고 따름으로, 인생의 고비마다 하늘의 기적을 체험하고 승리하는 복된 생애가 되시기를 바랍니다.

하나님은 성실한 자에게 복을 주신다

"… 그러므로 내 사랑하는 형제들아 견실하며 흔들리지 말고 항상 주의 일에 더욱 힘쓰는 자들이 되라 이는 너희 수고가 주 안에서 헛되지 않은 줄 앎이라" (고전 15:54-58)

한국 사람들에게는 무엇이든지 열심히 하는 장점이 있습니다. 정보통신분야는 세계를 주름잡고 있습니다. 좌우지간 극성스럽습니다. 자원이 부족한 이 나라에서 이렇게 극성스럽지 않으면 어떻게 살아남을 수 있었겠습니까?

반면 한국인들은 인내가 부족합니다. 세계 어느 나라에를 가도 "빨리 빨리"라는 말은 다 알아 들을 정도라고 합니다. 음식을 주문하면 나올 때까지 기다리지 못하고 왜 이렇게 늦느냐고 재촉하는 사람은 대개 한국 사람이라고 합니다. 신호대기를 하고 있는데, 신호가 바뀐 뒤 잠시라도 출발을 지체하면 뒤에서 빵 하고 크락션을 누르는 사람은 거의 다 한국 사람이라고 합니다.

확실히 너무 급한 것은 고쳐야 합니다. 은근하고 끈기있게 기다리는 근성을 키워야 합니다.

그러나 급한 게 문제인 것과 마찬가지로 너무 늘어지는 것도 문제입니다. 문제의식이 부족하고, 내공이 부족할 때 늘어집니다. 세월아 네월아 하다 보면 때를 놓치기 쉽습니다. 여유로운 것은 좋지만, 게으름과 혼동해서는 안 될 것입니다.

우리에게 허락되어 있는 날수를 계산하는 지혜가 있어야겠습니다. 좀 계획성이 있는 생활을 해야 할 필요가 있습니다. 우리가 사는 인생이 얼마나 귀하고 소중한 인생입니까? 내가 오늘 하루 하루를 어떻게 사느냐에 따라 앞으로 10년 후, 20년 후, 30년 후 엄청난 차이가 나는 결과에 다다를 수 있습니다.

얼마전 의료생협 차량봉사를 위해 호서지역 산현초등학교 앞을 지날 때였습니다. 한 할머니가 허리를 구부리고 걷고 있었습니다. 보니까 두 손에 지팡이를 짚고 있었습니다. 참 딱하다는 생각이 들면서, 순간 뭉클한 그 무엇이 가슴에 일었습니다. 저 할머니는 어디를 향하여 저렇게 힘겹게 가야 하는 것일까? 하는 생각에 마음이 짠했지만 그래도 저 할머니는 힘이 들어도, 지팡이를 두 개씩 짚고서라도, 뭔가 해야 할 일이 있고 가야 할 곳이 있으니 행복한 분이다 라는 생각도 들었습니다.

정말 불쌍한 사람은 자기 힘으로 아무것도 하지 않고 맥을 놓고 사는 사람입니다. 이런 사람은 치매도 일찍 온다고 합니다. 나이가 적든 많든 부지런하게 열심히 움직이는 사람이 몸도 건강하고 정신도 건전합니다.

성실하고 열심히 사는 것이 하나님의 축복을 받는 가장 기본적인 조건입니다. 왜 에서가 아니고 야곱이었을까요? 에서가 도덕적으로 더 타락해서였을까요? 아닙니다. 물론 아주 관계가 없다고 말할 수는 없겠으나 도덕의 관점에서 보면 야곱 역시 문제삼을 것이 많지 않습니까?

결정적인 것은 자신에게 주어진 생을 대하는 기본적인 자세의 차이였습니다. 단팥죽 한 그릇에 장자의 명분을 그렇게도 쉽게 팔아버리는 에서의 그 경솔함, 그 참을 수 없는 존재의 가벼움이 에서가 인생에서 뒤처지고 역사의 무대에서 밀려나게 한 근본적 요인이었음을 성경은 말하고 있습니다.

"한 그릇 음식을 위하여 장자의 명분을 판 에서와 같이 망령된 자가 없도록 살피라 너희가 아는 바와 같이 그가 그 후에 축복을 이어받으려고 눈물을 흘리며 구하되 버린바가 되어 회개할 기회를 얻지 못하였느니라."(히 12:16-17)

반면에 야곱을 보십시오. 그는 불리한 여건에서 시작하였지만 그때 그때마다 자기 나름대로 최선을 다합니다. 그는 머리가 필요할 때는 머리를 써서 살았고, 손이 필요할 때는 손을 열심히 놀려서 살았습니다. 그는 함부로 살지 않았습니다.

좀 욕심이 많고 약삭빠르게 보이지만 그래도 사람은 선한 욕심이라면 있어야 합니다. 뭐든지 이래도 좋고 저래도 좋다는 사람은 줏대가 없고,

욕심이 없는 사람은 확고한 의지가 없습니다.

내가 무엇을 할 것인지 목표를 정하여 그것을 이루기 위한 욕심을 내십시오.

누가복음 19장 11절 - 27절은 유명한 므나의 비유입니다. 이 비유는 하늘 나라가 금방 이루어질 줄 알고 손을 놓고 사는 사람들을 향해 주는 경종의 말씀입니다.

어느 귀인이 왕위를 받아오려고 먼 나라로 떠나면서 그의 종 열 명을 불러서 은 열 므나를 주며, 내가 돌아올 때까지 장사하라고 하였습니다. 그런데 그 백성이 저를 미워하여 사자를 뒤로 보내어, 우리는 이 사람이 우리의 왕 됨을 원치 않습니다 라고 하였습니다.

그러나 귀인은 왕위를 받아가지고 돌아와서 종들이 각각 어떻게 장사하였는지를 알고자 하여 그들을 불렀습니다.

한 사람은 "주인이여 당신의 한 므나로 열 므나를 남겼나이다" 라고 하였습니다. 주인은 "잘하였다 착한 종이여 네가 지극히 작은 것에 충성하였으니 열 고을 권세를 차지하라" 고 하였습니다.

두 번째 종이 "주인이여 당신의 한 므나로 다섯 므나를 만들었나이다" 라고 하였습니다. 주인은 "너도 다섯 고을을 차지하라" 고 하였습니다.

세 번째 사람이 "주인이여 보소서 당신의 한 므나가 여기 있나이다 내가 수건으로 싸 두었었나이다 이는 당신이 엄한 사람인 것을 내가 무서워함이라 당신은 두지 않은 것을 취하고 심지 않은 것을 거두나이다" 라고 하였습니다. 그러자 주인은 "악한 종아 내가 네 말로 너를 심판하노니

너는 내가 두지 않은 것을 취하고 심지 않은 것을 거두는 엄한 사람인 줄
로 알았느냐 그러면 어찌하여 내 돈을 은행에 맡기지 아니하였느냐 그
리하였으면 내가 와서 그 이자와 함께 그 돈을 찾았으리라"고 하면서 곁
에 섰는 자들에게 "그 한 므나를 빼앗아 열 므나 있는 자에게 주라"고 하
였습니다.

사람들이 "주여 그에게 이미 열 므나가 있나이다"고 하자 주인은 "무릇
있는 자는 받겠고 없는 자는 그 있는 것도 빼앗기리라 그리고 내가 왕 됨
을 원하지 아니하던 저 원수들을 이리로 끌어다가 내 앞에서 죽이라"고
하였습니다.

예수님의 이 비유의 말씀은 당시 헤롯대왕의 뒤를 잇기 위해 계승자 중
의 한 사람인 아켈라오가 왕위인준을 얻기 위해 로마를 방문했던 역사
적 사실을 배경으로 하고 있는데, 이것은 유대인들의 잘못된 종말신앙
을 고쳐주기 위해 하신 말씀입니다.

하늘나라를 기다리며 손놓고 오늘 해야 할 일을 하지 않는 것은 결코 온
전한 신앙이 아니라는 것입니다. 스피노자의 말대로 내일 지구의 종말
이 온다고 할지라도 오늘 한 그루의 사과나무를 심는 것이 하나님을 믿
고 살아가는 성도의 올바른 삶의 자세입니다.

"때와 시기는 아버지께서 자기의 권한에 두셨으니 너희가 알 바 아니요
오직 성령이 너희에게 임하시면 너희가 권능을 받고 예루살렘과 온 유
대와 사마리아와 땅끝까지 이르러 내 증인이 되리라."(행 1:7-8)

우리에게 허락된 것은 때와 기한을 우리 멋대로 결정하는 것이 아니라,

오직 주님의 가르침대로 꿋꿋하게 성실하게 살아가는 것입니다. 예수님의 가르침대로 살아서 그것의 진리성을 만천하에 드러내고, 그것이 옳음을 입증하고, 확고한 믿음으로 이 역사 속에 새로운 길을 내면서 앞으로 전진하는 것입니다.

우리의 신앙이 이렇게 성실하고 꾸준한 신앙이 되기를 바랍니다. 요행이나 기적을 바라지 말고, 하나님께서 당신의 창조섭리에 따라 주시는 축복의 법칙을 알고, 성실함으로 그 복을 누리는 성도가 되어야 겠습니다.

하루하루 성심껏 사는 것이 중요합니다. 내가 받은 조건과 환경을 사랑하고, 여기서 내가 무엇을 어떻게 할 것인가를 깊이 생각하여, 최선을 다해 뭔가를 만들어내는 삶의 정성이 필요합니다.

이렇게 열심히 사는 사람들에게 하나님께서 복을 주십니다. 불평과 원망이 망령된 것과 마찬가지로 게으름과 무책임 또한 망령된 것입니다. 하나님의 자녀에게는 합당치 않은 것입니다.

세월을 아끼십시오(엡 5:16). 무슨 일을 하든지 주께 하듯 하십시오(골 3:23). 항상 기뻐하고 쉬지 말고 기도하고 범사에 감사하면서(살전 5:16-18), 사랑하면서, 정성껏 열심히 행하십시오. 그러면 하나님께서 복 주실 것입니다.

그리고 때가 되면 "네가 지극히 작은 것에 충성하였으니 열 고을 권세를 차지하라"고 말씀하시면서 흔들어 넘치게 복을 내려 주실 것입니다.

이는 참 이스라엘 사람이라

"… 예수께서 나다나엘이 자기에게 오는 것을 보시고 그를
가리켜 이르시되 보라 이는 참으로 이스라엘 사람이라 그
속에 간사한 것이 없도다 …" (요 1:43-51)

캐나다의 장 크레티앙 총리가 있었습니다. 가난한 집안의 19형제 가운데 18번째로 태어난 그는 선천적으로 한쪽 귀가 들을 수 없었고, 안면 근육마비로 입이 비뚤어져 발음이 어눌하였습니다.

그러나 그는 1993년 총리가 된 이래 세 번이나 총리로 임명되었습니다. 하지만 그의 신체장애는 때론 정치만화가의 풍자대상이 되었고, 작은 사건도 크게 부풀려져 호기심의 대상이 되었습니다.

그가 선거유세 때의 일입니다. "여러분, 저는 언어장애를 가지고 있습니다. 그 때문에 오랜 시간 고통을 당하기도 했습니다. 또한 지금은 제

가 가진 언어장애 때문에 제 생각과 의지를 전부 전하지 못할까봐 고통 스럽습니다. 인내심을 가지고 저의 말에 귀기울여주십시오. 저의 어눌한 발음이 아니라, 그 속에 담긴 저의 생각과 의지를 들어주셨으면 합니다."

그때 반대파의 누군가가 소리쳤습니다. "하지만 한 나라를 대표하는 총리에게 언어장애가 있다는 것은 치명적인 결점입니다."

그러자 크레티앙은 어눌하지만 단호한 목소리로 말했습니다. "나는 말은 잘 못 하지만, 거짓말은 안 합니다."

정직함과 성실함이야말로 크레티앙이 자신의 불리한 조건을 이겨낸 힘이었습니다.

사무엘과 나다나엘이 바로 이렇게 정직한 자들이었습니다. 사무엘은 어린 나이에 선지자로 부름받아 하나님께 귀하게 쓰임받았습니다. 제사장 엘리에게 두 아들이 있었지만, 하나님께 바치는 제물에 멋대로 손을 대는 등 하나님을 우습게 알다가 벌을 받아 전장에서 죽고, 엘리마저 목이 부러져 죽은데 반해서, 사무엘은 어린 나이에도 불구하고 늘 성실하고 정직하게 주의 일에 헌신하였습니다.

사무엘상 3장 19절 - 4장 1절에 보면 사무엘이 자라는 동안 하나님께서 그와 함께 계시어 그가 한 말은 모두 그대로 이루어지게 하셨으며, 사무엘이 일하는 곳에서 하나님은 거듭 자신을 나타내보이셨고, 그리하여 사무엘이 하는 말은 그대로 온 이스라엘에 통하게 되었음을 알 수 있습니다.

사무엘은 정직하였기에 가감없이 하나님의 말씀을 백성들에게 전하였습니다. 그는 백성들을 향하여 이렇게 말합니다.

"만일 너희가 전심으로 여호와께 돌아오려거든 이방 신들과 아스다롯을 너희 중에서 제거하고 너희 마음을 여호와께로 향하여 그만을 섬기라 그리하면 너희를 블레셋 사람의 손에서 건져내시리라." (삼상 7:3)

이 말을 듣고 이스라엘 백성이 순종하였습니다. 그만큼 사무엘의 영적 권위를 인정하였다는 말인데, 영적 권위는 하루아침에 생기는 것이 아닙니다. 사무엘이 그만큼 평소에 오랜 세월 동안 진실하게 백성을 다스렸다는 말이고, 그가 하는 일에 하나님이 함께 해주시는 것을 백성들이 반복해서 보았기 때문일 것입니다.

나다나엘이라는 사람은 어떻습니까? 그는 빌립이라는 제자를 통해 예수님을 소개받고 예수님한테 가는데, 예수님께서는 그를 보자마자 "보라 이는 참으로 이스라엘 사람이라 그 속에 간사한 것이 없도다" (요 1:47)라고 말씀하셨습니다.

참 이스라엘 사람이라는 말이 무슨 뜻입니까? 간사한 것이 없는 사람, 거짓이 조금도 없는 사람이라는 뜻입니다.

이스라엘이라는 사람은 본래 야곱이었습니다. 야곱 시절에는 형을 속여 장자권을 매수하고, 아버지를 속여 형이 받을 축복을 가로채는 등 교활하고 인간적 혈기로 인생을 살았던 사람이지만, 오랜 세월의 시련을 통해서 하나님께서는 그러한 야곱을 변화시키시고, 나중에 얍복강가에서 결정적으로 그의 환도뼈를 치심으로 그가 더 이상 그러한 교활한 인간성으로 살지 않고 하나님께 온전히 순종하는 정직한 사람으로 만드셨습니다.

이때 새로 주신 이름이 이스라엘인데, 이렇게 야곱이 이스라엘로 변화된 이후에야 그는 하나님의 귀한 그릇으로 사용되고 믿음의 조상의 반열에까지 오르게 되었습니다.

이처럼 한 인간이 이스라엘 사람이 되는 것은 금방 되는 것이 아니라 오랜 세월의 시련과 좌절, 하나님의 강권적인 개입을 통해서 되는 것입니다.

그런데 나다나엘은 예수님이 보자마자 "보라 이는 참으로 이스라엘 사람이라 그 속에 간사한 것이 없도다"라고 말씀하셨습니다. 그만큼 그는 정직한 사람이었고, 그래서 예수님에게 발탁되어 제자로 활동하게 되었던 것입니다.

지금까지 정직성의 중요함에 대해서 말씀드렸습니다만, 이것을 다른 측면에서 말씀드리면, 그만큼 하나님이 우리의 모든 것을 다 알고 계신다는 말씀입니다. 하나님은 전능하실 뿐 아니라 진실하십니다. 전능하셔서 모든 것을 다 알고 계시지만, 또 진실하셔서 진실 이외에 다른 것을 용납지 않으시는 분입니다.

하나님은 모든 것을 다 하실 수 있는데, 단 한 가지 못하시는 게 있습니다. 그게 바로 거짓말입니다. 그러므로 우리는 언제든지 하나님 앞에서 정직하게 살아야 합니다. 신령과 진정으로 살아야 합니다.

"여호와여 주께서 나를 살펴 보셨으므로 나를 아시나이다 주께서 내가 앉고 일어섬을 아시고 멀리서도 나의 생각을 밝히 아시오며 나의 모든 길과 내가 눕는 것을 살펴 보셨으므로 나의 모든 행위를 익히 아시오니 여호와여 내 혀의 말을 알지 못하시는 것이 하나도 없으시니이다.”(시 139:1-4)

다윗은 훌륭한 왕이었습니다. 하지만 그도 대단히 치명적인 죄를 저지른 적이 있습니다. 왕이 되기까지는 겸손하고 늘 진실하였지만 왕이 된 후 좀 교만하고 해이해졌는지, 신하들은 모두 전장에 나가 싸우고 있는데 자기 자신은 궁궐에 남아 한가로이 옥상을 거닐게 되었습니다. 그러다가 목욕을 하고 있는 한 여인을 보게 되었는데, 그 여인은 알고 보니 자신의 충직한 부하인 우리야의 아내 밧세바였습니다. 그걸 알았으면 이 여인을 가까이하지 말아야 했는데, 정욕에 사로잡히자 다윗은 사람을 시켜 그 여인을 데려오라고 한 뒤에 그만 정을 통하고 돌려보냈습니다.

그런데 이 여인은 이때 임신을 하였습니다. 다윗은 이것이 세상에 탄로나면 크게 문제가 될 것 같으니까, 자신의 죄를 은폐하기 위해 밧세바의 남편 우리야에게 특별 휴가를 주어 밧세바와 동침케 하려 하지만, 우리야는 부하들은 지금 전쟁터에서 싸우고 있는데 어떻게 저만 편안하게 쉬며 아내와 함께 잠을 잘 수가 있습니까라고 하면서 한사코 사양합니다.

자신의 의도대로 되지 않고 결국은 자신의 죄가 세상에 드러날 것 같으니까, 자신의 충복인 요압에게 우리야를 가장 위험한 전쟁터에 내보내고 너희는 뒤로 물러나서 그를 죽게 하라고 편지를 씁니다.

그 음모가 성공하여 충신 우리야는 전쟁터에서 죽습니다. 그런 뒤에 다윗은 천연덕스럽게, 우리야의 아내 밧세바를 예를 갖추어 아내로 삼았는데, 이 일이 하나님의 눈에 거슬렸습니다.

어느 날 예언자 나단이 다윗을 찾아와 이런 이야기를 하였습니다.

"한 성읍에 두 사람이 있는데 한 사람은 부하고 한사람은 가난하니 그 부한 사람은 양과 소가 심히 많으나 가난한 사람은 아무것도 없고 자기가 사서 기르는 작은 암양 새끼 한 마리뿐이라 그 암양 새끼는 그와 그의 자식과 함께 자라며 그가 먹는 것을 먹으며 그의 잔으로 마시며 그의 품에 누우므로 그에게는 딸처럼 되었거늘 어떤 행인이 그 부자에게 오매 부자가 자기에게 온 행인을 위하여 자기의 양과 소를 아껴 잡지 아니하고 가난한 사람의 양 새끼를 빼앗아다가 자기에게 온 사람을 위하여 잡았나이다." (삼하 12:1-4)

이야기를 듣다 말고 다윗은 분개하여 "그 일을 행한 그 사람은 마땅히 죽을 자라 그가 불쌍히 여기지 아니하고 이런 일을 행하였으니 그 양 새끼를 네 배나 갚아주어야 하리라" 하고 소리칩니다.

그때 나단이 다윗에게 "당신이 그 사람이라" 고 책망했습니다.

다윗은 지금 자신이 완전범죄를 저질렀다고 생각했을 것입니다. 그런데 이 완전범죄, 쥐도 새도 모르게 했다고 생각한 자신의 범죄를 어떻게 예언자 나단이 알게 되었을까요? 하나님께서 알려주셨습니다.

"당신이 그 사람이라 이스라엘의 하나님 여호와께서 이와 같이 이르시기를 … 그러한데 어찌하여 네가 여호와의 말씀을 업신여기고 나 보기에 악을 행하였느냐." (삼하 12:7-9)

하나님은 은밀한 중에도 우리의 모든 것을 다 보고 계시는 분이십니다. 은밀한 중에 사무엘의 충성스런 모습을 보시고, 은밀한 중에 무화과나무에서 기도하는 나다나엘을 보신 것처럼, 하나님은 우리가 앉으나 서나 밝은 데서나 어둔 데서나 그 어떤 것도 숨길 수가 없도록, 그 어디로도 당신의 눈을 피해 달아날 수 없도록, 모든 것을 보시고 모든 것을 알고 계시는 분이십니다(시 139:1-24).

다 아시면서도 세상에 소문을 내지 않으실 뿐입니다. 소문을 내면 내가 너무 상처받을까봐, 사람들한테 너무 심하게 망신 당하면 그 충격으로 더 어려워질까봐, 어떻게든지 세상 사람들이 다 알기 전에 스스로 잘못을 고치기를 고대하시면서, 모른 체하고 덮어주고 보안을 지켜주시는 것뿐입니다.

그러나 끝내 회개하지 않을 때는 꼭 알려야 할 사람한테 알려서 그것을 책망하시고 회개케 하시며, 그래도 회개하지 않을 때는 직접 징계하시는 분이 바로 하나님이십니다.

요한계시록에 보면 일곱교회에게 주시는 예수님의 말씀이 나옵니다. 에베소 교회, 서머나 교회, 버가모 교회, 두아디라 교회, 사데 교회, 빌라델비아 교회, 라오디게아 교회에 각각 주시는 말씀인데, 여기에 계속 반복되는 구절이 있습니다.

"나는 안다"는 말씀입니다. "내가 네 행위와 수고와 네 인내를 알고"(계 2:2), "내가 네 환난과 궁핍을 알거니와"(계 2:9), "네가 어디에 사는지를 내가 아노니"(계 2:13), "내가 네 사업과 사랑과 믿음과 섬김과 인내를 아노니"(계 2:19), "내가 네 행위를 아노니 네가 살았다 하는 이름은 가졌으나 죽은 자로다"(계 3:1), "내가 네 행위를 아노니 네가 작은 능력을 가지고서도 내 말을 지키며 내 이름을 배반하지 아니하였도다"(계 3:8), "내가 네 행위를 아노니 네가 차지도 아니하고 뜨겁지도 아니하도다"(계 3:15).

얼마나 두려운 말씀입니까? 그러나 또한 얼마나 감사하고 다행스런 말씀입니까?

우리의 모든 행위를 다 아시면서도 참고 기다리시고, 이렇게 권고하심으로 또 다시 살 길을 열어주시는 주님 앞에서 우리는 어떻게 살아야 하겠습니까? 진실, 정직, 성결, 오직 그것뿐입니다.

야곱적인 근성을 포기하고, 그 모든 것을 십자가에 못박고 오직 거룩하시고 전능하신 하나님께 백기를 들고 투항하여 이스라엘적인 사람으로 살아야 합니다.

거짓은 무엇이든지 버려야 합니다. 무조건 진실해야 합니다. 늘 성결해야 합니다. 악은 모양이라도 버려야 합니다. 높은 목적을 가지고, 하나님의 영광을 위해서 힘써 일해야 합니다. 무슨 일에든지 참되며 무슨 일에든지 순결하며, 무슨 일에든지 덕스러우며, 무슨 일에든지 칭찬할만한 것들을 마음속에 품어야 합니다.

그러면 평화의 하나님께서 여러분과 함께 계실 것입니다. 여러분의 삶 속에 복에 복을 더하시고 지경을 넓혀주시며, 환난을 벗어나 근심이 없게 하여 주실 것입니다. 사무엘과 나다나엘처럼 작은 일 속에서도 주의 음성을 듣고, 주의 얼굴을 뵈오며, 주의 신임을 받는 일꾼으로 범사에 주의 뜻을 이루는 삶이 될 수 있을 것입니다.

서로 용서하십시오

"서로 친절하게 하며 불쌍히 여기며 서로 용서하기를 하나
님이 그리스도 안에서 너희를 용서하심과 같이 하라" (엡
4:32)

다윗이 후세 사람들에게 두고두고 기억되는 것은 그가 훌
륭한 믿음의 사람이기 때문만은 아닙니다. 너무 훌
륭하면 오히려 거리감이 있어서 친근감있게 다가오지 않는 법입니다.
다윗은 너무 훌륭해서가 아니라 우리와 똑같이 연약하고 실수하며 인간
으로서 많은 고통을 맛보며 살아간 인물이기 때문에 우리에게 많은 공
감을 주는 사람입니다. 다윗은 일생 동안 많은 고생을 하였지만, 그 중에
서도 가장 견디기 어려운 고통은 자식들 때문에 겪은 고통이었을 것입
니다.

암논이라는 아들이 있었는데, 이복동생인 다말을 너무도 연모하여 아프다고 꾀병을 부리고 문병을 온 다말을 강제로 범합니다. 그리고서는 꼴도 보기 싫다고 하면서 내치니, 그녀의 친오빠인 압살롬이 기회를 엿보다가 부하들을 시켜 암논을 죽입니다. 끔찍한 형제살인이지요.

이 기막힌 일을 겪어야 하는 아버지의 마음이 오죽했겠습니까? 가지많은 나무에 바람 잘 날 없다고, 자식 많은 것이 꼭 행복한 것만은 아닌 것은 동서고금을 막론하고 마찬가지인 모양입니다. 형제가 서로 우애좋게 오순도순 살아가는 모습을 보면 여기가 바로 천국이구나 싶다가도, 형제가 서로 원수지고 싸우면 그렇게 볼썽사납고, 그때마다 부모의 가슴은 찢어지는 법입니다.

이복형제이긴 하지만 형을 죽인 압살롬을 어찌해야 합니까? 차마 어쩌지 못하고 다윗은 압살롬을 용서하였는데, 세월이 지나자 압살롬은 그 고마움을 잊어버립니다. 인물이 출중하게 잘 났던 모양인데, 아버지가 권력을 물려주기도 전에 중간에서 권력을 농단하더니 급기야 자신이 왕이라고 선언하고 반란을 일으켰습니다.

한 가정에서도 질서가 무너지면 혼란스러운 법인데, 왕의 아들이 그렇게 하였을 때 그 혼란은 이루 말할 수 없었을 것입니다. 피비린내 나는 권력투쟁은 불을 보듯 뻔한 것이지요. 아예 시작을 말아야지, 일단 자신이 왕이라고 선언하고 나니 그것은 아들이 아버지를 죽이지 않으면 안 되는 전쟁으로 비화됩니다.

처음에 압살롬이 반란을 일으켰을 때 다윗은 피난을 떠납니다. 아마도 정면으로 자식과 맞대응을 할 수 없는 아버지의 마음 때문이었을 것입니다. 자식이야 처음부터 작심을 하고 아버지를 향해서 반기를 들었고, 젊은 혈기에다가, 주변 모리배들이 충동질하니까 무슨 짓을 못하겠습니까? 아버지 다윗을 제거해야 한다는 주장에 동의하고, 온 힘을 다하여 다윗을 향하여 달려들지요. 참으로 안타까운 일인데, 여기서 우리는 인생의 서글픈 한 단면을 봅니다.

버나드 쇼가 그런 말을 했습니다. "모든 것을 용서받는 청년기는 아무것도 용서하지 않으며, 스스로 모든 것을 용서하는 노년기는 아무것도 용서받지 못한다."

청년 때는 왜 그렇게 쉽게 단죄하고 분노하고 용서하지 못하는지요. 특별히 왜 그렇게 부모에 대해서 심하게 반발하고 증오하고 용서하지 못하는지요. 압살롬이 그랬던 모양입니다. 그러나 아버지의 마음은 그렇지 않습니다. 차마 어찌하지 못하고 도망을 갑니다.

그러다가 나중에 이 국가적인 혼란을 수습하기 위해 군대를 정비합니다. 평생을 전쟁터에서 살았고, 주위에 여전히 충성스런 장군들이 다윗을 따르고 있었으니, 승부가 어떻게 날 것인가는 뻔한 노릇이었습니다. 그러나 그럴수록 다윗은 마음이 아프기만 합니다.

내 자식 압살롬을 어떻게 할 것인가? 지금이라도 뉘우치고 돌아오기만 한다면 하는 마음으로 가득했습니다. 다윗은 군대를 정비하면서도 부하들에게 "철부지 압살롬을 너그럽게 대하라"고 부탁합니다. 어쩔 수 없는 아버지의 마음을 엿볼 수 있게 합니다.

세상에 어떤 부모가 자기 손으로 자식을 죽일 수 있다는 말입니까? 세상에 어떤 부모가 자기 자식을 죽게 하고 행복할 수 있겠습니까?

생각하면 참으로 바보 같은 것이 아버지의 마음입니다. 그 동안 아들 압살롬이 어떻게 하였습니까? 그는 수년 동안 아주 계획적으로 아버지를 밀어내고 왕위를 차지하려고 음모를 꾸몄습니다. 그리고 아버지를 해치려고 하였습니다. 이런 자식이 뭐가 예쁘다고 부하들을 향하여 "압살롬은 아직 철이 없으니 나를 보아서라도 너무 심하게 다루지 말라"(삼하 18:5)고 합니까?

부하들로서 결코 따를 수 없는 명령입니다. 압살롬이 반란을 일으킴으로 인해서 얼마나 많은 사람들이 고통을 겪었고, 얼마나 많은 군사들이 어이없는 죽음을 당해야 했습니까? 그로 인한 국력의 손실은 얼마며, 백성들의 마음은 얼마나 깊은 상처를 받았습니까?

이런 큰 죄를 저지른 범죄자를, 그가 왕의 아들이라는 이유로 용서할 수 있습니까? 법의 형평성으로 보나, 백성들의 감정으로 보나 결코 용납될 수 없는 부탁을 다윗왕이 하고 있는 것입니다.

다윗의 이러한 처사를 여러분은 어떻게 생각하십니까? 정에 치우쳤다고 말할 수도 있겠지만 여기에는 그렇게만 볼 수 없는 면도 있다는 것을 우리는 헤아려야 합니다.

압살롬을 너그럽게 대하라는 말은 다윗의 마음속에 못된 아들에 대한 분노보다도 자기 자신의 허물을 참회하는 마음이 더 컸기 때문인 것을 우리는 헤아려야 합니다. 이 모든 것이 다 내 죄 때문이다, 내가 자식들 앞에서 본을 보이지 못한 탓이요, 내가 젊은 시절 혈기와 정욕으로 범죄한 탓이다, 이 모든 것이 궁극적으로 인과응보요 하늘의 진노로 일어나는 것인데, 정녕 죽어야 한다면 내가 먼저 죽어야지 자식을 탓해서 뭐하겠는가, 이런 통회의 심정이 가슴 밑바닥에 저미도록 흐르고 있었기 때문인 것입니다.

이러한 다윗의 마음을 우리는 사무엘하 16장 10절 - 12절에서 가슴 찡하게 느낄 수 있습니다. 다윗이 압살롬을 피하여 도망치고 있을 때 사울의 친척인 시므이라는 사람이 다윗의 어거를 향하여 돌을 던지며 온갖 욕을 해댔습니다.

"피를 흘린 자여 사악한 자여 가거라 가거라 사울의 족속의 모든 피를 여호와께서 네게로 돌리셨도다 그를 이어서 네가 왕이 되었으나 여호와께서 나라를 네 아들 압살롬의 손에 넘기셨도다 보라 너는 피를 흘린 자이므로 화를 자초하였느니라." (삼하 16:7-8)

이 말을 듣고 다윗의 부하인 스루야의 아들 아비새가 당장 목을 자르겠다고 나서자 다윗은 그를 말리면서 이렇게 말합니다.

"스루야의 아들들아 내가 너희와 무슨 상관이 있느냐 그가 저주하는 것은 여호와께서 그에게 다윗을 저주하라 하심이니 네가 어찌 그리하였느냐 할 자가 누구겠느냐 … 내 몸에서 난 아들도 내 생명을 해하려 하거든 하물며 이 베냐민 사람이랴 여호와께서 그에게 명령하신 것이니 그가 저주하게 버려두라 혹시 여호와께서 나의 원통함을 감찰하시리니 오늘 그 저주 때문에 여호와께서 선으로 내게 갚아 주시리라.”(삼하 16:10-12)

무릇 다른 사람에게 크게 화를 내는 것은 대부분 내가 의롭다고 생각하기 때문입니다. 그러나 내가 더 큰 죄인인데 싶은 때는 화날 일이 있어도 차마 화를 못 냅니다. 속상하고 분해도, 자기 죄를 생각하면서 더 속상하고 분하고, 그저 하나님 앞에서 나도 불쌍하고 저 사람도 불쌍한 인생, 주여, 어떡하면 좋습니까? 불쌍히 여기시고, 저희를 이 죄악에서 건져주옵소서, 하고 눈물흘리며 기도할 뿐입니다.

바리새파 사람들이 간음한 여인을 잡아 끌고 와서 예수님께 “여 여자를 어떻게 하면 좋겠소?” 하고 말할 때, 예수님은 “누구든지 죄없는 사람이 먼저 돌로 치라”고 말씀하셨습니다. 그랬더니 사람들이 슬금슬금 그 자리를 떴습니다.

죄없는 사람은 아무도 없습니다. 그러니 누구를 정죄할 수도 없는 것이지요.

다윗은 앞뒤 분간을 못하고 제 알량한 힘과 재주만을 믿고 혈기로 일을 저지른 아들 압살롬을 보면서 실은 자신의 자화상을 보고 있는 것이라고 보아야 합니다. 자기야말로 젊은 날에 저렇게 철부지였고, 자기야말로 저렇게 혈기와 정욕을 이기지 못하고 가증하게 행동한 죄가 얼마나 큰가, 나야말로 죄인중의 죄인이다, 하나님께서 나를 너그럽게 대해주시지 않았더라면 나야말로 죄악 중에 멸망하였으리라….

이렇게 통회자복하면서 마지막까지 그 아들이 마음을 돌이키기를 기다리고, 하나님 앞에 자신과 아들 압살롬을 불쌍히 여겨달라고 탄원의 기도를 올린 것입니다.

죄가 많은 곳에 은혜가 넘친다는 말처럼, 이러한 고통을 겪었기 때문에 다윗은 더더욱 넘치는 용서의 은총을 덧입었을 것이고, 받은 용서, 받은 사랑으로 남은 세월 백성을 섬기는 일에 헌신했을 것입니다. 그리고 그러한 다윗의 품에서 백성들은 위로받고 의지하면서 살았을 것입니다.

오늘 말씀처럼 너그럽고 따뜻하게 대하는 용서와 관용의 마음이 우리 안에서 자라나기를 기도합니다. 용서할 때 용서받습니다. 긍휼히 여길 때 긍휼히 여김을 받습니다. 다른 사람을 용서하지 못하는 사람은 자신이 건너야 할 다리를 부수는 것이라는 말이 있습니다. 산다는 것은 날마다 새롭게 용서하는 용기이며, 용서받는 겸손입니다.

마가복음 11장 25절에 "서서 기도할 때에 아무에게나 혐의가 있거든 용서하라 그리하여야 하늘에 계신 너희 아버지께서도 너희 허물을 사하여 주시리라"고 말씀하셨습니다.

나에게 잘못한 이웃이 있더라도 너그럽게 용서하십시오. 그것은 곧 내가 하나님께 용서받는 길이며 나또한 다른 이웃에게 용서받는 길입니다.

경청과 섬김의 사람

"… 뭇 백성이 그 율법책에 귀를 기울였는데 … 하나님의 율법책을 낭독하고 그 뜻을 해석하여 백성에게 그 낭독하는 것을 다 깨닫게 하니 백성이 율법의 말씀을 듣고 다 우는지라 …" (느 8:1-12)

대화를 잘 하기 위해서는 1 · 2 · 3의 법칙을 따르라는 말을 들은 적이 있습니다(이숙영, 〈맛있는 대화법〉). 한 마디를 말하면, 두 마디를 듣고, 세 번 맞장구치라는 것입니다.

다른 사람의 말을 듣기보다 내가 말하기를 좋아하면 자칫 다른 사람에게 소외감을 주기 쉽습니다. 자연히 대화에 실패하게 되지요. 서로 마음이 통하고, 대화를 통해서 마음이 오가기보다는 상대방에게 은근히 무시당하고 있다는 느낌을 주게 되어 오히려 썰렁해지고, 될 일도 안 되게 됩니다. 그만큼 경청이 중요합니다.

웅변은 은이고 침묵은 금이라는 고전적 진리는 오늘도 여전히 진실입니다. 말을 많이 해야 사는 게 아니라 들어야 삽니다. 말을 많이 하면 할수록 궁해질 것이요(多言數窮), 듣기를 즐겨할수록 차오르고 따뜻해지며 통하여 변화가 일어나는 신비한 기적을 맛보게 될 것입니다.

흔히 이스라엘 백성을 말씀의 백성이라고 합니다. 새로운 이스라엘이라고 말할 수 있는 우리 기독교들인 역시 그 점에서 마찬가지입니다. 말씀의 백성입니다.

이 말은 말을 많이 한다는 뜻이 아니라 오히려 그 반대입니다. 하나님의 말씀을 듣는 백성이라는 뜻입니다. 즉 경청하는 백성이라는 뜻입니다. 오늘 본문말씀이 그것을 잘 보여줍니다.

백성들이 모두 모여서 제사장이며 학사였던 에스라에게 하나님의 법전을 가지고 와서 읽어달라고 하였습니다. 이에 에스라가 법전을 가지고 와서 새벽부터 정오까지 계속해서 말씀을 읽어주니, 백성들은 그 말씀을 들으면서 모두 울었다고 기록되어 있습니다.

온 백성이 말씀을 경청하고 통곡한 이 말씀 집회는 이스라엘 역사에서 큰 획을 그은 사건이었습니다. 통일왕국의 부패와 분열, 북이스라엘과 남유다의 잇따른 멸망, 앗시리아 유배와 바빌론 유배를 거치면서 무너지고 흩어지고, 자기 자신과 민족에 대한 자긍심은 물론 미래에 대한 비전이라고는 도무지 남아있지 않던 이스라엘 백성이, 이 말씀 집회를 통해서 지난 날의 잘못에 대해 통회 자복하였고, 변함없는 하나님의 사랑을 확인하는 가운데 뜨거운 감동으로 새로운 출발을 다짐하였기 때문입니다.

말씀의 백성이 말씀을 듣는 것은 하나님과의 막혔던 소통의 문이 다시 열린다는 것이요, 닫혀있던 은혜의 문이 다시 열린다는 것을 의미합니다. 기가 막힐 때 생명이 죽고 기가 통할 때 생명이 살듯, 말씀을 못 들으면 생명의 근본 되시는 하나님과의 소통이 막혀 죽는 것이요 말씀을 들으면 소통이 되니 살게 되는 것입니다.

그러나 안타깝게도 이스라엘 백성은 오랫동안 듣기보다는 자기 말을 많이 하였고, 불평과 불만, 원망만을 일삼았습니다. 하나님의 은혜로 말미암아 구원받은 백성이지만, 등 따숩고 배부르게 되니 자고하여져서 하나님을 멀리한 것입니다. 하나님의 말씀을 듣는 데는 너무도 소홀히 하였습니다.

이렇게 하나님과의 소통에 문제가 생겼으니 그 결과가 어떻게 되겠습니까? 하나님을 소외시킴으로써 자기자신이 소외되게 된 것입니다. 근본을 무시하고 어떻게 잘 되기를 바라겠습니까? 결국 비참하게 멸망당하고 혹독한 고난을 당하게 되었지요.

본문의 이야기는 그 모든 고난을 겪은 다음, 이게 아니구나, 그 동안 우리가 너무도 하나님의 말씀 듣는 일에 무심했구나, 회개하면서 스스로 말씀 듣기를 청해서 생긴 일입니다.

그런데 이 말씀을 듣기 시작하자마자 예상치 못한 변화가 일어나기 시작했습니다. 자신들의 근본을 알게 되고, 자신들의 죄악을 명확하게 깨닫게 되었습니다. 그리고 그렇게 죄악 가운데 있었음에도 불구하고 변함없이 자신들을 사랑하고 값비싼 은혜로써 그들을 구원하신 하나님의 사랑에 감격하게 되었습니다.

집회장은 온통 눈물의 바다, 통곡의 바다가 되고, 절망과 탄식 대신에 감사와 감격, 구원에 대한 확신이 가득 차게 되었습니다. 요컨대 본래 말씀의 백성이었던 그들의 자리로 돌아가, 모든 교만과 방자한 자세를 버리고 겸허하게 말씀을 경청하기 시작하였을 때, 그들의 영혼과 가정, 온 나라에 새로운 부흥의 기운이 감돌기 시작하였습니다.

요한복음 2장 1절 - 11절 말씀의 가나 혼인 잔치의 기적도 그러합니다. 어떻게 해서 그렇게 놀라운 기적이 일어나게 되었습니까? 들으려는 마음가짐이 있었기 때문입니다.

먼저 마리아. 그녀에게는 혼인잔치집의 여러 상황을 살피면서 현장에서 들려오는 소리를 민감하게 먼저 듣는 깨어있음과 겸손함과 사랑이 있었습니다. 엄마는 아이의 소리를 들을 줄 알아야 합니다. 웃는 소리, 우는 소리, 숨소리까지. 그 소리를 듣고 아이가 배가 고픈지 혹시 어디가 아픈지를 알아 젖을 주든지 들쳐 업고 병원을 가든지 해야 합니다. 마리아가 바로 그런 엄마 역할을 하였습니다.

포도주가 떨어져가는 소리, 그래서 근심 걱정으로 변해가고 썰렁해져가는 가난한 혼인잔치집의 그 안타까운 아픔의 소리를 들었습니다. 그리고 대책을 강구하기 시작했습니다.

어디든 이런 사람이 있어야 합니다. 밑바닥에서 들려오는 그 아픈 신음 소리를 민감하게 들을 수 있는 사랑의 가슴이 있어야 합니다. 가정에든

교회에든 나라든 이런 사람이 있어야 그 공동체가 삽니다.

마리아는 안타까운 마음으로 예수님께 말합니다. "포도주가 떨어졌는데…"

여기에 대해 예수님으로부터 돌아온 대답은 정중한 말이긴 하지만, 듣기에 따라서는 당혹스러울 수도 있는 말이었습니다.

"어머니, 그것이 저에게 무슨 상관이 있다고 그러십니까? 아직 제 때가 오지 않았습니다."

짐짓 거리를 두는 말씀입니다. 어머니 마리아의 말을 경청하기는 하되, 그녀가 요구하는대로 기적을 행할 수는 없는 예수님의 입장이 나타나는 말씀이지요. 예수님의 이 말씀에 대해 마리아는 서운해하지 않고 조용히 기다립니다. 누구의 말을 경청한다고 하는 것이 어떤 것인지를 보여주는 아름다운 모습입니다.

흔히 우리는 누구하고 말하다가 자기 뜻대로 안 되면 계속해서 조르곤 합니다. 나하고 다른 입장을 보이면 화를 내기도 하고, 말을 끝까지 들어보지도 않고 자르는 경우도 많습니다. 그러면 제대로 대화가 되지 않지요.

그러나 마리아는 그렇게 하지 않았습니다. 예수님의 말을 잘 경청해서 들었습니다.

경청의 완벽한 모델은 뭐니 뭐니 해도 예수님이십니다. 본문에서 예수님이 하신 말씀은 몇 마디 되지 않지만, 우리는 듣기를 소홀히 하지 않는 예수님의 경청의 태도를 엿볼 수 있습니다.

예수님은 우선 당신 주변의 작은 이웃들이 살아가는 삶의 현장에 자연스럽게 참여하심으로 그들의 소리를 들으셨습니다. '나 홀로 경건', '나 홀로 거룩함'을 자랑하는 유아독존적 경건이 아니라, 이웃들이 살아가는 구체적인 삶의 현장에서 고락을 함께하는 가운데, 바닥에서 들려오는 소리들을 들으면서 일생을 사셨습니다.

그러나 그렇다고 해서 큰 소리만 들으신 게 아닙니다. 부끄러워서 말로 표현 못하는 소리, 너무도 아프고 오래되어서 무슨 말로써도 나오지 못하는 소리, 이름도 없고 빛도 없이 음지에서 겨우 한숨만 토해내는 모든 "부드럽고 여린 소리"도 들으셨습니다. 그리고 무엇보다도 그 모든 것의 한복판, 그 모든 것의 배후, 그 모든 것의 밑바닥에서 말씀하시는 하나님의 음성을 듣기 위한 노력을 게을리하지 않으셨습니다.

그런 예수님이셨기에, 문제를 풀어가는 모습도 역시 다릅니다. 예수님은 거기 없는 것을 통해서가 아니라 거기 있는 것을 통해서 풀어가시고, 거기 있는 사람들을 통해서 문제를 해결하십니다.

물동이에 물을 가득 채우고, 그것을 다시 잔치맡은 이에게 갖다 주라고 하셨습니다. 그리고 그 모든 일들을 거기 있는 사람들을 통하여 하셨습니다. 자신들의 주변에 있는 것들을 동원하여 이렇게 저렇게 부지런하게 움직이는 가운데, 그렇게 하다 보니 어언간에 신비하게 문제가 해결되도록, 그렇게 그 모든 일들을 연출하셨습니다.

예수님은 말하자면 무대 위에 모습을 드러내지 않으면서 배우들로 하여금 멋진 연기를 하도록 모든 상황을 연출하는 피디(PD) 같은 분이십니다. 어떻게 그 모든 일을 할 수 있었을까요? 기본적으로 듣는 마음가짐, 다른 사람들이 제 역할을 하도록 보이지 않게 섬기는 마음가짐이 몸에 배었기 때문에 가능한 것입니다.

무릇 탁월한 지도자는 어떤 상황에 처하든, 일단은 주어진 여건을 활용할 줄 아는 사람일 것입니다. 또 자기 주변의 사람들을 있는 그대로 받아들이며, 그들의 숨겨져 있는 가능성을 알아보고 그것을 끄집어낼 수 있는 사람일 것입니다. 그러한 사람은 어디를 가더라도 그곳에 활력을 불어넣습니다. 어디를 가든 즐겁게 일하고, 그곳에서 사람들을 잘 사귀며 더불어 함께 분위기를 살아나게 만듭니다. 어떻게 해서 그런 변화가 일어나느냐? 바로 경청과 섬김의 영성이 체화된 사람일 때 가능한 것입니다.

특별히 감동적인 것은 이러한 경청과 섬김을 통해서 물이 변하여 포도주가 되는 놀라운 변화가 일어났지만, 이 모든 것에 대해서 그 공이 예수님 자신에게 돌아가게 하지 않고, 그날 혼인잔치의 주인공인 신랑에게 돌아가도록 하셨다는 것입니다.

잔치 맡은 이는 아무것도 모른 채 술맛을 보고 나서 신랑을 불러 이렇게 말하지요.

"사람마다 먼저 좋은 포도주를 내고 취한 후에 낮은 것을 내거늘 그대는 지금까지 좋은 포도주를 두었도다." (요 2:10)

당신 혼자 북치고 장구치고 모든 영광 독차지하는 기적이 아니라, 음지에서 수고하던 모든 사람들이 다들 나름대로 자신들이 할 수 있는 일을 열심히 하도록 세워주고, 그렇게 하는 과정에서 신비롭게도 의미있는 변화를 체험하도록 하는 방식으로 기적을 연출하신 것입니다. 이것이 예수님께서 연출하신 기적입니다.

이 모든 것을 직접 목격한 사도 요한은 "예수께서 이 첫 표적을 갈릴리 가나에서 행하여 그의 영광을 나타내시매"(요 2:11)라고 말하였습니다. 시종여일한 경청과 섬김, 그로 인한 아름다운 변화, 바로 거기에 그리스도의 영광이 있고, 이런 모습이야말로 은총과 진리가 충만한 모습이었다는 것입니다.

지금으로부터 100년 전인 1907년, 이 땅에는 역사적으로 그 유래를 찾아보기 어려운 영적 대부흥이 이루어졌습니다. 평양 장대현교회를 시작으로 하여 기생의 도시 평양이 온통 눈물과 통곡의 바다로 바뀌었고, 그러한 회개운동은 전국적으로 퍼져나갔습니다. 나라를 잃고 실의와 좌절에 빠져 있던 이 나라 백성들이 국가, 민족, 이러한 것들과는 차원이 다른 하늘의 음성을 들으면서 마음을 찢고 회개하였으며, 그 위에 이렇게 통회하는 백성들을 사랑으로 감싸안으시고 회복의 은총을 베푸시는 성령의 역사를 체험하게 된 것입니다.

이러한 경험을 통해서 막혔던 심령의 기운이 통하고, 낙심과 절망으로 쇠진하였던 이 백성의 영혼이 새로운 생명으로 소생하는 역사가 온 땅으로 퍼져나가게 된 것입니다.

올해가 그로부터 100년이 되는 해라서 범교회적으로 'Again 1907년'을 외치고 있습니다만, 우리가 꼭 기억해야 할 것이 있습니다. 이러한 회개 운동이 결코 거저 일어난 것이 아니라는 것입니다. 그것은 말씀을 들음으로써 생긴 결과라는 사실입니다. 가난하고 애통한 심령으로 간절하게 말씀을 들을 때에, 하나님의 마음과 이 나라 백성들의 마음에 소통의 기적이 일어나서 생긴 결과라는 것입니다.

그때에 그 놀라운 부흥을 가능케 했던 가난하고 애통한 심령, 겸손하게 말씀을 듣고자하는 청종의 모습이 다시 살아나게 되기를 소망합니다. 오늘 우리 시대의 온갖 갈등과 침체와 절망의 배후에는 어떻게든 남보다 빨리 많은 것을 이루려하는 욕심, 나의 주장만을 관철시키려고 하는 일방주의에서 비롯된 소통의 단절이 있는 것을 우리는 압니다. 꽉 막힌 소통의 문이 다시 열려야 합니다. 다시금 대화가 통하고 마음이 통하는 소통의 기적이 일어나야 합니다.

그래야 이 어려운 고비를 넘어설 수 있습니다. 그래야 이 만신창이가 된 이 땅의 가정이 살고, 교회가 살고, 정치가 살고, 경제가 삽니다. 이 일이 이루어지기 위해서는 먼저 우리 그리스도인들이 헛된 욕심을 접고 고요하게 말씀을 듣는 자리로 돌아가야 할 줄 믿습니다.

우리 모두가 말씀의 백성답게 말을 많이 하기보다 겸손하게 듣기를 즐겨하는 백성이 되기를, 듣고 섬김으로 원활한 소통을 이루고 위로부터 임하는 아름다운 변화의 통로가 되는 사람이 되기를 바랍니다. 겸손하게 듣고 맞장구치고 섬기는 자세로 다른 사람을 세워줄 때, 멋진

하이 파이브(high five)가 일어납니다. 나의 마음이 남편과 통하고 아내와 통하고 친구와 통하고 궁극적으로 하나님의 마음과 통해야 합니다. 통하면 살고 막히면 죽습니다.

상상할 수도 없는 고난의 한복판에서 모든 교만을 내려놓고 말씀을 들음으로 다시 살아난 이스라엘 백성들처럼, 작은 고통의 소리에도 귀기울이고 순종함으로 물이 변하여 포도주가 되는 아름다운 기적을 체험한 마리아와 일꾼들, 그리고 그 모든 것을 연출하신 섬김의 예수 그리스도처럼, 여러분이 먼저 듣고 세워주는 섬김의 일꾼들이 되시기를 축원합니다.

하나님은 왜 다윗을 택하셨을까?

"… 이에 사람을 보내어 그를 데려오매 그의 빛이 붉고 눈
이 빼어나고 얼굴이 아름답더라 여호와께서 이르시되 이가
그니 일어나 기름을 부으라 하시는지라 사무엘이 기름 뿔
병을 가져다가 그의 형제 중에서 그에게 부었더니 이 날 이
후로 다윗이 여호와의 영에게 크게 감동되니라 …" (삼상
15:34-16:13)

인사가 만사라는 말이 있습니다. 또 옛말에, 여자 하나 잘
들어오면 집안이 흥하고 여자 하나 잘못 들어오면
집안이 망한다는 말이 있습니다. 모두 사람을 선택하는 일이 얼마나 중
요한가를 말해주는 이야기입니다.

그러나 세상에 완전한 사람이 어디에 있습니까? 선택받는 사람도, 선택
하는 사람도 다 부족한 사람들입니다. 그러므로 서로 노력하며 사는 게
또 인생입니다. 좋은 사람을 선택하는 것도 중요하지만, 이미 선택한 사
람에 대해 최선을 다하며 사랑을 가꾸어가는 것도 중요합니다.

주변에 보면 금방 사람을 사귀었다가 금새 헤어지는 사람들이 의외로

많습니다. 이유를 물어보면 성격차랍니다.

반면에 이런 사람도 있습니다. 어떤 이유로 혼자 되었던 분들이 재혼해서 행복하게 잘 삽니다. 전실 자식이 있고, 데리고 들어온 자식이 있는데도 용케 잘 삽니다. 이거야말로 참 귀한 삶입니다. 사랑을 가꾸어가는 능력이 없으면 불가능한 일이기 때문입니다.

이상적으로야 두 사람이 일평생 헤어지지 않고 자식낳고 살면서 백년해로하는 것이지만, 그게 사람 마음대로 됩니까? 자기 뜻대로만 되지 않는 게 인생입니다. 어느 집이든지 100% 완벽한 집은 없습니다.

돈이 없든지, 성격이 안 맞든지, 자식이 속을 썩이든지, 아예 자식이 없든지, 나름대로 다 문제와 아픔이 있습니다. 그런 의미에서 인생은 공평한 것 같기도 합니다. 부모가 똑똑하면 자식이 좀 모자라고, 부모가 좀 부족하고 가난하면 자식이 똑똑하거나 효성스럽고….

인생은 나무에 물주듯이 가꾸어가는 것입니다. 사랑하는 것입니다. 삶은 곧 사랑하기입니다. 그럼 사랑이란 무엇입니까? 상대방을 인정하고 배려하는 것입니다. 나와의 다름(difference)를 인정하고 함부로 판단하지 않는 것이며, 오래 참는 것이며, 어떻게든 그가 잘 되도록 도와주는 것입니다.

그렇게 할 때 삶은 아름다워지고, 살만한 세상이 이루어집니다. 이런 사람이 많아야 그 사회는 건강해지고 하나님께서 기뻐하십니다.

이사야 42장 1절-3절에 "내가 붙드는 나의 종, 내 마음에 기뻐하는 자 곧 내가 택한 사람을 보라 내가 나의 영을 그에게 주었은즉 그가 이방에 정의를 베풀리라 그는 외치지 아니하며 목소리를 높이지 아니하며 그 소리로 거리에 들리게 하지 아니하며 상한 갈대를 꺾지 아니하며 꺼져 가는 등불을 끄지 아니하고 진리로 정의를 시행할 것이며…”라고 말씀하셨습니다.

한 마디로 하나님은 사랑으로 섬기는 사람을 가장 기뻐하신다는 것입니다. 왜 그럴까요? 하나님은 사랑이시기 때문입니다.

오늘 말씀에 다윗을 택하여 기름붓는 장면이 나오는데, 하나님께서는 “사람들은 외모와 신장을 보지만 나는 속마음(중심)을 본다”고 말씀하시면서 이새의 다른 아들들을 다 물리치고 막내인 다윗이 오자 ‘바로 이 아이다. 어서 이 아이에게 기름을 부어라’고 말씀하십니다.

다윗이 비록 나이는 어리지만, 양을 치는 일뿐 아니라 장차 나라를 복되게 하는 일에 귀하게 쓰임받게 될 귀한 재목이니 그 아이를 성별하여 기름부어라고 하셨습니다.

여러분 나라를 경영하는 일에 있어서 가장 귀한 일이 무엇이겠습니까? 특별히 사울의 뒤를 이어 나라를 다스릴 왕이 갖추어야 할 가장 귀한 덕목이 무엇이겠습니까?

결론부터 말하면 사울의 업적을 계승해서 나라를 부강하게 하는 카리스마적 지도력뿐 아니라, 전쟁을 치르면서 갈라진 나라 안팎의 민심을 수습하고 통합할 수 있는 포용력, 사랑의 능력을 갖춘 섬김의 지도력(servant leadership)이었을 것입니다. 다윗에게는 그런 자질이 충분하였습니다.

그런데 왜 이런 품성이 그렇게 필요했는지를 이해하기 위해서는 사울왕의 시대에 대해 전체적인 조망을 할 필요가 있습니다. 흔히 사울은 무조건 나쁜 사람이고 다윗은 무조건 좋은 사람이라고 생각하는데, 그렇게 간단하지만은 않습니다.

사울을 못된 왕의 표본인 것처럼 말하는데, 처음부터 사울이 그랬던 것은 아닙니다. 사울은 자신이 왕이 되고 싶어서 된 사람이 아니었습니다. 백성들이 하도 왕을 세워달라고 조르니, 하나님께서 허락하셔서 된 것이 왕정이고, 하나님이 특별히 사울을 지명하셔서 사무엘로 하여금 그를 안수하게 하고 친히 성령을 부어주셔서 왕이 된 사람입니다.

사무엘은 왕을 요구하는 백성들을 못마땅하게 생각하다가 나중에 사울을 보고는 그의 준수한 외모에 반하여 만족해하면서, "여호와께서 택하신 자를 보느냐 모든 백성 중에 짝할 이가 없느니라"고 선포하였고, 이에 온 백성은 "우리 임금 만세!"라고 외쳤습니다(삼상 10:24). 사울, 사무엘, 백성들 모두 행복한 시절이 있었습니다.

그러나 불행하게도 이런 행복은 오래 가지 않았습니다. 사울과 사무엘의 관계가 심각하게 엇나가버렸습니다. 사울은 싸움은 잘 하였으나, 백성들의 마음을 다독거리고 나라 전체의 조화를 이루도록 하는데는 많이 부족하였습니다. 그래서 제사장이자 선지자인 사무엘과 자주 부딪혔습니다.

왕의 역할이 전쟁만 수행하는 건 아니지 않습니까? 돈만 잘 벌어온다고 좋은 아버지가 아니듯이 싸움만 잘 한다고 좋은 왕이 될 수 있는 건 아닙니다. 초기엔 그렇지 않았지만 시간이 지나면서 달라졌는데, 그는 선지자인 사무엘을 점점 멀리하고 무시하였습니다.

이 말은 그가 점점 하나님과 그의 말씀, 그의 교회를 무시하였다는 말과 같습니다. 왕이 말씀을 소홀히하고, 교만하고 방자한 길을 걸을 때 나라 꼴이 어떻게 되겠습니까? 기강이 해이해지고, 부정 부패 타락이 만연해질 수밖에 없는 것입니다.

이런 이유로 인해 사울과 사무엘의 밀월시대가 끝나고, 갈등과 대립을 거쳐 끝내는 파국에 이르게 된 것입니다. 그 비극적인 모습을 보여주는 것이 사무엘상 15장 34절 - 35절입니다.

"사무엘은 라마로 가고 사울은 사울 기브아 자기의 집으로 올라가니라 사무엘이 죽는 날까지 사울을 다시 가서 보지 아니하였으니 이는 그가 사울을 위하여 슬퍼함이었고 여호와께서는 사울을 이스라엘 왕으로 삼으신 것을 후회하셨더라."

하지만 하나님은 사울을 버리지 않으셨습니다. 사무엘은 사울을 버렸지만 하나님은 사울의 과오에도 불구하고 사울을 버리지 않으셨습니다. 물론 성경을 보면 하나님이 사울을 버린 것처럼 표현하는 구절이 있지만, 그건 어디까지나 직위에서 파면시켰다는 것이고, 하나님은 마지막까지 사울을 버리지 않으셨습니다.

그 동안의 헌신이 헛되지 않도록, 그가 부끄러운 죽음을 죽지 않고 전쟁터에서 장렬하게 싸우다 죽도록 배려하셨습니다. 그리고 무엇보다도 하나님은 이스라엘 공동체 전체를 위하여 대안을 세우는 일에 힘을 기울이셨습니다.

이 세상에 흠이 없이 100% 완벽한 사람은 없는데, 사울이 이만큼밖에 못했다면 그 다음엔 누구냐? 그 대안을 세우는 일을 위해 사무엘 선지자에게 일어서라 하시고, 저기 베들레헴에 가면 내가 보아둔 사람이 있으니 가서 그를 기름부어라 하고 말씀하셨습니다.

이때 눈에 띈 사람이 바로 다윗입니다. 어떤 면이 눈에 띄었기에 하나님은 그를 왕재(王材)로 보고 기름부어 성별하라고 하셨을까요? 성경을 보면 이렇다할만한 것이 별로 보이지 않습니다. 용모가 탁월했다든지, 시험을 쳤는데 최고점수를 받았다든지, 면접 때 대답을 아주 잘했다든지 등의 아무런 기록이 없습니다.

다만 한 가지가 기록되어 있는데, 사무엘이 이새에게 다른 아들은 없느냐고 물으니, "막내 아들이 있긴 한데, 그 아이는 지금 양을 치고 있습니다" 하고 대답하였다는 기록입니다.

양을 치는 일이 왕이 되는 것과 무슨 관계가 있을까요?

양은 여러 가지 특징이 있다고 합니다. 우선 약합니다. 급하게 몰면 발톱이 상하고 죽을 수도 있습니다. 또 눈이 나쁘고 고집이 셉니다. 그래서 한 번 길을 잃으면 되돌아오는 길을 찾지 못합니다. 그러므로 목자는 온유하고 침착해야 하고, 상대를 배려하는 자상함이 있어야 합니다.

목초지는 띄엄띄엄 있고, 일기도 수시로 변하고, 예기치 않은 여러 가지 일이 있을 수 있기 때문에 목자는 이런 것을 미리미리 대비하는 부지런함이 있어야 하고, 앞을 내다보는 판단력이 있어야 합니다. 또 양을 치다 보면 때로 맹수가 공격해오는데, 이 맹수로부터 양을 보호하려면 온몸을 내던져 양을 지켜내려는 용기도 있어야 합니다. 양치는 일, 결코 작은 일이 아닙니다.

그러니까 다윗이 어린 나이에 양을 쳤다는 것은 그가 그만큼 부드럽고 온유하고 부지런하고 책임감이 있고 용기가 있었다는 것을 의미합니다. 그리고 그것은 작다면 작은 일이지만, 결코 작은 일만은 아니라는 것입니다.

무릇 작은 일을 잘 하는 사람은 큰 일도 잘 할 가능성이 많습니다. 아무리 큰 꿈이 있어도, 작은 일, 작은 것 하나를 소홀히하고 그것을 건너뛰고서는 결코 큰 꿈을 이룰 수 없는 것이 인생의 이치입니다.

예수님께서 "지극히 작은 사람 하나에게 한 것이 내게 한 것이요 지극히 작은 사람 하나에게 하지 않은 것이 바로 내게 하지 않은 것"이라고 말씀하셨습니다.

또한 다섯 달란트를 받았든지, 두 달란트를 받았든지, 한 달란트를 받았든지, 열심히 일하여 조금이라도 남긴 자에게 "착하고 충성된 종아, 네가 작은 일에 충성하였으니 이제 더 큰 일을 맡기리라"고 말씀하셨습니다.

그러므로 언제나 겸손하게 작은 일에 충성해야 합니다. 한 사람, 한 생명을 귀하게 여기고 최선을 다해야 합니다.

우리 모두가 오늘 우리의 처지를 불평하기보다 감사하면서, 작은 것 하나라도 성심껏 감당할 수 있기를 바랍니다. 주님은 우리의 사랑을 보시고, 정성을 보십니다. 주의 일을 하겠다는 우리가 과연 진심으로 주님의 심정으로 한 생명을 귀하게 여기고 섬기고 있는지, 그것을 눈여겨보고 계십니다. 그리고 어떠한 상황에서도 우리가 변함없이 하나님을 신뢰하고 묵묵히, 겸손히, 성실하게 씨앗을 뿌리고 소망 중에 기다리는가, 정말로 진실되게 우리가 하나님을 믿고 의지하는가를 눈여겨보고 계십니다. 그런 의미에서 오늘 우리가 사는 하루하루는 하나님 앞에서 치르는 시험이기도 합니다. 이 시험에서 모두 좋은 성적 거두시기를 바랍니다. 그리고 하나님께 택함받는 귀한 그릇이 되기를 바랍니다.

예수를 따르려면

"… 죽은 자들로 자기의 죽은 자들을 장사하게 하고 너는
가서 하나님의 나라를 전파하라 하시고 … 예수께서 이르
시되 손에 쟁기를 잡고 뒤를 돌아보는 자는 하나님의 나라
에 합당하지 아니하니라 하시니라" (눅 9:57-62)

우리는 모두 인생이라는 무대에서 배우는 학생이라고 할
수 있습니다. 배워서 말을 하고, 배워서 요리를 하
며, 배워서 운전을 하고, 배워서 피아노를 칩니다. 배우지 않고 인생을
살 수 있는 사람은 없습니다.

그러므로 성공적인 인생을 살자면 성실하게 배워야 합니다. 그리고 배
우는 것을 즐거움으로 알아야 합니다. 때로 어떤 선생님을 만나느냐에
따라 결과가 달라질 수 있지만, 그 경우에도 배우는 제자의 태도가 중요
합니다. 아무리 훌륭한 선생님이 가르친다 하여도 배우는 사람의 몫이
라는 건 있게 마련입니다.

예수님에게는 열 두 제자가 있었습니다. 그들 모두에게 예수님께서는 차별없이 사랑을 베푸시고 가르치셨습니다. 그러나 그 결과가 똑같았던 것은 아닙니다. 아시는대로 베드로는 참 실수가 많았던 사람이지만 자신의 허물을 용서해주시는 스승의 사랑을 헛되이 하지 않게 하려고 몸부림치며 노력하는 가운데 성인의 반열에까지 오르게 되었습니다.

그러나 가롯 유다는 제자의 길에서 실패하였습니다. 예수님에게 자기 나름대로 기대하는 게 많았고, 어떤 의미에서는 너무 똑똑하여 제자가 되는 데 실패하였다고 볼 수 있습니다. 능력 많은 예수님이 왜 십자가의 길을 가는지 그로서는 받아들일 수 없었고, 자기 나름대로 예수님에 대해 생각하다가 자기 나름대로의 생각으로 스승을 배신하고 결국에는 제자의 길에서 실패하고 말았지요.

모름지기 배우는 제자는 겸손하게 배울 준비가 되어 있어야 합니다. 예수님의 제자가 되려는 사람은 특별히 그러합니다. 예수님은 인생의 무슨 묘수를 가르쳐주는 특별 과외 선생님이 아니라, 우리 모두가 마땅히 걸어야 할 길이요 진리요 생명이기 때문입니다.

예수님의 길에는 왕도가 없습니다. 예수님은 "누구든지 나를 따라오려거든 자기를 부인하고 자기 십자가를 지고 나를 따를 것이니라"(막 8:34)고 말씀하셨습니다. 대가를 지불해야 하고, 합당한 피와 땀을 흘리지 않으면 당신의 제자가 될 수 없다는 것입니다.

오늘 말씀에 보니까 예수님이 길을 가고 있을 때 어떤 사람이 "어디로 가시든지 나는 따르리이다”하고 말하였습니다. 예수님의 제자가 되고 싶다고 자청한 것이지요. 그런데 예수님은 가타부타 말씀하시지 않고 이렇게 말씀하십니다.

“여우도 굴이 있고 공중의 새도 집이 있으되 인자는 머리 둘 곳이 없도 다.” (눅 9:58)

너는 지금 나를 따라오면 좋은 일만 있을 줄 알고 내 제자가 되고 싶다고 하는 모양인데, 나와 함께 다니면 고생할 각오가 되어 있어야 한다. 나는 집도 없고, 돈도 없고, 어떤 박해를 받을지 모르는데, 그래도 내 제자가 되고 싶은 것이냐? 다시 한번 깊이 생각해 봐라. 그런 말씀이지요.

그 사람, 이 말씀을 듣고 어떤 반응을 보였을까요?

이번에는 예수님이 다른 사람에게 “나를 따르라”고 말씀하셨습니다. 제 자가 되고 싶다는 사람에 대해서는 다시 한 번 생각해보라고 말씀하시 더니, 이번에는 예수님이 먼저 특정한 사람을 향해서 “나를 따르라”고 하셨습니다.

그러나 58절 말씀을 들어서인지 이 사람은 움찔합니다. 그리고는 한 발 뒤로 물러섭니다. “나로 먼저 가서 내 아버지를 장사하게 허락하옵소 서.” 그럴듯한 이유를 들어서 예수님을 따라가는 것을 유보하는 것이 지요.

그러나 그 속을 어찌 예수님이 모르시겠습니까? 예수님의 제자가 되고 싶은 간절한 마음이 없는 거지요. 예수님께서 그 사람에게 하신 말씀에 서 예수님이 그를 어떻게 바라보셨는가를 알 수 있습니다. “죽은 자들로

자기의 죽은 자들을 장사하게 하고 너는 가서 하나님의 나라를 전파하
라."

그 옆에 있었던 다른 사람도 움찔합니다. 자신을 부를까봐, 미리 선수를
쳐서 말합니다. "주여 내가 주를 따르겠나이다마는 나로 먼저 내 가족을
작별하게 허락하소서."

정상적인 경우라면 이 두 사람의 말은 전혀 문제 될 게 없습니다. 아무려
면 예수님이 그 정도도 이해해주지 못할 만큼 아량이 좁은 분입니까? 아
버지 장례를 치르고 오겠다는 것을 어떻게 잘못이라고 말할 수 있으며,
집에 가서 식구들과 작별 인사를 나누고 따르겠다는 말 또한 어떻게 잘
못이라고 말할 수 있겠습니까?

구약에 보면 엘리야와 엘리사 얘기가 나옵니다만, 엘리사는 밭을 갈다
가 엘리야의 부름을 받고 이렇게 말하였습니다. "나를 내 부모와 입맞추
게 하소서 그리한 후에 내가 당신을 따르리이다." 그러자 엘리야는 말합
니다. "돌아가라 내가 네게 어떻게 행하였느냐." (왕상 19:19-21)

상식적으로 너무도 당연한 얘기지요. 한평생 자기를 키워준 아버지의
장례를 죽은 자들에게 맡겨두고 너는 나를 따라오라는 것이 말이 되며,
집에 가서 식구들과 작별 인사를 나누는 것도 허락하지 않는다는 것이
말이 됩니까?

그러나 모든 말은 특정한 상황에서 특정한 상대를 향해서 이루어진 것
이라는 걸 생각해야 합니다. 정상적인 상황에서라면 문제될 게 없는 말

을 예수님이 문제삼으셨다면, 그 말을 한 사람이 실상은 정상적이지 않은 마음가짐으로 말을 하였으리라는 것입니다. 다시 말하면 사안의 중요성이나 절박성을 생각할 때 아무런 간절함이 없는 미적지근한 태도를 보셨기 때문에 하신 말씀이라는 것입니다.

그들이 뭐라고 핑계를 댔건 그 말의 진정성을 예수님이 모르셨을 리 없습니다. 아마도 십중팔구, 아버지의 장례를 치러야 한다는 말은 아직 일어나지 않은 일을 가상해서 하는 말일 가능성이 크며, 중요한 일이 있을 때 핑계를 대면서 뒤로 물러서는 사람은 그 이유가 아닌 다른 어떤 이유를 들어서라도 뒤로 몸을 뺀다는 것을 예수님은 너무도 잘 아셨기 때문에 그렇게 말씀하신 것입니다.

세상 모든 일에는 때가 있습니다. 중요한 일일수록 더욱 그렇습니다. 예수님을 따른다고 하는 것이 그렇게 가벼운 일입니까? 진리를 깨치는 일이요, 자신의 운명을 바꾸게 되는 중차대한 일입니다. 이 중요한 일을 하겠다는 사람이 자기 하고 싶은 것 다 한 다음에 와서 예수를 따르겠다는 게 말이 되는 소리입니까?

지금 어떤 사정을 들어서 중요한 일을 뒤로 미루는 사람은, 조금 있으면 또 다른 이유를 들어서 그 일을 뒤로 미룰 가능성이 매우 큽니다.

예를 들어서 주일날 예배에 참석하는 것만 해도 그래요. 하나님 앞에 나와 말씀을 듣고 기도하는 일을 중요하게 생각하여 그것이 자신의 생활 습관으로 자리잡기까지 거저 쉽게 되는 게 아닙니다. 초신자일수록 이런저런 핑계거리가 생깁니다. 갑자기 친구가 만나자고 전화가 오고, 어디 결혼식 갈 일이 생기고, 전날 술마실 일이 생겨 늦게까지 마시다 보면 몸이 피곤해서 못 나오고…. 핑계없는 무덤이 없습니다.

그러나 여러분, 다시 말하지만 모든 게 때가 있습니다. 지금 하지 않으면 다시는 기회가 오지 않는 경우가 많습니다. 중요한 일일수록 뒤로 미루지 말고 지금 해야 합니다. 그래야 그것이 자기 것이 되고, 자기가 원하는 인생을 살 수 있습니다. 중요한 일을 자꾸만 뒤로 미루고, 지금 자기가 하고 싶은 것을 다 한 다음 나중에 그 일을 하겠다는 사람은 큰 일을 이룰 수 없습니다.

이삭에게는 두 아들이 있었습니다. 에서와 야곱, 쌍둥이 형제였지요. 한 날 한 시에 태어난 형제였지만, 두 아들은 너무도 대조적인 인생을 살았습니다. 이유가 무엇이었습니까?

에서는 신체적인 조건으로 따지면 야곱보다 훨씬 건장하고 성격도 호인이었지만 그에게는 치명적인 문제가 있었습니다. 너무 육적이었어요. 에서는 이성적으로 판단하고 자신을 조절하는 능력이 너무도 부족하였습니다. 장자권이라는 말로 표상되는 영적인 일, 하나님의 말씀과 그의 약속, 예배, 이런 일들을 너무도 소홀히하였고, 지금 당장 육신의 충동에 따라 기분 내키는대로 살아갔습니다. 그는 자신에게 있는 복을 차버리고 말았던 것입니다.

반면에 야곱은 어떠했습니까? 객관적 조건으로 따지면 에서에 비해 많이 불리하였지만, 그는 인내할 줄 알았습니다. 무엇이 더 중요한지를 판단할 줄 알고, 그것을 얻기 위해 포기할 것을 포기하고 취할 것을 취하는 결단력이 있었습니다. 그랬기에 그는 축복의 사람이 될 수 있었던 것입니다.

기회는 항상 있는 것이 아닙니다. 기회가 왔을 때 그것을 취해야 하는 것입니다. 하나님은 사랑이시지만 사랑으로 베풀어주시는 인생의 기회는 한정되어 있습니다. 내가 하고 싶은 것 다 하면서 진리를 깨우칠 수 있을 만큼, 우리에게 허락된 시간은 영원하지 않으며, 예수님을 따르는 길이 그렇게 한가한 길이 아니라는 것을 알아야 합니다.

쟁기를 잡고 뒤를 자꾸 돌아다보는 사람이 밭을 제대로 간다는 것은 불가능합니다. 오직 앞을 볼 뿐입니다. 이 중요한 시기에, 때를 놓치지 말고 즐겁고도 민첩한 발걸음으로 주님과 함께 푯대를 향하여 한 걸음 한 걸음 오직 앞으로 나아가는(빌 3:13-14) 한 주간이 되시기를 주님의 이름으로 축원합니다.

사람의 일과 하나님의 일

"… 예수께서 나아와 그들에게 손을 대시며 이르시되 일어
나라 두려워하지 말라 하시니 제자들이 눈을 들고 보매 오
직 예수 외에는 아무도 보이지 아니하더라" (마 17:1–8)

예수님의 여정은 한가로운 여행이 아니었습니다. 끊임
없이 사람들이 몰려와 식사할 겨를도 없기가
다반사였습니다. 예수님 주변에는 예수님께서 의도하지 않았어도 어떻
게 소문을 듣고 찾아왔는지 사람들이 끊이지 않았고, 그로 인해 사건과
기적, 감동과 파문과 때로는 갈등이 끊임없이 일어났습니다. 그래서 쉬
고 싶으나 쉴 짬을 내기 어려운 분이 바로 예수님이셨습니다.

그런데 이러한 예수님의 공생애 여정에서, 언뜻 보면 유독 한가로워 보
이는 대목이 있습니다. 웬일인지 예수님께서는 아무것도 행하지 않고

침묵 속에서 엿새를 보내신 것 같습니다. 엿새 동안 뭘 했는지, 무슨 말을 했는지 아무 기록이 없습니다.

그저 "엿새 후에 예수께서 베드로와 야고보와 그 형제 요한을 데리시고 따로 높은 산을 올라가셨더니"라는 말만 있을 뿐입니다.

예수님께서는 기도하기 위해 제자들 몇 명을 데리고 따로 산을 오르셨습니다. 뭔가 특별한 사정이 있었음을 짐작케 하는 대목입니다. 도대체 예수님과 제자들, 그 공동체 안에 무슨 일이 있었던 걸까요?

놀라지 마십시오. 예수님과 제자들 사이에 격렬한 충돌이 있었습니다. 세 복음서의 보도가 모두 일치하는 바입니다만 오늘 본문, 즉 엿새 후에 산에 올라가 변모된 사건 이전에는 예수님과 제자들이 심각하게 대립하는 장면이 나옵니다.

사건의 발단은 예수님의 통고였습니다. 예수님은 제자들로서는 이해할 수도 받아들일 수도 없는 심각한 결심을 하고 일방적으로 그것을 통고하셨습니다. 자신이 반드시 예루살렘에 올라가 고난을 받고 죽었다가 다시 살아날 것이라는 얘기였습니다. 그러자 제자들이 모두 당혹해하고 심하게 반발하는 사태가 발생한 것입니다.

특별히 베드로는 대놓고 반발했습니다. "안 됩니다. 결코 그런 일이 있어서는 안 됩니다."(마 16:22) 어쩌면 이러한 반발은 당연한 반발이요 충분히 이해할 만한 반발이라고 할 수 있습니다. 제자들이 예수를 따라나설 때 예수님에게 은혜받고 감동받고 그의 제자가 되어 새로운 인생을 살기를 원한 건 사실이지만, 그건 어떤 의미에서 위대한 승리요 성공이요 고상한 품위요 적절한 조화와 균형의 삶이지 그 모든 것을 송두리째 포기하고 자기 생명을 바치는 것까지는 아니었기 때문입니다.

베드로가 이렇게 대놓고 정면으로 반발할 때, 제자들 중 어느 누구도 베드로를 향해서, "이 사람아, 진정하게!" 하면서 제지한 사람이 없었습니다. 제자들 중 어느 누구도 스승이신 예수님의 입장을 옹호하는 사람이 없었습니다.

결과적으로 제자들 전체가 예수님을 향해서 반발하고 압박하고 거리를 취하는 상황이 발생한 것입니다. 말하자면 예수님과 제자들의 대립전선이 형성된 것입니다.

이러한 상황에서 예수님 역시 물러서지 않았습니다. 예수님께서는 격렬하게 아주 심한 어조로, 제자들의 우두머리격인 베드로를 질책하셨습니다.

"사탄아, 물러가라. 너는 나에게 장애물이다. 너는 하나님의 일을 생각하지 않고 사람의 일만을 생각하는구나!"

예수님의 말씀에 의하면 제자들의 심각한 문제는 하나님의 일을 생각하지 않고 사람의 일만을 생각한다는 것이었습니다.

베드로를 위시해 제자들은 "사람의 일만" 생각하였습니다. 사람이 사람의 일을 생각하는 거야 너무도 당연한 일이겠지만, 하나님의 사람이 사람의 일만 생각했다면 그것은 결코 그냥 넘겨버릴 수 있는 것이 아니었습니다. 그것은 그들이 예수를 따라 이전의 삶의 기반을 버리고 떠난 것 같지만 실은 아직도 내면속에서 그 옛 삶의 방식을 온전히 청산하지 못했음을 의미하기 때문입니다.

여러분, 하나님께서 홍수로 세상을 심판하시게 된 역사적 배경이 무엇입니까?

"하나님의 아들들이 사람의 딸들의 아름다움을 보고 자기들이 좋아하는 모든 여자를 아내로 삼는지라."(창 6:2)

즉 하나님의 사람이 자신의 본분을 잊고 그저 세상적인 욕심과 유혹을 따라 살다보니, 그게 처음에는 별것 아닌 것 같지만 나중에는 세상 전체가 죄악으로 가득찬 세상이 되어버렸다는 것입니다.

하나님의 사람이라면 마땅히 무슨 일을 하든지, 이 세대를 본받지 말고 마음에 변화를 받아 하나님의 선하시고 기뻐하시고 온전하신 뜻이 무엇인지 분별해서 하나님의 뜻을 따라 행해야 합니다(롬 12:2).

그런데 이 마땅한 영적 자세를 버리고 세상 사람들과 똑같은 생각과 기준으로 일을 처리한다면 그 결과가 어떻게 되겠습니까? 처음에는 별것 아니라고 생각할지 모르지만 그 결과는 아주 치명적일 수 있습니다.

또 있습니다. 다윗의 인구조사 사건입니다. 어찌 보면 왕이 인구조사를 시킨 것이 뭐 그리 큰 잘못이겠습니까? 그런데 하나님께서는 이를 두고 엄청난 책임을 물으셨습니다. 왜 그러셨을까요? 다윗으로 대표되는 이스라엘은 사람의 일만 하는 백성이 아니라 하나님의 일을 하도록 부름받은 공동체이기 때문입니다.

하나님의 일을 하는데 있어서 가장 중요한 것은 군대의 수나 무기, 돈이 아니라 하나님을 온전히 신뢰하고 그의 나라와 의를 구하는 순수한 마음입니다. 다윗이 왕에 오르기 전에 처음 마음은 그러했습니다.

그가 어린 시절 블레셋의 적장 골리앗과 싸울 때 한 유명한 말을 기억하실 겁니다.

"너는 칼과 창과 단창으로 내게 나아 오거니와 나는 만군의 여호와의 이름 곧 네가 모욕하는 이스라엘 군대의 하나님의 이름으로 네게 나아가노라."(삼상 17:45)

그의 이러한 순수한 믿음을 하나님은 기뻐하시고 합당하게 여겨, 사무엘을 통하여 그의 머리에 기름붓게 하시고 그를 왕으로 택하여 세워주셨습니다.

그러나 세월이 지나가면서, 지위가 높아지고 돈이 생기고 무기가 생기고 권력이 커지자 그는 어느새 하나님보다 돈과 무기와 군대를 의지하여 나라를 경영하기 시작하였습니다. "인구조사"를 했다는 것이 바로 그것을 상징적으로 보여줍니다.

그리고 이에 대하여 하나님이 진노하신 것이지요. 만약에 일반 백성 중 어떤 사람이 그런 생각을 했더라면 하나님이 그렇게 진노하시지는 않았을 것입니다.

그러나 다윗은 기름부음받고 왕의 자리에 앉게 된 하나님의 사람입니다. 결코 사람의 일만 해서는 안 되는 거룩한 자리에 앉은 사명의 사람입니다. 이런 사람에게는 그 부름받은 직임에 걸맞는 영성과 책임성이 요구됩니다. 그런 사람이 이렇게 함부로 행동할 때 그 결과는 대단히 치명적일 수 있는 것입니다.

그래서 하나님께서는 다윗의 오만불손에 대하여 그냥 넘어가지 않으시고 정면대응하여 큰 재앙을 내리신 것입니다.

혹자는 하나님이 너무 하시지 않느냐고 말할지 모르지만, 그 반대입니다. 그렇게 재앙을 내리신 것 자체가 바로 하나님의 사랑입니다. 그렇게라도 해서 이스라엘 백성을 죄악에서 건지시고, 회개케 하시고, 바른 몸가짐과 바른 영적 자세로 서게 하사 역사를 이어가게 하셨기 때문입니다.

여기서 우리는 어떻게 해서라도 당신 백성을 살리사 사랑과 정의와 생명의 역사를 이루어가게 하시려는 하나님의 사랑을 헤아릴 수 있어야 합니다.

요컨대 베드로를 위시한 제자들은 사람의 일을 위해서 부름받은 사람들이 아닙니다. 그들은 하나님의 일을 위해 부름받고 세움받은 사람들입니다. 특별히 베드로는 많은 사람들 가운데서 은혜로 선택받아 교회의 반석으로 세움받은 하늘나라의 일꾼입니다. 그는 사람의 일을 생각하되, 사람의 일로만이 아니라 하나님의 일로 생각하고 사려깊고 책임있게 행동하도록 부름받은 사람입니다. 그리고 그런 사명을 감당할 수 있게끔 스승 예수로부터 특별한 사랑과 훈련을 받고 익혀온 사람입니다.

그런 사람이 일신의 안일과 평안에 대한 유혹을 물리치지 못하고 새롭게 부르시는 하나님의 부름에 순종하려는 스승 예수에게 무례하게 소리를 지르며 대든 것이 과연 온당한 일입니까?

우리들 중 어느 누구도, 사람의 일만 생각하는 나의 사사로운 안일과 욕심으로 인하여 하나님의 일을 그르칠 권리를 갖고 있지 않습니다. 바로 이런 이유로, 예수님과 베드로 사이에 고성이 오가는 심각한 충돌이 있었던 것입니다.

이것은 워낙 격렬한 충돌이었기 때문에, 이로 인해서 한 동안 후유증이 있었으리라 짐작됩니다. 아직도 충분히 깨닫지 못한 제자들은 제자들대로, 그들을 품고 갈 길을 가야 하는 예수님은 예수님대로. "엿새 후에"라는 구절에는 이러한 고통이 숨어 있습니다.

그러나 예수님과 제자들 사이에 크나큰 위기만 발생한 것이 아닙니다. 오히려 위기 속에서 전에 없이 아주 아름다운 일들이 일어나기 시작했습니다.

격렬한 충돌을 계기로 제자들은 우쭐했던 교만과 하나님의 일을 너무 쉽게 생각했던 안일한 태도에서 벗어나 깊이있게 자신을 돌아보는 기회를 가졌습니다. 한 동안 서로 불편하고 서먹하고 얼굴을 맞대기 어려울 만큼 괴로운 시간도 있었지만, 그들은 그렇게 괴로웠던 만큼, 오히려 자기자신에 대한 도취에서 벗어나, 정녕 이렇게 연약한 우리 인간을 도우실 수 있는 유일한 분이신 하나님을 찾게 되었습니다.

엿새 후에 예수님과 제자들 몇 명이 기도하러 산으로 갔습니다. 기도하는 중에 그들은 스승 예수가 하나님의 영광 가운데 있는 것을 발견하였습니다. 모세와 엘리야가 나타나 예수님과 대화하는 것을 보았습니다. 이 말은 대단히 상징적인데, 말씀에 비추어서 스승 예수가 가는 길이 옳구나, 그가 하고자 하는 일, 그가 가고자 하는 길이 결국 우리가 가야 할 길이구나 하는 것을 이해하고 받아들이게 되었습니다.

그리고 하늘로부터 권위있는 음성을 듣게 되었습니다.

"이는 내 사랑하는 아들이요 내 기뻐하는 자니 너희는 그의 말을 들으라."

이 말을 듣고 제자들은 너무도 두려워서 땅에 엎드렸다고 기록되어 있는데, 이는 실로 엄청난 변화가 아닐 수 없습니다. 바로 얼마 전 즉 엿새 전과 모든 것이 바뀌어졌습니다.

예수님께서 엎드려 있는 제자들에게 가까이 오셔서 손으로 어루만지시며, "두려워하지 말고 모두 일어나라"고 말씀하셨습니다. 주님과 제자들의 본래적인 관계가 회복되는 순간입니다. 제자들은 그때서야 비로소 고개를 들고 예수님을 온전히 쳐다볼 수 있었습니다.

그들이 고개를 들고 쳐다보았을 때는 예수밖에 아무도 보이지 않았습니다.

이 말씀은 이제 정말로 바르게 예수님을 인식하게 되었다는 것입니다. 온전히 믿고 따르고 생을 거는 관계로 변화되었다는 것입니다.

마르틴 부버의 표현을 빌면 비로소 "나와 너"(Ich und Du)의 관계로 거듭났다는 것입니다.

우리가 하나님의 일을 할 때, 사람의 일만 생각하듯 해서는 안 됩니다. 하나님의 뜻이 무엇인지 기도로 구하고 나의 뜻을 내려놓는 여러분이 되시기 바랍니다.

늘 그 자리에 있는 나무

"그러나 여호와께서 기다리시나니 이는 너희에게 은혜를
베풀려 하심이요 일어나시리니 이는 너희를 긍휼히 여기려
하심이라 대저 여호와는 정의의 하나님이심이라 그를 기다
리는 자마다 복이 있도다" (사 30:18)

인생을 살다보면 정든 사람들과 헤어지고 마치 자신이 한 곳에 외롭게 서있는 나무같다는 생각이 들 때가 있습니다.

새들은 고단하면 나무에 날아와 둥지를 틀기도 하고 가지 이곳저곳을 다니면서 지저귀지만 나무는 언제나 그 자리에 있습니다.

때로 외롭습니다. 바람이 불어오면 흔들리고, 비바람을 홀로 맞아야 하고, 추운 겨울 눈보라를 견뎌내야 합니다. 그래도 나무는 꿋꿋하게 견딥니다. 모두가 떠나고 난 빈 자리에서도 꿋꿋하게 남아 자리를 지키면서 밑으로 밑으로 뿌리를 내리고 조금 있으면 다시 찾아올 벗들을 위해 무

언가를 준비합니다.

"나는 외로워도 좋다. 이렇게 캄캄한 곳에서 흙을 헤치고 물을 찾느라고 힘들어도 좋다. 이렇게 버티다 보면 봄이 오고 꽃이 피고 가지에 푸른 잎사귀가 우거지는 날도 올 것이고, 그러면 귀여운 새들도 날아오겠지. 누군가 그렇게 찾아와 쉼을 얻고 힘을 내 새 출발을 할 수만 있다면 나는 그냥 이대로도 좋다. 늘 그 자리에 있는 한 그루 나무여도 좋다."

아마도 나무는 그런 심정일 것입니다.

나무가 그런 심정일 것이라 생각되는 것은 동병상련의 아픔 때문인 것 같습니다. 나이가 들면서 한 인간으로 살아간다는 것, 특별히 그리스도인이요 목회자로 살아간다고 하는 것 속에 담긴 고독의 의미가 결코 가볍지 않게 느껴지는 시기를 살고 있기 때문입니다.

이런 내 곁에 늘 그 자리에 꿋꿋하게 서 있는 나무가 있다는 것이 얼마나 감사한지 모릅니다.

생각해보니 우리 부모님들은 나무를 닮았습니다. 부모님들이야말로 언제나 꿋꿋하게 그 자리에 서있는 나무들입니다. 품안의 자식이라는 말도 있지만, 모든 자식들이 스무살쯤 되면 부모품을 떠납니다.

자기 주장이 강해지고, 이제는 내뜻대로 하겠습니다, 간섭하지 마세요, 그러면서 부모곁을 떠납니다. 때로는 자기몫을 챙겨 떠납니다. 자식 이기는 부모 없다고, 자식들이 한사코 그렇게 하겠다고 하면 어떻게 합니까? 그래, 네 뜻대로 해보거라, 그러면서 떠나보내야지요.

그러고 나면 부모는 많이 외로울 겁니다. 모두 떠나면 부모 홀로 남습니다. 홀로 남아서 외로움을 견딥니다. 쓸쓸한 가을을 견디고, 추운 겨울을 견디고, 꽃피는 봄과 무성한 가을도 견딥니다.

그러나 이렇게 견디면서도 힘들지만은 않은 것은 부모님의 가슴에는 자식들을 향한 믿음과 사랑이 있기 때문입니다. 자식들이 잘 되기를 바라는 사랑, 때가 되면 돌아와 정을 나누며 우리가 떨어져 있어도 떨어져 있지 않다는 것을 흐뭇하게 확인할 기쁜 날이 오리라는 것을 믿는 믿음이 있기 때문입니다.

실제로 그러한 믿음은 헛되지 않습니다. 모든 자식들은 부모들의 그러한 믿음과 사랑을 먹고 살아갑니다. 밖으로 나돌아도 언젠가는 돌아와, 늘 그 자리에 계신 부모의 품안에서 쉼을 얻으며, 혹은 어떤 이유로 부모님이 먼저 돌아가시는 경우에는 무덤에라도 가서 눈물을 쏟으며, 지난날의 잘못을 회개하고 사랑을 고백합니다.

아버지, 제가 왔어요. 어머니, 이 자식이 왔습니다. 그렇게 용서를 빌고 용서를 받고, 인생의 매듭을 풀면서 살아가는 것이 인생 아닙니까?

늘 그 자리에 있는 나무가 외로워 보여도 외롭지 않듯이, 우리 부모님들 또한 외로워 보여도 외롭지 않은 줄 믿습니다. 참으로 귀한 인생을 사셨고, 존재 자체만으로도 사랑과 존경을 받기에 마땅한 삶을 사셨습니다.

그런데 생각해보면 궁극적으로 하나님이 그러한 분이십니다. 이 세상에 존재하는 그 어떤 생명 치고, 하나님으로부터 나오지 않은 생명이 있습니까? 모든 생명은 하나님으로부터 말미암고 궁극적으로는 하나님께로 돌아갑니다.

인생의 어느 시기에 자기 자신의 힘을 믿고 혈기로 세상을 살아가는 경우가 있으나 그것이 얼마나 가겠습니까? 떠나 보지만 언제나 떠나온 곳을 그리워하면서 사는 게 인생이요, 힘들 때마다 돌아가야지, 언젠가 돌아가야지 하고 그리워하고 쳐다보고 마음에 그리면서 살아가는 게 인생입니다.

그러면 궁극적으로 누구를 그리워하고 누구를 쳐다보며 살아갑니까? 당장은 고향을 그리워하고 부모를 그리워하고 집을 그리워하지만 이 모든 것들은 궁극적으로 하나님을 향한 그리움의 그림자일 뿐입니다.

어거스틴이 고백한 것처럼 하나님을 만나기 전까지는 절대로 안식을 얻을 수 없는 것이 인생입니다. 하나님이야말로 우리 곁에 계시되, 한결같이 늘 그 자리에 서있는 나무처럼 당신 스스로는 외롭고 힘들면서도 자신을 내어주시고 끝까지 기다려주시는 분이십니다.

때로 철모르는 우리가 가서 상채기를 내도 내색하지 않고, 가서 흔들고 힘겨루기를 하고 가지를 부러뜨리려 하여도 내치지 않고 못 이기는 척하면서 자신을 내어주십니다. 하나님의 품은 얼마나 따뜻한지요. 하나님의 등은 얼마나 넉넉한지요. 키는 또 얼마나 크신지요. 그 크고 따뜻하고 든든한 사랑에 힘입어 우리는 어제나 오늘이나 흔들리는 세상 속에서도 무게중심을 잡고 꿋꿋하게 살아가는 것입니다.

창세기 32장 22절-32절 말씀을 보면 야곱이 얍복강가에 홀로 남아 진정

되지 않는 가슴을 안고 누군가와 씨름을 하고 있습니다. 고향으로 돌아가기로 방향을 정하고 가기는 가지만, 혹시라도 형 에서가 자신을 죽이겠다고 달려들면 어떻게 하나? 한평생을 속이고 속고 살아남기 위해서 경쟁하면서 살아온 야곱으로서는 아무리 의지적으로 자기마음을 다스리려고 해도 되지 않는 불안한 구석이 있었습니다. 도무지 해결되지 않는 마음 속 깊은 곳에 있는 분열이요 갈등입니다.

그 갈등을 해결하기 위해 홀로 강가에 남아 몸부림치고 있는데 누군가가 그의 상대가 되어줍니다. 야곱은 그가 하나님과 관계된 분이라는 것을 느꼈습니다. 그래서 야곱은 결사적으로 매달립니다. "저를 축복해주십시오. 이대로는 못 물러섭니다." 어찌나 결사적으로 매달리는지 그분(하나님의 천사)마저 두 손 들게 만듭니다.

그런데 얍복 나루터에서 야곱이 진짜로 얻은 것은 하나님과 겨루어 이긴 것이 아니라는 것이 계속되는 얘기를 통해서 나타납니다. 야곱은 하나님께서 야곱을 향하여 "네 이름을 다시는 야곱이라 부를 것이 아니요 이스라엘이라 부를 것이니 이는 네가 하나님과 겨루어 이겼음이니라"는 말을 듣고 나서 오히려 큰 두려움과 함께 깊은 감동을 받게 됩니다.

'내가 그렇게도 철부지마냥 이기겠다고 대들었을 때 나를 상대해준 분이 바로 하나님이셨다니! 그 누구도 이길 수 없는 분, 전능하신 하나님께서 나를 상대로 씨름을 해주시고, 나에게 지시다니….'

여러분, 생각해보세요. 어떻게 하나님이 사람한테 지시겠습니까? 그러나 간밤에 분명히 하나님이 지셨잖아요. 이게 있을 수 있는 일입니까?

평생을 승부에 목숨을 걸고 살아온 야곱으로서는 이해할 수 없는 경험을 한 것입니다.

'아, 하나님은 이런 분이시구나! 전능하시면서도 져줄 수도 있는 분, 얼마든지 나를 내칠 수도 있지만 내치지 않고 그 넉넉한 품으로 나를 품어 안으시고 못이기는 체하고 져주시는 분이구나.'

이런 하나님 체험이야말로 야곱이 한 번도 경험해보지 못한 뜻밖의 놀라운 세계였음에 틀림이 없습니다. 눈에 보이는 세상밖에 모르고 살아오던 야곱의 옹졸한 자아가 깨어지는 순간이었습니다. 진실로 야곱이 이스라엘로 변화되는 순간이었습니다.

이렇게 넉넉한 하나님이 품이 있었기에 마침내 야곱은 오랜 방황을 끝내고 고향으로 돌아가서 이스라엘로서의 새로운 생애를 살 수 있게 되었음을 믿습니다.

그리고 이러한 하나님을 만난 후 야곱은 마음 속에 전능하신 하나님이 자신과 함께 한다는 든든한 믿음과 아울러 이기고 지는 승부를 넘어서 겸손하게 형 앞에서 자신을 낮출 수 있는 인격으로 변화되지 않았나 싶습니다.

보십시오. 그가 어떤 자세로 형을 대합니까? 저 앞에 형의 모습이 보이니까 땅에 엎드려 일곱 번 절을 합니다. 그리고 예물을 드리며 "내가 형님의 얼굴을 뵈온즉 하나님의 얼굴을 본 것 같사오며"(창 33:10)라고 말합니다.

그렇게 아옹다옹하면서 지내던 쌍둥이 형을 향해서 어떻게 이렇게까지 말할 수 있었을까요? 이는 잠시 위기를 모면하기 위한 말이 아니었습니다. 진정 야곱의 속사람이 변했기 때문에 가능했던 것입니다.

결국 이것이 하나님의 넉넉한 품입니다. 늘 그 자리에 있어도 언제나 넉넉한 나무와도 같은 하나님의 품, 약삭 빠르고 타산적이고 경쟁적이기만 한 야곱을 향해서 그 넉넉한 품으로 못 이기는 척하고 져 주는 하나님의 그 크신 사랑이 바로 야곱을 이스라엘로 변화시킨 것입니다.
넉넉하신 하나님의 사랑이 우리의 방황하는 영혼을 안식케 하고 우리 안에서 화해가 이루어질 수 있도록 하는 진정한 힘인 것입니다.

우리가 모두 이렇게 저렇게 방황하면 사는 인생이지만, 우리에게 이렇게 큰 사랑으로 넉넉하게 품어주는 하나님이 계시다는 사실이 얼마나 감사한 일입니까? 하나님이야말로 천방지축 돌아다니고 이리저리 방황하면서 살아가는 우리 인생을 따뜻한 사랑의 눈으로 바라보시면서 늘 그 자리에 서서 따뜻한 품으로 맞이해주는 한 그루 나무 같은 존재입니다. 그 나무 안에 있으면 새들은 걱정 근심이 없고 언제나 넉넉한 마음이듯이, 우리가 그 크신 하나님의 사랑 안에 있을 때 우리는 세상 근심과 걱정을 이기고 언제나 여유롭고 평화로운 마음일 수 있습니다.

생각해보면 이 세상 만물이 모두 이러한 하나님 품 안에서 하나님께로 돌아가는 인생이면서 동시에, 어느 순간부터는 비록 제한된 범위 안에서지만 각자 하나님처럼 살아가도록 운명지워진 존재들이 아닐런지요?

우리 모두는 인생의 어느 순간부터는 늘 그 자리에 서있으면서 누군가의 고단한 짐을 나누어지고 받아주고 품어주는 한 그루 나무로 살 수밖에 없는 인생들입니다. 그 역할을 언제까지고 외면할 수 있는 사람은 없습니다.

그 자리에 서 있기 위해서는 인내가 필요합니다. 남모르는 눈물이 있어야 합니다. 쓸쓸한 가을을 견디고 추운 비바람을 견뎌내야 합니다. 아무도 없는 캄캄한 곳에서 밑으로 밑으로 물을 찾아 양분을 찾아 헤매야 합니다. 때로 몸에 상처가 납니다. 피가 흐르기도 합니다. 무엇보다도 많은 날을 외로와야 합니다.

그러나 그래도 그 자리를 꿋꿋하게 지켜나갈 수 있는 것은 늘 그 자리에 있는 것처럼 보이지만 나무는 누구보다도 자유롭기 때문입니다. 누군가이 나무를 거쳐서 푸르고 자유로운 삶을 살 수만 있다면 나무 또한 푸르고 자유로운 것이라고 믿기 때문입니다.

늘 그 자리에 의연하게 서 있는 나무처럼 오늘 우리도 모든 세상의 시름을 이겨내고 각자의 자리에서 묵묵히 든든하게 서 있는 한 그루의 나무가 될 수 있기를 바랍니다.

이런 우리들의 소망을 아는듯 뜨락의 나무에 아까부터 작은 새 몇 마리가 날아와 정답게 지저귀고 있습니다. 오늘의 말씀을 잘 나타내고 있는 시를 함께 나누며 말씀을 마치겠습니다.

난 당신의 나무이고 싶습니다

김정한

난,

당신을 위한

한 그루의 늘 푸른 나무이고 싶습니다

이 비 그치면

파아란 하늘 아래

아름답게 핀 무지개를 보며

당신 앞에 선

한 그루의 푸른 나무이고 싶습니다

말은 못하지만

당신이 힘들고 아플때

잠시 쉬어 갈 수 있는

한 그루의 푸른 나무이고 싶습니다

그 어떤 비바람에도

모진 해풍에도 끄덕 않는

한 그루의 강인한 푸른 나무이고 싶습니다

당신이 오시면

어서 오세요

그늘에서 잠시 쉬다 가세요

말 대신,

푸르게 푸르게 흔들거리면서

쉼터를 주는 한 그루의 나무이고 싶습니다

푸르름이 아주 깊어지면

당신의 아픈 사연, 기쁜 얘기도 들어주며

당신과 함께 일곱색깔 무지개를 보며,

늘 푸르게 푸르게 살고 싶습니다

기쁠 때나 슬플 때나

늘 당신과 함께하는,

당신을 지켜주는 늘 푸른 나무이고 싶습니다

생명

생명이 뭐냐고 묻는다면
태어났으니 사는 게 생명이지
열심히 성심껏 힘 다해 살아야 하니 생명이지
사는 것 이외에 다른 방도가 어디 있겠나?
힘들어도 성심껏 살아봐
사는 게 뭔지는 진짜 한번 살아봐야 알 수 있다니까

따스한 봄날, 햇살을 받으며 바람결에 피어나는
노오란 민들레를 보았나?
그 아래 스물스물
이리 저리 열심히 맹렬히 헤집고 다니다가
우당탕탕 지붕이 벗겨져 자신들의 몸뚱아리들이
온통 드러나는 당혹감 속에서도
그래도 열심히 제 길을 찾아 또 열심히 활동을 계속하는
저 벌레들의 세상을 보았나?
시멘트 벽에 자기 몸을 박으면서까지
하늘로 하늘로 올라가는 담쟁이 넝쿨은 또 어떻고!
이 추운 겨울에도 대지에 굳건히 뿌리박고
푸른 기상을 자랑하는 저 나무들좀 봐!

사는 건 선택이 아니라 본능인 모양이야
오직 그것 이외에 다른 선택의 여지가 없는
하늘로부터 받은 定言命令

길가다 어느 할머니를 보았어
허리가 구십도로 굽었더라구
보니 지팡이를 짚었는데, 하나가 아니라 두 개를 짚은게야
힘겹게 어딘가를 가고 계시는데,
글쎄 그 모습이 왜 그렇게 충격적이었는지 몰라

아 저게 생명이구나!
저렇게 마지막까지 혼신의 힘을 다해,
지팡이를 두 개씩 짚고서라도
헉헉 기어이 가야만 하는!

가서 만날 사람을 만나고 할 일을 해야 하는!
끝까지 사랑하고 섬기고 죽음으로라도 살려야 하는!

그때 길가에는 곡식들이 널려 있었고
코스모스는 해맑게 피어 있었는데,
그 순간 아름답던 그 모든 것들의 움직임이 정지되더라구
오직 그 할머니밖에는 안 보였어
온 힘을 다해 갈 길을 가는 간절한 생명만 보이더라구

생각해보니 온 세상이 얼마나 감동적인 열심이고 사랑인지.
민들레꽃 한 송이를 피우기 위해
햇살이 얼마나 먼 거리를 달려왔는지를 생각해봐!
나 한 사람을 저 추운 겨울의 절망으로부터 일으켜 세우기 위해
사랑으로 정성으로 수고로 날아온 저 싱그러운 바람과
부드러운 흙과
따사로운 햇살과
꿋꿋한 나무와
겸손하게 작고 여리게 자라나는 풀과
철없이 까부는 참새떼들과
꽃보다 아름답다는 사람들 중에서도 가장 아름다운
고사리같은 손을 움직이며 재잘대는
저 어린 아이들을 봐!

어느 따뜻한 봄날
우리 교회 뜨락에서 눈부시게 빛나는 햇살을 받으며
화안하게 웃던 하람이의 얼굴도 나는 평생 잊을 수 없을걸세
찬란하게 빛나는 생명의 광채였거든
그 간절함과 그 목마름,
햇살을 받아 피어나는 그 천진스런 웃음을
어찌 잊을 수 있겠나!

그런데 그만 살라 하네
내가 살기 위해서는 네가 죽어줘야 한다고 하네
적당히 죽여야만 살고, 눈 딱 감고 뭉개고 자르고 죽여야
행복한 세상이 올거라고 하네
강한 자들의 제국을 위해

또 삼천리 금수강산 이 한반도마저,
국민소득 2만불 시대를 위해서
어쩔 수 없다고 하네
내가 빠르게 가고 더 많은 돈을 벌기 위해서는 어쩔 수 없다고 하네
그래서 산을 허물고 굴을 뚫고 갯벌을 메우고
에너지 없이는 못 사니 전쟁터에 군대도 파병해야 하고
그냥 어쩔 수 없지 뭐 대충 이렇게 사는 거라고 하네

그런 사이,
수없이 많은 산 목숨들이 죽임을 당하고
갯벌은 파헤쳐지다 처참한 몰골을 한 채 드러누워있고
칠성산은 허리가 잘리고
지율스님은 뒷일을 부탁한다는 말을 몇 사람에게 남기고
어디로 잠적하셨다지
그냥 그렇게 죽으실 모양이야
그냥 죽게 내버려두고 산 사람은 그냥 뻔뻔하게 살 모양이야

여보게
생명, 도대체 생명이 무엇인가?
도대체 생명이 무엇이길래 저렇게 열심히 살며
또 저렇게 무정하게 죽이는 것인가?
생명이 도대체 무언데 이렇게 무정하게 모른척하면서
꾸역꾸역 살아지는건가?
도대체 생이 뭐길래 또 이렇게 괴로워하고
아니야, 이게 아니야!
차라리 내가 죽어야지 !
이렇게 결심하고 예수는 십자가에서 처참하게 붉은 피를 흘린건가